アイヌ史の時代へ――余瀝抄――

目次

# 一　「アイヌ史」は成立するのだろうか——序にかえて

# 一

「卒論でアイヌをとり上げるといったら、みんなから笑われました……」

この春（昭和六二年）、卒業予定の史学科学生の自嘲である。ちなみに彼の大学では〝錚々たる歴史家〟たちがたくさん教鞭をとっている。

「……笑われ」た裏に、「アイヌなんかやってどうするの」とか、「アイヌに歴史があるの」といった発想があるとみるのはひがみか。しかし、かつては私も口さがない先輩連から「アイヌには歴史がない」だの、「アイヌは正統な史学研究の対象とはならない」だのと面罵されたものである。状況はひと昔以上も前とちっとも変わっていないらしい。

アイヌが「正統な」史学研究の対象となるかならないかの議論はおくとしても、アイヌに歴史がないとする見方は正しいとはいえまい。いやしくも北島を中心にして、同一の言語を核に、共通する信仰意識と文化とをはぐくみ、同族意識を強くもっていた人々である。そこには確かな人間の生活があったはずである。社会があったはずである。さまざまな人間の興亡がくり返しあったはずである。歴史というのは、そうした人間の生活の記録ではなかったか。歴史がないなどという議論は、人間の存在を否定することにつながるといっていい。

シンポジウムの懇親会で、貝沢正氏が「私がアイヌだ。見たことのない人はよく見ていってほしい」とおどけて話されていたが、アイヌは生きているのだ、存在しているのだという強烈なアピールであった。

過去も、そして現在も、アイヌは生きてきたし、生きているのである。それを否定する資格はなんぴとにもない。

## 二

のっけから変な表現をしてしまった。がしかし、アイヌに対して歴史学が強い関心を寄せだしているのは事実であろう。ただ、その関心の深さの度合いと、関心を寄せる研究者の層が著しく限られているのも否定できない。そしてその関心も、あくまでも「日本史」の枠内にとどまり、主体的にアイヌを核に据えるという方向には、いっていないようである。

主体的に、といった。主体的にアイヌをとらえていってその結果、彼らの歴史はなお「日本史」なのだろうか。もちろん、圧倒的に少数であるとはいえ、現在の「日本人」を構成している一方の民族なのだから、その歴史が「日本史」で叙述されても不思議はない。が、アイヌにとっては「日本人」である時間は、そうでなかった時間よりもはるかに短い。だから、「日本史」が主体的にアイヌにかかわってくるという方向性を期待することはできないのではあるまいか。

たとえていえば、蝦夷地を国家論や幕藩体制論で捕捉した場合には、アイヌは辺境の異民族にすぎない。が、アイヌ・モシリ(アイヌの大地)に焦点を据えた場合は、アイヌこそがその地の主であり、シサム(シャモ=和人)はその侵略者となる。

この二つのアイヌは似て同一ではない。そして「日本史」の関心は前者に向けられていることはいうまでもない。つまり、現段階では(おそらくは将来でも)対他的にアイヌを視野に入れているにすぎず、したがって本質を実証的にとらえるにはいたっていないと思われる。

## 三

ところで、アイヌの歴史を主体的にとらえようとすると、その蓄積はあまりに乏しい。もちろん、羽原又吉や高倉新一郎ら先賢の諸著作があるし、近年では海保嶺夫、榎森進、菊池勇夫といった人たちの労作などをはじめ論文なども少ない数ではない。それなりに成果はうみだされてきつつあるのだが、なお隔靴掻痒の感をぬぐいさることはできないのである。和人からみたアイヌ「交渉史」「政策史」であり、「差別・偏見糾弾史」の域からぬけきっていないからだろうか。というよりは、研究者の側に主体的にアイヌをとらえるという観点はまだ醸成されていないのだと理解するのは浅薄にすぎるだろうか。

いったいに「日本史」の研究者がアイヌを指していう語彙はまちまちである。いわくアイヌ、アイヌ族、アイヌ民族、アイヌ人、アイヌの人々等々。対するシサムはほとんどが和人。まれに日本人。

使用する立場によって、それなりの概念を設定しているのであろうが、読まされる側では逐一それを吟味してかからねばならない。たしかに、差別語であった歴史をもつ「アイヌ」をそのまま用いるには、「差別感のない良心的な」研究者にとっては抵抗があり、表現に意を注いでいるだろうことは十分理解するに足る。しかも、学術語は無理に統一しないほうがいいという考え方もあろう。しかし、研究の対象は現実に生きている人間であり、その祖先なのである。

どの表現が「よりいいか」ではなく、主体的にかかわっていけば、おのずと決められてくる語であるといっていい。

シサムは和人。だが、『新羅之記録』には「者謀」の語がみえる。いうまでもなく「シャモ」。このシャモはアイヌ語のシサムの転訛であるが、アイヌ語とはいえない。アイヌ語から入った日本語というべきか。いささか軽侮の意も含まれる。和人、シャモ、シサム――これらの語についても、そろそろ見直していかなければならない。不快語・差別語だから使ってはいけない、使わせないというのではけっしてない。要はかかわり方の問題である。

さて、本シンポジウムの副題に、「前近代」「地域」「民族」「国家」の語が入っている。いずれもアイヌの歴史とも深い関係をもつテーマである。この問題を積極的に議論していくことはきわめて有益であろうが、しかしたとえば「民族」概念の共通理解がなければ、議論は平行線のままとなろう。「アイヌ民族」というのならば、シサムは何民族なのかなどという点も含めて……。

事のついでにいえば、国家は民族によって形成されるが、その逆は必ずしも成り立たない。「国家」という概念をもってアイヌを語るとき、「アイヌは国家を形成する直前の状態にある」と説明する例がままある。こうした進化主義的な評価が必要なのだろうか。その言をかりれば、アイヌ社会はチーフダム(首長制)のままということになる。その社会には、そこで完結するひとつの歴史があるはずである。

チーフダムの社会だから文化が遅れているとか、農耕民ではなく文字をもたないから「蒙昧」でかつ「野蛮」であるとかの旧態依然たる進化論に毒された考えから脱して、アイヌの歴史の独自性を直視してみるべきだと思う。

# 四

ひるがえって、アイヌと主体的にかかわっている研究の現状はといえば、アイヌ語学・民族学とその周辺分野を除けば、あまり活発ではない。

研究者の数も少なく、層も厚いとはいえない。かろうじてアイヌ語学が健闘しているが、研究環境を含め、けっして恵まれた状況にあるとはいえず、将来に陽がさしているわけでもない。

研究環境の面からいえば、本来ならばアイヌ研究の中心をなすべき北海道大学であるが、最もアイヌ研究に冷淡な大学といっていい。北海道が設立した開拓記念館も五十歩百歩である。道外の国立研究施設でも、歴史民俗博物館にアイヌ研究を望むべくもないし、民族学博物館においてもセンター的機能を求めることはできない。

研究を志していても、それを全うできる条件は整っていない。どうして活発な研究活動をなしえようか。アイヌの側からアイヌの歴史や文化の研究者が生まれないのも、前記の理由に加え、彼らを取り巻く社会的・経済的状況が少しも好転していないからともいえよう。

かかる状況でアイヌの勉強ができるのが不思議であるとさえいえる。その所属する職場からアイヌ研究者として遇されている者は一人もいないといって過言ではない。大部分がアイヌの故老の人間性にひかれて勉強をつづけているにすぎないのである。

榎森進氏に歴史学からユーカラに言及した好論がある。榎森「アイヌ民族」史学の核をなす論文であり、今後、大事に読み伝えなければいけない成果のひとつでもある。

ところが、この論文はアイヌ研究者たちの間で語られることがほとんどない。無内容だから無視しているのではない。知られていないのである。そして、それを必要とする研究者もまた存在していないのである。

金田一京助以来、研究されてきたかにみえるユーカラであるが、金田一のほかにそれに手をつけているものはいない（わずかに萩中美枝氏の仕事がある）。口誦伝承に歴史的な裏づけをしようとする試みもあるが、成果を生むまでにはいたっていない。

アイヌに主体的にかかわる研究については以上のとおりである。ところで、北海道ウタリ協会は貝沢正氏を委員長とする「アイヌ史」編纂のための組織を有している。はじめてアイヌの手でアイヌ史を作ろうとするわけで、その仕事は大いに注目される。が、残念ながら具体的にどのような編纂方針をとっているのか、どこまで進捗しているのか、内容が少しも伝わってこない。シサムに情報を流す必要なぞはないのかもしれないが、せっかくの大事業である。成功してほしいと思う。

## 五

駄文を連ねてきた……。「アイヌ史」は成り立つのだろうか。ならば、どのような方法があるのか。現状での結論をひき出そうとすれば、否定的にいわざるをえない。ただ、アイヌを取り巻く歴史学的な研究状況にわずかの光明は見いだしうる。アイヌであれ、シサムであれ、要は、いかに主体的に取り組む研究者を多出させるかにかかっている。

そのためには、歴史学の既成の研究分野を専門領域とする研究者の理解がなければならないし、なお一層アイヌとシサムとの共同が必要とされる。冷笑的で、かつ夜郎自大な学問態度から生み出されるものは何もないのである。

# 二　近世北方民族の生活

**佐々木**　東京国立博物館の佐々木でございます。この中ではただ一人の戦後生まれではないかと思いますが、一九四八年北海道に生まれました。現在は博物館で資料に関する仕事をしております。戦前まで国立博物館は帝室博物館という名称であって、そこには明治時代に集めたアイヌ関係の遺品がかなりございます。しかしアイヌに関する研究者をかつて一度も置いたことがなかった。そのように研究者のいなかった帝室博物館にも、なおかつアイヌの資料を置かざるを得なかったという状況にあったわけです。品物を残すということは、直接的には内部文化の伝承につながらないかもしれないけれども、残された品物によってアイヌの心を後世に継ぐ人間が出てくるということを考えたならば、それはそれで非常に重要なことといえるでしょう。帝室博物館の日本の文化とか美術の面での功罪はいろいろあるとしても、アイヌ文化に限っていえば、人は育てなかったけれども、品物を残してくれていたことは大きな功績だったと思います。

私自身はそういった品物を相手にしながら、近世のアイヌの民族誌といった面を勉強しております。アイヌ文化の勉強をするには東京はたいへんな僻地です。そういう僻地で勉強するには、結局、文献を相手にするよりしようがない。それで文献と、アイヌを描いた風俗画、そして品物を相手に、日々、あっちへ行ったりこっちへ行ったり、試行錯誤の連続をしているところです。いろいろとお教えいただければ幸いでございます。

## 描かれたアイヌ生活誌

**佐々木**　私に与えられた課題は「近世北方民族の生活」でした。しかし、総花式《そうばなしき》にいわゆる北方民族の生活に言及《げんきゅう》してみたところでしかたがなかろうと思います。したがって課題を広く解釈することとし、ここでの北方民族を近世の和人にとって比較的親しい「異俗《いぞく》の民《たみ》」であったと思われる蝦夷地の住民、すなわちアイヌの人びとで代表させようと思います。

設定された時期は日本史にいう近世です。アイヌの人びとの歴史に即してみた場合、この「近世」という概念の使用は適当だとは思えないのですが、とりあえず「日本史の近世と同時期に蝦夷地で生活していたアイヌの人びと」を意味するものとして、今後の報告を進めていくことにいたします。

近世という時期、アイヌの人びとの生活基盤はコタンにありました。「集落・村」などを意味するこの言葉は、人口や家の数の多寡《たか》によらず、たとえていえば、一人一戸でもコタンであり、札幌のような大都会でもコタンと呼ぶことができます。

しかし、近世初頭にはもう少し純粋な形――つまり同族意識と共通の祖霊祭祀《それいさいし》、更に同じ生活慣習に支えられた血縁社会で、せいぜい、一〇数戸程度の集落としての形態を保っていました。このコタンは、アイヌの人びとにとっては社会生活の基礎であり、かつ多くの成員にとっては社会生活のすべてでもありました。アイヌ文化はまさにこのコタンによって育《はぐく》まれてきたのです。

とはいうもののそれはごく百科事典的な説明であって、厳密には近世のコタンの形態はその性格が今一つ明確ではありません。ただ場所請負制《ばしょうけおいせい》（松前藩士の給地でのアイヌとの交易を、請負料を払った請負商人にまかせる制度）という和人の商業資本による蝦夷地経営は、アイヌの人びとの意志や伝統とはかかわることなく、コタンを一か所に集中させるようなことをすら行ない（いわゆる強制コタン）、アイヌの固有文化の崩壊を促しましたが、この強制コタンなどは極めて近世的な特徴を持ったものだろうと思います。

後ほど、この例を具体的にみていくはずですが、私はコタンでのさまざまな生活を確実に記していくことが、結果的にはアイヌの人びとの歴史記述につながっていくものと考えています。口承による物語類の他にはよるべき史料のない、アイヌの人びととの生活誌の記述は、和人の側の記録に頼らざるを得ません。より確実な史料を求め、それを基としながら故老の聞き取りなどを踏まえて、失われた伝承の一つ一つを発掘し、コタンでの生活に位置づけていく。そうした作業の中から、主として描かれたアイヌ風俗によって、近世のアイヌの生活誌を綴ってみようと考えています。

## アイヌの歴史

**佐々木**　いささか口上が長くなりすぎました。

具体的な問題に入ります前にまず、「アイヌの大闘争時代」と記した次ページの略年表をごらんください。和人の記録に現われたもので、アイヌの人びとがかかわった闘争を年表化したものです。もれているものもあるかもしれませんが、主要なものは取りあげたつもりです。

これをみますと、一四五六年から一七八九年までの三三〇年間に二四回、じつに一四年に一回の割で何らかの紛争が起きている。とくに一五三六年以前は、ほとんどが対和人闘争で、ほぼ七年に一回生じています。これは和人地に比較的近い地域(したがってそれだけ摩擦が起きやすい)の記録が残されているにすぎませんから、あるいはもう少し多かったのかもしれません。

一四五六年から一五三六年までの八〇年間の第一次闘争時代と、一五五一年の平和協定とでもいいましょうか(この東夷尹、西夷尹という称は読み方が定まっていませんが、東夷《ひがしえぞ》の尹《アイヌ》というように読んだろうと思います)、それからの九〇年(蝦夷地の平和とでもいいますか)をはさんで、一六四三年から一七八九年までの一五〇

| | | | |
|---|---|---|---|
| 1456 | 康正 2 | 五月 | 蝦夷蜂起 |
| 1457 | 長禄 1 | 五月 | 東部酋長(コシャマイン)蜂起 |
| 1469 | 文明 1 | | 蝦夷蜂起 |
| 1473 | 文明 5 | | 蝦夷蜂起 |
| 1512 | 永正 9 | 四月 | 蝦夷蜂起 |
| 1513 | 永正10 | 六月 | 蠣崎光広，大館を攻む(蝦夷も加わるか？) |
| 1515 | 永正12 | 六月 | 東部酋長(ショヤコウジ兄弟)の蜂起 |
| 1525 | 大永 5 | 春 | 東西蝦夷の蜂起 |
| 1528 | 享禄 1 | 夏 | 蝦夷の蜂起 |
| 1529 | 享禄 2 | 三月 | 西部酋長(タナサカシ)の蜂起，セタナイ来寇 |
| 1531 | 享禄 4 | 五月 | 蝦夷蜂起 |
| 1536 | 天文 5 | 夏 | 西部酋長(タナサカシの女婿タリコナ)の蜂起 |
| | | 〈以後東西地とも平安となる〉 | |
| 1551 | 天文20 | | 初めて東西夷の尹を定める。東地チコモタイヌ(知内)<br>西地ハシタイヌ(瀬田内) |
| 1643 | 寛永20 | | 西部酋長(セタナイのヘナウケ)の蜂起 |
| 1648 | 慶安 1 | | 東部蝦夷(メナシの蝦夷とシコツの蝦夷)間の抗争 |
| 1651 | 慶安 4 | | 東部メナシクルとシコツクルとの抗争(1648 と同事件か) |
| 1653 | 承応 2 | | 東部メナシの蝦夷蜂起 |
| 1655 | 明暦 1 | 春 | シャクシャインとオニビシの和解(於福山) |
| 1662 | 寛文 2 | 春 | 東部の蝦夷騒乱 |
| 1665 | 寛文 5 | 夏 | 東部の蝦夷和解(下国安季のあっせん) |
| 1669 | 寛文 9 | 6 | シャクシャインらの蜂起 10/23 シャクシャイン謀殺 |
| 1670 | 寛文10 | | 西部与伊知(よいち)の蝦夷を征す |
| 1671 | 寛文11 | | 東部之良遠伊(しらをい)の蝦夷を征す |
| 1672 | 寛文12 | | 東部久武奴伊(くんぬい)の蝦夷を征す |
| 1758 | 宝暦 8 | 7 | ノシャップの蝦夷とソウヤの蝦夷の抗争 |
| 1770 | 明和 7 | | 十勝の蝦夷と沙流の蝦夷の抗争 |
| 1789 | 寛政 1 | 5 | クナシリ，メナシの蝦夷の蜂起(最後の対和人闘争) |

アイヌの大闘争時代(松前藩の記録に現われたもの)

年間の第二次闘争時代があります。

この二つの闘争時代はその性格に多少差があります。前者は蝦夷地における主導権の確立をめぐっての闘争ともいえ、その意味では、アイヌと和人は対等か、もしくはそれに近い関係にあったと考えられます。これに対して後者は、蝦夷地の事実上の支配権はすでに和人の手に帰しており、もはやアイヌと和人とは対等の存在ではないという背景があります。この二つを論ずるのが主目的ではないので、極めて矮小化《わいしょうか》しましたが、その性格の差についてはおわかりいただけると思います。

有名な「コシャマインの乱」といわれる一大戦闘を含む前者を、私はかってにアイヌの大闘争時代などと呼んでいますが、高橋先生が先ほどいわれた平安時代末期（じつはこのころに日本最古の蝦夷の画例が出てまいります）からこの大闘争時代にかけて、アイヌの人びとにとっては、じつにたいへんな時代だったわけです。

いささか極論めきまして、こういう席で申しあげるのは適当ではありませんが、ユーカㇻのうち、とくにアイヌ・ユーカㇻ（英雄の詞曲）の主要モチーフはこの大闘争時代に求められるのではないかと考えています（それはユーカㇻの歴史性、非歴史性にかかわりません）。つまり、この大闘争の時代はユーカㇻ時代とも総括しうるのではないかと。

そして、一六四三年以降の第二次闘争時代は、蝦夷地における和人の絶対的優位が確立していく過程にあって、その中でなお和人と対等、あるいは対等たらんとしたアイヌの指導者が多く輩出し、あるものは反和人軍の首領として、あるものは和人に対して毅然《きぜん》たる態度を失わず、アイヌとして誇りを持ち続けていた諸豪勇が各地に割《かっ》拠《きょ》した時代ともいえます。こうした諸豪勇たちは「酋長譚」とも訳されるウェペケレ（とくにアイヌ・ウェペケレ）の主人公として、その知力・胆力・弁舌などが後世に伝えられています。したがってこの時期をウェペケレの時代もしくは諸豪勇の時代ともいいうるのではないでしょうか。

一七八九年のいわゆる「寛政蝦夷の乱」という「クナシリ・メナシの戦い」を最後としてアイヌ対和人の武力衝突は後を絶ちます。これ以後（厳密にはもう少し前からですが）アイヌの指導者、ことに場所内のアイヌの統合者は、アイヌの人びとの意志とはかかわりなく役蝦夷《やくえぞ》（場所内のアイヌをまとめるためにおかれた役職）の任免という形で、和人が自らの意のままに使い易いものを選び出すというようになります。惣乙名《そうおとな》とか乙名といわれるものがそれで、ここまでくるとアイヌの人びとは全く和人に従属する。この時代を役蝦夷の時代とでもいいましょうか。そして明治以降の場所制度廃止後のことについてはよくご存知のところです。

非常に独断的でかつ偏見に満ちた内容ですが、ともあれアイヌの人びとの歴史のとらえ方を極めて大まかにまとめてみたのです。今一度整理をすると、

㈠ユーカラの時代（大闘争時代）　一四五六年前後～一五三六年ごろ
㈡蝦夷地の平和時代（アイヌ和人拮抗《きっこう》時代）　一五三六年前後～一六四三年ごろ
㈢ウェペケレの時代（諸豪勇時代）　一六四三年前後～一七八九年ごろ
㈣役蝦夷の時代　一七八九年前後～一八七一年ごろ

というようになります。このうちの㈢㈣の時代が日本史の近世とほぼ合致いたします。

## ウェペケレと役蝦夷の時代

**佐々木**　さて、このあたりで、ウェペケレの時代と役蝦夷の時代についてみていこうと思います。次ページの「サカナの系譜」と記された系図をごらんください。これはアイヌ研究者として多くの資料を残された吉田巌氏（氏の業績は意外に知られておりませんが、アイヌ研究史上、忘れることのできない方です）が一九一二年に「アイヌ勇士物語」の題で『人類学雑誌』28―九に発表されたもので、後に『愛郷叢書』にまとめられた中から借用したものです。吉田氏はアブタでの聞き書を中心にこの系図を作成されたもので、全くの伝承によるものです。
このサカナは豪勇・雄弁で知られた大酋長で松浦《まつうら》武《たけ》四郎《しろう》も『近世蝦夷人物誌』の凡例で「豪気義勇にて頗《すこぶ》る言

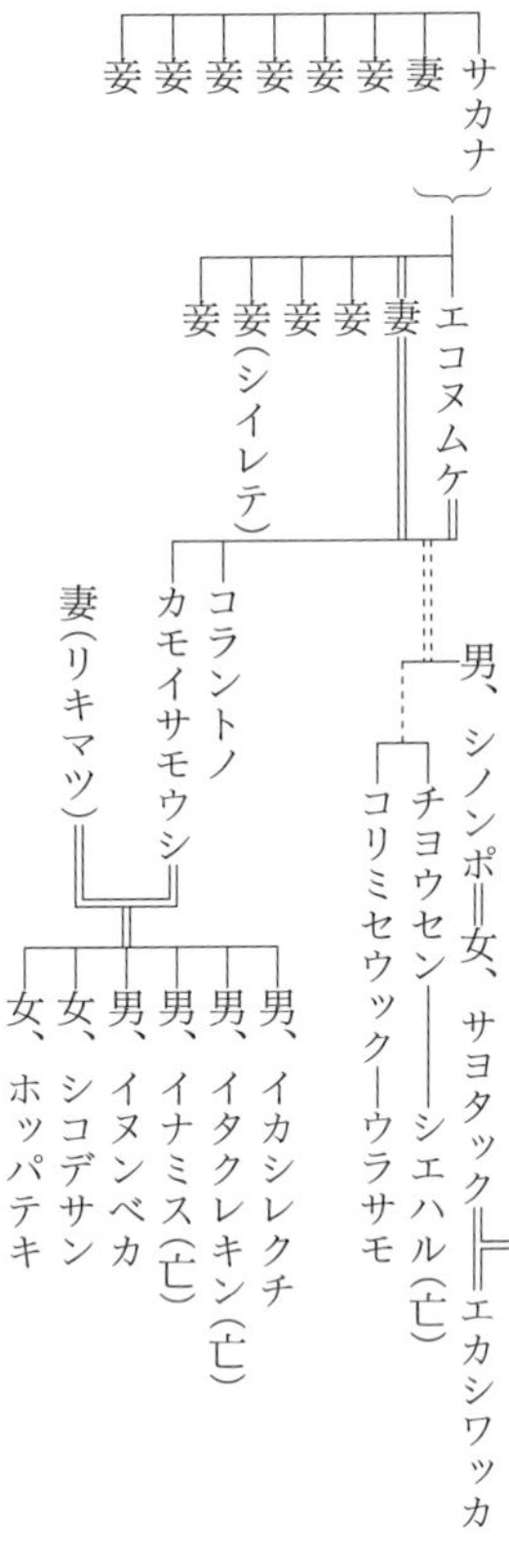


サカナの系譜。吉田巌(1912)によるアブタでの聞き書き

行有」ものとして「アブタ場所なる酋長サカナ」の名をあげているほどです。古くは菅江真澄《すがえますみ》がその紀行の中でサカナについてふれ、一七九一年の記事中に近年没した旨を書き記しています。また秦檍丸《はたあわきまる》は有名な『蝦夷島奇観』の中で「……サカナ語りき」などと記していますが、菅江真澄の記事とは若干矛盾があります。その穿鑿《せんさく》は別の機会に譲るとして、ともかくこれほど有名な酋長であったわけです。

今、文献によってサカナの系譜をたどってみますと、サカナ――イコロヌンゲ――カムヱサムシというようになります。カムヱサムシ以後は松浦武四郎と伊達藤五郎の報告(次ページ)によっていただきますが、表記の差異を除けば、驚くほど伝承と文献史料とが一致します。アイヌの人びとの家系に関する口承の正確さを期せずして裏づけることになりました。

このサカナはまたアブタ地方を中心に、イシカリからトカチにかけて豪勇譚《ごうゆうたん》が残されており、金田一京助氏などもこのサカナのウェペケレを採録されています。私のウェペケレ時代という考え方も、じつはこのサカナの例にみられるような各地の実在の酋長の物語がたくさん残された時代という意味あいなのです。ここで酋長という言葉を使いましたが、その語の持つ意味は必ずしもいいとはいえません。しかし、豪勇である彼らを表現するには、ほかに適当なものもないのでとりあえずこの言葉を使っておきたいと思います。

サカナの系譜はまた、役蝦夷の時代についても貴重な史料ともなります。といいますのは、惣乙名カムヱサムシにはヱカシレクツ、イタクリキンなどの男子がいますが、父がアブタ場所の惣乙名であったにもかかわらず、その倅《せがれ》は惣乙名を世襲できないばかりか、平蝦夷《ひらえぞ》という全くの無役になっている。弟のイタクリキンが並小使《なみこづかい》としてかろうじて役蝦夷に連なっているだけです。

この役蝦夷はその性格がまだ明らかではありませんが、初期はいわゆる酋長(コタンコロクル)が乙名などに任じられており、おそらく家柄などが重視されていたのでしょうが、後には前にも述べたように和人の意向で任免されるようになります。そうした事実をこの系譜は教えてくれるわけです。

ところで、ウェペケレの時代、役蝦夷の時代と述べてはみましたが、所詮《しょせん》、皮相的な見方にすぎません。この辺でコタンでの生活に目を転じる必要がありましょう。

安政5(1858)年

| | | |
|---|---|---|
| ○惣乙名 | カムヱサムシ | 47歳 |
| | セリマツ | 64歳 |
| 倅 | ヱカスレクツ | 19歳 |
| 二男 | イタクリキン | 16歳 |
| 三男 | 乙五郎 | 15歳 |
| 四男 | ヱヌンヘイカ | 11歳 |
| 娘 | シコテサン | 8歳 |
| 娘 | カナチ | 6歳 |
| ○平蝦夷 | サメシケ | 40歳 |
| 母 | シノフ | 66歳 |
| 妻 | サヨタチ | 37歳 |
| 倅 | ヱカスワッカ | 11歳 |
| 弟 | シノシケ | 9歳 |

松浦武四郎による

明治4(1871)年

| | | |
|---|---|---|
| ○惣小使 | サノシケ | 47歳 |
| 妻 | サヨタケ | 50歳 |
| 倅 | ヱカシワシカ(ママ) | 28歳 |
| ○並小使 | イタクリキン | 29歳 |
| 妻 | フツシフ | 22歳 |
| ○平土人 | ヱカシレクツ | 32歳 |
| 祖母 | シリテシ | 77歳 |
| 母 | ヱツハン | 50歳 |
| 次男 | ヱヌンヘカ | 23歳 |
| 娘 | シコテサン | 21歳 |
| 次女 | ホツハテキ | 15歳 |
| 弟 | セカチ | 4歳 |
| 役介 | トアヱノシリ | 73歳 |

伊達藤五郎による

# コタンの生活

**佐々木**　まず、お渡しした北海道地図をごらんください。これは文化三（一八〇六）年の蝦夷地状況図（『北海道史』による）の上に、ほぼ同時期に記録された各地のアイヌの呼称を重ねてみたものです。

これは『蝦夷《えぞ》方言《ほうげん》藻汐草《もしおぐさ》』や『蝦夷《えぞ》語箋《ごせん》』の著者で、蝦夷通辞として知られる上原熊次郎の調べたもので、その報告は信頼度が高いといえます。彼はこの地域呼称をシブチャリできいていますから、あくまでもそこからみた呼称となります。少し、煩《わずら》わしくはありますが、一応その全文を読みあげてみましょう。

「……私領之節（註・第一次松前藩時代）、シビチャリクル・ハユンクル・ヤムワッカウンクルとて、三場所の運上屋《うんじょうや》シビチャリ川の辺に銘々《めいめい》にあり。ハユンクルとは今のシツナイ夷人《いじん》の事、ヤムワッカウンクルを和人誤ってナムワカクルといふ。当時多分、ウセナイに居るシビチャリクルは則《すなわち》、此川尻の最寄《もより》に住居す。扨又《さてまた》、当所よりポロイヅミ辺までの蝦夷をまとめてメナシウンクルといふ。則、東のものといふ事。ニイガプよりシラヌイ辺までの蝦夷をシュムンクルといふ。則、西のものといふ事。ウス・アプタ・ヱトモ・ポロベツ辺の蝦夷をウショロンクルといふ。則、湾のものといふ事。ヲシャマンベよりモリ辺までの蝦夷をウシケシユンクルといふ。則、湾の末のものといふ事。シカベよりトヰ辺までの蝦夷をホレバシウンクルといふ。則、沖のものといふ事。ビロウより子《ね》モロ領辺迄の蝦夷をシメナシユンクルといふ。則、奥東のものといふ事。ヱトロフより奥の嶋のものをチウブカンクルといふ。則、日の方のものといふこと。北蝦夷地、其外嶋々の夷人をレブンモシリウンクルといふ。則、離島のものといふ事なり……」

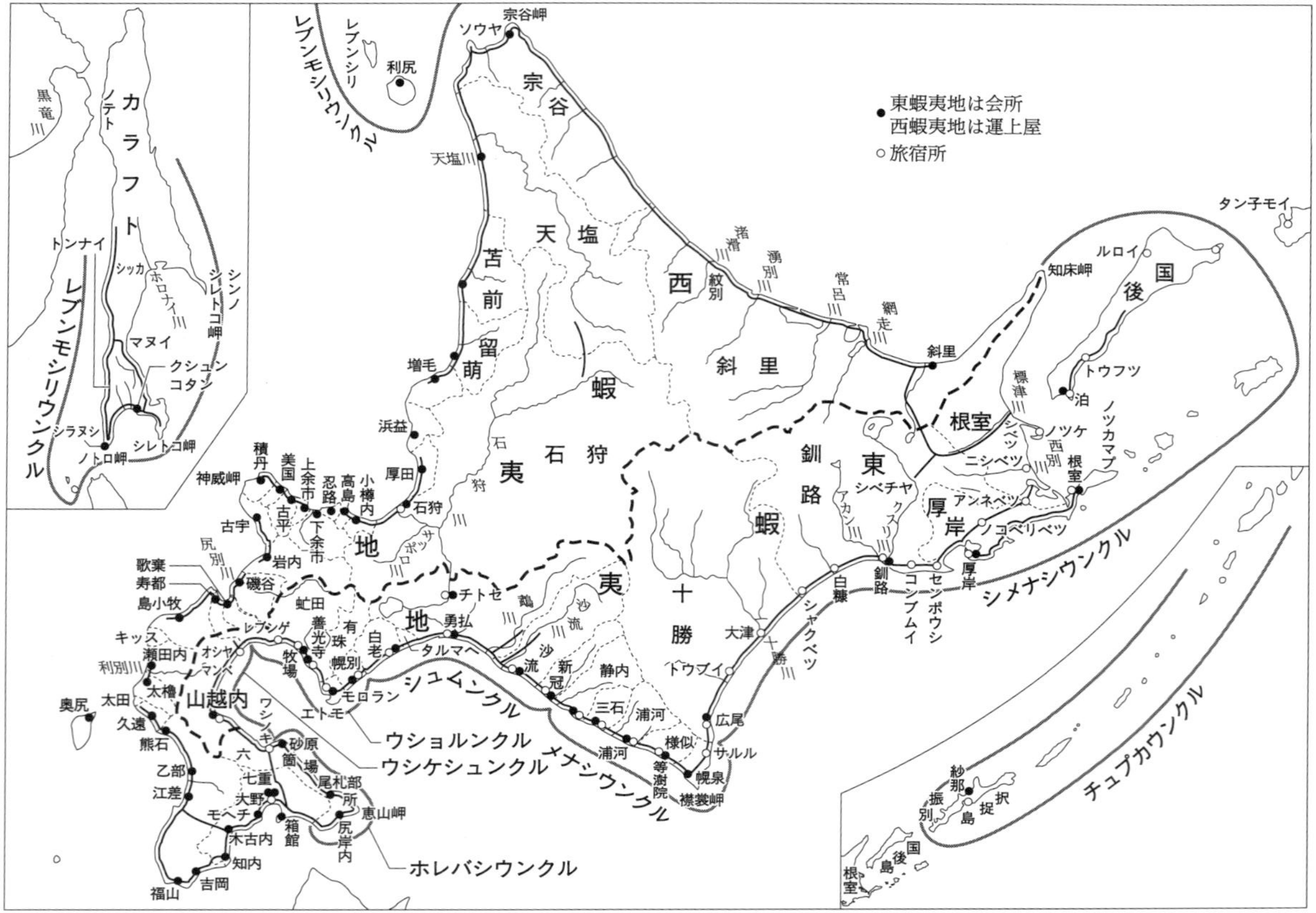


19世紀初頭の蝦夷地の情況(北海道史による)と東蝦夷地のアイヌ呼称(上原熊次郎による)

ここに紹介した地域呼称といいますか、集団名称とでもいいますか、すくなくとも一八〇〇年代初頭には現実に用いられていた。熊次郎はなぜか西蝦夷地のそれを採録していませんけれども、同様な呼び方があったに違いない。しかもたとえばウショロンクルでも、アブタとホロベツとでは、それぞれ更に細分化された呼び方があったと考えられます。

それはともかく、こうした地域呼称はどうして生じたのか、いま詳《つまびら》かにすることはできませんが、社会的政治的に、また文化的に共通する何らかの意識が存在していたとみていいのかもしれません。あるいは日本内地でいう「クニ」と同様なものであったのかもしれません。しかし、こうした地域呼称はウェペケレの時代はともかく、役蝦夷の時代ではそれほど意味のあることではなかったろう。といいますのは、始めにも申しあげた、いわゆる強制コタンが海岸部の運上屋(会所)元を中心に営まれるようになります。運上屋は舟がかりのいい、したがって荷物の集積しやすい立地条件を持つところにおかれ、そこに各地から労働力としてのアイヌの人びとが集められ、和人が任命した役蝦夷の元での労働を余儀《よぎ》なくされます。そこのコタンの成員は、もはや固有の生業で口を糊せず、しかもイトクパ(家印)を異にする人びとも多く入りこんできますから、本来のコタンの形態や在り方とは大きくかけ離れていきます。そうした情況下ではおそらく共通の意識は希薄になっていくと思われるのです。ですから、熊次郎が調べた時点では地域的にはともかく、その何々クル相互にはそれほど強い紐帯は感じていなかったのではないでしょうか。

さて、それでは、コタンが移動していく例をみておくことにしましょう。「アブタ・コタンの移動想定図」をみていただきます。

いわゆる「アブタ」の名を持つコタンは、シャクシャインの戦いのころには存在せず、オコタラペというのがあるだけでした。これが一七三六(元文一)年ころにはアブタと変ります。そして一八二二(文政五)年以降はフレ

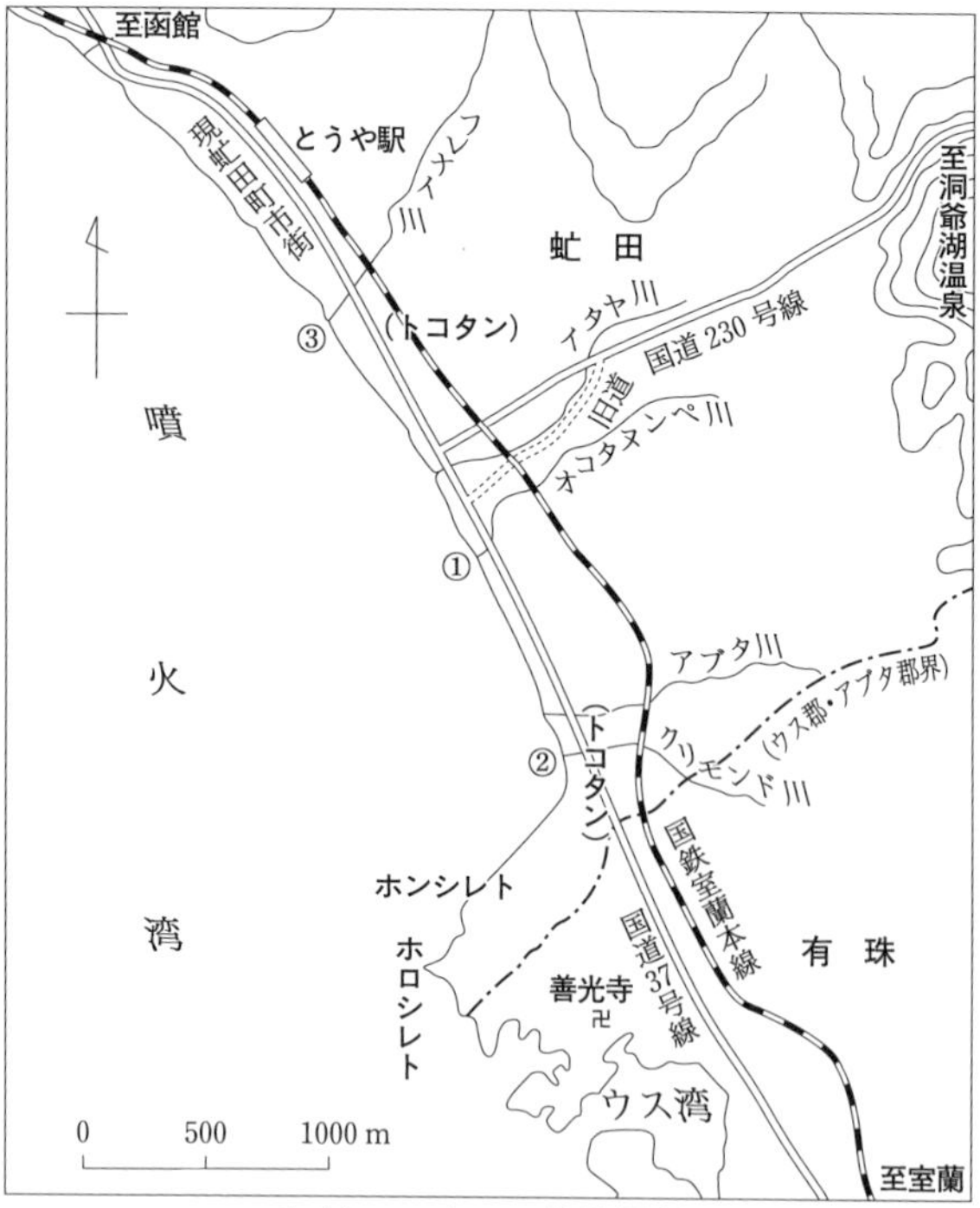

アブタ・コタンの移動想定図

ナイにアブタが移っていきます。

まず、オコタラペですが、これはオコタヌンペの転訛《てんか》と考えられます。この例は青森県東津軽郡今別町大川平《おかたら》などにおいてもみられますが、オコタヌンペならばオ(川尻に)コタン(集落)ウン(の在る)ペ(川)と解釈することができ、地名解の上からそこにコタンがあったことを裏づけます。

したがってオコタラペはオコタヌンペですから、頭初コタンは①の川口にありました。そこが廃村になり(トコタン＝廃村の意＝の地名があります)、アブタ川の川口に移りますが、これは場所制度の確立とほぼ時期を一にしており、しかもアブタ川は図からもおわかりのように船がかりとしての要件をそなえており、ここに運上屋(交易場所)も設けられます。それが②です。

更に一八二二(文政五)年の有珠山《うすざん》の噴火でアブタ・コタンは壊滅し、住民はフレナイ川筋③に移されますが、当時すでにフレナイにはコタンがあり、一つの川の川口に二つのコタンが(それも極めて大規模な)存在するという形になりますが、この時期にはもはや不自然なことではなかったようです。現在の虻田町はこの③の位置を中心に発展してきました。

一八〇六(文化三)年時でアブタ・コタンは六五戸三三四人、フレナイは二三戸一一八人という数を指摘できますが、約五〇年後の一八五八(安政五)年ではアブタ、フレナイで八三戸三四二人になり、戸数で場所全体の六〇パーセント、人口で五八パーセントにも及ぶ一大集落となっています。

こういうように規模が大きくなりますと、アイヌの固有の生業ではこれだけの人びとを養えなくなるのは当然のことで、彼らの生活は全く和人に、すなわち場所における労働の対価としての収入によって支えられるようになります(もっとも労働の対価という表現は適当ではなく、過酷な収奪がそこにはありました)。

このような生活形態の変化は役蝦夷の時代に顕著に出てまいります。

しかし、アイヌの人びとは和人の強い圧迫の中でなお自らの文化を守り育んでいき、アイヌ文化の最盛期はウェペケレの時代から役蝦夷の時代にかけてであったとも考えられますが、後者も後になると宗教儀礼などのあるものは伝承されにくくなるという側面も当然ありました。

前にも述べましたが、アイヌの人びとの歴史はこうしたコタンの生活の中にこそあり、コタンを視野に入れない歴史は成立たないのだということを強く申しあげておきたいと思います。そのためにはすでに忘れられた伝承を少しずつでも確実に掘り起こしていくという努力を重ねていかなければなりません。

## アイヌ絵の意味するもの

**佐々木**　さて、これからスライドによって、アイヌの人びとのコタンでの生活を紹介しようと思います。先に述べた時代に該当するものの順にみていきます。

スライドに収めたのは、俗に「アイヌ絵」と呼んでいる一連の風俗画です。ご承知のように、アイヌ文化には絵画を描くということはありませんでした。したがってこれらの風俗画はほとんどが和人の探検家であるとか旅行家、もしくは在住の和人の手になるものです。その中には曲解や偏見に満ちているのもすくなくありません。

いったい、風俗画などというものは勃興する勢力と無縁ではなく、近世風俗画といわれる分野の絵は、背景に、町衆というか、都市の庶民層の力が増大しているという事実があります。ところが「アイヌ絵」はそうした動きとはかかわりなく、圧迫する側が圧迫される側を描いており、野卑で珍奇な風俗慣習を写して世に伝えようという描く側の態度があります。しかも、その画例の多くが役蝦夷時代に集中しています。ですから現在に残されている絵がどういうものか、おおよそご推察いただけるだろうと思います。

ただ、こうした和人によって描かれた風俗画であっても、画題の解釈が妥当であれば、高い価値を持つ史料となりうるのです。

近年、山川力《やまかわつとむ》氏は「アイヌ絵」「アイヌ風俗画」といった名称に言及され、強制された風俗を描いたものは風俗画ではなく、そして「アイヌ絵」にアイヌの風俗は存在しない。和人がそれを描いている以上「松前絵」とすべきであるといわれています(『アイヌ民族文化史への試論』)。そして「松前絵」と「長崎絵」を併列しておられます。

山川さんのご指摘は私もそのとおりだと思うところもあるのですが、ただ感情論が前面に出すぎた感があり、さらに一部の作品についてしかふれていない憾《うら》みがあります。「松前絵」とすることで「アイヌ絵」の持つ矛盾点が解決され、そしてまた「長崎絵」と並べて論ずるからには、それが日本絵画史の中にどう位置づけられるかという研究がなされているべきなのですが、ない。

現在は名称をどうするかという議論よりも、その画例から何が引出されるかをまず考えるべきで(実際、絵画史的に評価できる作例は多くはない)、名称はそうした検討が十分になされた後、自ら定まるのではないかと思います。ここでは越崎宗一《こしざきそういち》先生以来用いられている「アイヌ絵」または「アイヌ風俗画」を使って、これら一群の絵の総名としておきます。

スライドに移ることにしましょう。

まず最初にあげましたのは秦檍丸《はたあわきまる》(村上島之允《しまのじょう》)の『蝦夷島奇観』の一部です。これは一七九九(寛政一一)年から一八〇七年にかけてのアイヌ風俗を「みぬ人びとのために」描いたものです。細部に檍丸の思い違いはあるものの、民族誌としては今日なお最高の価値を持っています。

上の絵(第一図)は海神に捧げるイナウを作っているところですが、よくみてください。このマキリ(小刀)の先に木片がついていましょう。これはマキリエウㇱペといい、イナウのカールをつけるのに必要だといわれているものです(なくともカールはつけられるそうですが)。

次に下の絵(第二図)ですが、さきのは檍丸の自筆本でしたが、これはそれの精細な模本で、現在、道内にある『蝦夷島奇観』では最も優れた写しです。ところで、前図と同じ箇所をみていただきましょうか。木片がありません。いかに原本に忠実に写したとしてもこうしたミスが必ず生じる。アイヌ絵を史料として用いる場合に比較研究が欠かせないことを知る好個の例です。この二図からは他にもいろいろ引出せますが、ここではふれません。

第三図は、シーボルトの『日本』の挿図ですが、これは無知なヨーロッパ人が史料を改変した好例です。原図は間宮林蔵の『北夷分界余話《ほくいぶんかいよわ》』ですが、すくなくとも五つの場面を合成してあり、背景は西蝦夷地宗谷のアイヌの住居、近景はオロッコ(ウィルタ)の男、中景にはスメレンクル(ギリヤーク=ニブヒ)の女をそれぞれ寄せ集め石版にしたものです。

第四図も同様で松前春里《しゅんり》が描くところの『蝦夷風俗図巻』に拠って合成改変したものであることは疑いあり

第１図 『蝦夷島奇観』(秦檍丸＝村上島之允，東京国立博物館蔵)

第２図 『蝦夷島奇観』模本(秦檍丸＝村上島之允，個人蔵)

第3図　シーボルト『日本』の挿図

第4図　シーボルト『日本』の挿図

ません。アイヌ絵を用いる場合は内容の十分な検討が必要な理由がおわかりいただけたことと思いますがいかがでしょう。

第五図は先ほどの高橋先生のお話に続く、一一世紀の蝦夷風俗の例です。一一世紀、すなわち一〇六九(延久一)年の年紀を持つ国宝『聖徳太子絵伝《えでん》』(東京国立博物館保管)のうちの一部です。この絵はやまと絵の遺例としては最も古く、また蝦夷が描かれたものとしても最古のものです。題材そのものは聖徳太子伝説に則っており、おそらく画家が実際に蝦夷に接して描いたものではありますまい。容貌魁偉《ようぼうかいい》な蝦夷が腰裳《こしも》だけの半裸体で跪座《きざ》しています。

左上の色紙形には「蝦夷ノ魁師《ひとごのかみ》綾糟《あやかすら》等ヲ召シテ　重ネテ教ヲ加ヘ誘ヒテ泊瀬《はつせ》川ニ至ル　三諸《みもろ》ノ山ニ向ヒテ立テ盟《ちか》ヒテ言フ」とあります。聖徳太子の服装がおかしいと思われるかもしれませんが、これは時世粧《じせいしょう》という手法で、作品が描かれた時代(ここでは一一世紀半ば)の風俗が写し出されているのです。この蝦夷は絵師が直《じか》にみたものではなかろうといいましたが、全くの絵そらごととも思えない。何らかの情報は得ていて、それを解釈して表現したとみるべきで、この画面には出ておりませんが、周囲の人物が描かれた当時の風俗であることから考えて、この蝦夷は一一世紀半ばの風俗を少しは伝えているといえるのではないでしょうか。

第六図も『聖徳太子絵伝』ですが、こちらは鎌倉時代も末期の一三二四(元亨四)年の作品です。一三〇〇年代には第七図、第八図といったような蝦夷の姿も描かれています。ほぼ同じ時期なのにかなり差異のある蝦夷ですが、それは情報量の差でもあるのでしょうか。しかし、細部を検討してみると案外共通点を多く認めることができるのです。

これらとほぼ時期を同じくして『諏訪《すわ》大明神《だいみょうじん》畫詞《えことば》』が成立します(一三五六・延文一)。『諏訪大明神畫詞』は中世の蝦夷の姿を今日に伝える章を持つものとして有名なものですが、残念なことに絵は伝わらない。

第５図　国宝『聖徳太子絵伝』部分（秦致真（貞），東京国立博物館蔵）

第６図　『紙本著色聖徳太子絵伝』十巻本部分（個人蔵）

第7図　重文『聖徳太子絵伝』部分(1305(嘉元 3)年，東京国立博物館蔵)

第8図　重文『聖徳太子絵伝』部分(1324 年ころ，上宮寺蔵)

**第9図 重文『清水寺縁起』部分(東京国立博物館蔵)**

余談になりますが、これのいくつかの写本を比べてみると、金田一先生以来、半ば定説化している地名、ウソリケシ(函館の古名)とかマトウマイヌ(松前?)などとは読むことができないことをかつて指摘したことがございます。

『諏訪大明神畫詞』の記載と第六・七・八図の蝦夷を見比べていくと、中世半ばの蝦夷の姿が浮びあがってくるのではないでしょうか。

中世の蝦夷の例を今一つあげてみます。これは第九図の『清水寺縁起《せいすいじえんぎ》』(一五一七・永正一四)に描かれた蝦夷の図ですが、これはもう荒唐無稽《こうとうむけい》な姿になっています。邪鬼《じゃき》や夜叉《やしゃ》の姿にも似ているのは清水《きよみず》観音に仇なす仏敵だからでしょうか。この絵から蝦夷の姿を引出すことはもはやできなくなっています。

この絵巻の作者は土佐光信とされ、国の重要文化財にも指定されている作品ですが、光信の作か否かはともかく、土佐派の絵師たちはおそらく蝦夷に関する知識は何一つ持たず、絵手本か何かの

第10図　『和漢三才図会』(巻13より)

鬼を蝦夷に仮託《かたく》したのではないでしょうか。しかし、こんな程度の絵でも一六世紀の人びとが抱いていた蝦夷のイメージを表現した例として貴重なのです。

一一世紀半ばから一六世紀にかけての蝦夷の姿をみていただきました。とくに一一世紀の蝦夷と一四世紀の蝦夷とでは大きな隔りがあるのがおわかりいただけたでしょうか。先ほど高橋先生がおっしゃった、一一世紀から一二世紀の間に民族が変るような大変化は、案外この絵の上からも指摘できるのかもしれません。

日本史の近世、すなわちウェペケレの時代から役蝦夷の時代になると、アイヌの人びとに関する和人の知識は著しく増大しますが、その嚆矢《こうし》となったのが寺島良安《りょうあん》編『和漢三才図会《わかんさんさいずえ》』(一七一三・正徳三)でしょう。ここに記載されたアイヌ語はかなり正確なものですし、新井白石の『蝦夷志』をしのぐのではないかとも思っているのですが、挿絵(第一〇図)についてはやや物足りない。蓬髪長鬚《ほうはつちょうぜん》の男が半弓をかまえているのですが、アイヌとも思えない。強いて解釈すれば、アトゥシのような広袖の衣服の上に山丹《さんたん》服を着て脚絆《きゃはん》をつけている。しかし確かさに欠けています。アイヌ語にみられるような正確な情報が絵には伝わらなかったのはどうしてでしょうか。おそらく良安先生、蝦夷をみたことがない。でも、手元にはその風俗・言語を伝える文献はあった。そこからの情報を抽《ひ》き出し、みてきたかのように描いたのがこの絵なのでしょう。そうした作画態度は、前にあげたいくつかの絵とも共通するものとみていいと思われます。

## 確実性の高いアイヌ絵

**佐々木**　さて、これから、やや確実性のあるアイヌ絵についてみていくことにいたしましょう。

第一一図は西蝦夷地ソウヤの酋長チョウケンの肖像です。チョウケンは豪勇としてその名を知られ、ウェペケレの時代を代表する人物の一人でもあります。彼については平秩東作《へづつとうさく》がその著『東遊記』(一七八五・天明五)の中で「ソウヤのチヤウケンといふ者は髭《ひげ》うるわしく、その長さ七間有りしもの七・八茎もありし。其外も五間ほどはありしといふ。奇相なり。領主えも二、三茎を献じたり。今に持伝へ給ふといふ。寿は百才近くまでいきたり。今にチヤウケンが像とて絵に書き、上に賛《さん》など題したる掛物あり……」と述べています。このチョウケンの像は『蠢動変態《しゅんどうへんたい》』というライデンにある絵巻の一図で、平秩東作のいう画像とは別物です。

この画像でとくに注目されるのが頭にかむっている笠です。これの遺存例は管見《かんけん》の限りでは現在に伝わっておりません。また彼は山丹服を着た上に太刀を背中にしょっていますが、これなども後に述べる小玉竜円斎の絵にもみることができます。

豪勇の画像としては世に知られているものでは『夷酋列像』があります。これはいわゆる「寛政蝦夷の乱」を鎮めるのに功のあった御味方蝦夷《おみかたえぞ》(和人の側からみて)たち、イコトイ、ツキノエ、ションコらの姿を松前の家老である蠣崎波響《かきざきはきょう》が描いたものです。

第一二図はノツカマップの酋長ションコ肖像の粉本です。アトゥシを着ているのでしょうか、その上に山丹服を羽織って、靴をはいています。礼装としてはちょっと妙なものですが。

第11図　チョウケンの肖像（ライデン民族学博物館蔵）

**上山〔春平〕**　これはいつですか。描いたのは。

**佐々木**　一七九〇（寛政二）年です。

第一三図はその一部分。第一二図はいわゆるビリケン頭というんですか。しかしこちらでは長頭型に描かれており、表情もずっと温和です。実在の姿としてはこちらの方が近いだろうと思われます。ですから、この完成された絵の方をみてこの時期のアイヌの姿を伝えているなどと説明されたりすると、ちょっと困るのです。

第一四・一五図は有名な、アッケシのイコトイです。イコトイの若いころの武勇談は最上徳内《もがみとくない》などによっても語り伝えられ、その反骨ぶりはよく知られていました。

第12図　ションコの肖像(『夷酋列像・粉本』，函館市中央図書館蔵)
第13図　ションコの肖像・部分(右上，『夷酋列像・粉本』，函館市中央図書館蔵)

第 14 図　イコトイの肖像(『御味方蝦夷之図』，函館市中央図書館蔵)

**第15図**　イコトイの肖像(『御味方蝦夷之図』，函館市中央図書館蔵)

シャモはシャモ、アイヌはアイヌという独立の気概を持った人物でしたが、クナシリの戦いではマメキリらの蜂起軍を自らの手で松前方に渡すという行為をあえてしました。イコトイやツキノエらのそのときの行動や心理については、今後研究もされ、歴史的な評価がやがてなされると思いますが、私自身はイコトイはウェペケレの時代の掉尾《とうび》を飾る最後の豪勇ではなかったかと考えています。一八二二(文政四)年に彼はアッケシで死にますが、彼の死はやはり一つの時代の終わりをつげるものではなかったか。平《へ》秩《づつ》東作《とうさく》の言を借りれば「男つきよく髭うるわしく、弁舌よき」もの、アイヌ風にいえばシリエトク(美貌)、ラメトク(豪勇)、パウェトク(雄弁)、という三つの美徳を兼備したほんとうの酋長の姿はなくなった。イコトイまでが、和人と対等の立場を強調し、そのように振舞った(晩年の変節はあるものの)最後といっていい。この後は、好むと好まざると、和人の意向をうかがい続けなければならない役蝦夷の時代となっていくのです。

第16図　アイヌ争闘図（ライデン民族学博物館蔵）

第一六図はチョウケンの肖像と同じ絵巻にあるアイヌの争闘図です。戦いの様子を描いたものは私がみた限りでは現在のところこれ一つです。

**上山**　いつごろの絵ですか。

**佐々木**　一七〇〇年代後半、天明から寛政にかけての作品だと思います。アイヌ間の争闘は諸豪勇の時代にはずいぶんあります。シコツのアイヌとメナシのアイヌの戦いだとか、ソウヤのアイヌとノシャップのアイヌの戦いであるとか。その他にトパットゥミなどというのもあります。

この絵で武器には刀や槍を使っています。とくに刀を使っているのが非常に気になります。実際に武器として使用できる刀があったのかどうか。

**上山**　何を使っていると思いますか。

第17図　『蝦夷国風図絵』(小玉竜円斎，函館市中央図書館蔵)

**佐々木**　弓と槍。とくに弓だろうと思います。『南《なん》部根元記《ぶこんげんき》』でしたか『三河後風土記』でしたか、和人が、加勢にきたアイヌの毒矢を非常に恐れていたという話が残っているほどです。

アイヌの人びとが使っている刀というのは焼きが入っていないし、目貫《めぬき》もありませんから武器として使えるものではないのですね。もちろん、武器として輸入でもしていたのなら別ですが、これだけの量がゆき渡るとなると、ちょっと、どうも。

**上山**　鉄砲は入りませんか。

**佐々木**　シャクシャインのころには一部入っています。しかし、武器として広く利用されたという具合にはいかなかったようです。

さて、これ(第一七図)は、アイヌの人びとの中の主だちたるものが松前の殿さまに謁見している図で、これをウイマムといいます。一七～一九図まで一連の絵で、原本――『蝦夷国風図絵《えぞこくふうずえ》』といい、小玉竜円斎の手になるものです――が絵巻で、一枚にまとめることができないので、三枚続きとしました。

第一七図は謁見の場へ膝行《しっこう》するアイヌ。縁先にはおっとせいと鶴、鹿皮や熊皮、鮭の干物などの献上品が置かれています。座敷には威嚇《いかく》のための弓矢、鉄砲が並べられ、物々しい雰囲気を作り出しています。

第一八図は左はしに松前の殿様が坐っており、重臣たちが居並ぶ前に酒や魚が置かれていますが、下賜品の一部でしょう。

第一九図は同じウイマムの部分ですが、刀の背負い方(チョウケンと同じ)や多彩な衣服にご着目ください。この絵巻は一七〇〇年代の前半の作と推定されますが、たとえば、図中のおっとせいは一七一八(享保三)年以後、毎年、将軍家への献上が義務づけられるのですが、ここではその前の情況を描いたものです。ちなみにおっとせいは山越内《やまこしない》など噴火湾岸の場所か奥尻島以外はとれませんから、竜円斎はあるいはそのあたりのアイヌを意識していたのかもしれません。

このように、対等とはいえないまでも、座敷に通して改めて挨拶を交わすのは、まだ幾分前代の名残りとみることができます。後には庭先になったりしますから。またウイマムとよく似たものにオムシャがあります。これはそれぞれの場所の運上屋元で行います。

藩主の前に出るのに体を海老《えび》のように折まげ、手を床にふれんばかりにし、後の人間の手首をとり進んで行くというように後世の絵に描写されている、この人びと独得の挨拶儀礼の本来的な形は、第二〇図にみることができます。これが後には極端な姿に描かれるのは、実際にそのように強制されたものか、あるいは和人の絵師による単なる誇張であるのかよくわかりませんが、とにかく和人の目をひいた習俗の一つではあります。

第二一図はウイマムの後の酒宴の図で、右手に持っているのはイク・パスイ、すなわち「ひげべら」と俗にいわれているものです。

**上山**　どういうふうな使い方をしているんですか、ひげべらとは。あのお椀に入っているものは……。

第 18 図　『蝦夷国風図絵』(小玉竜円斎，函館市中央図書館蔵)

第 19 図　『蝦夷国風図絵』(小玉竜円斎，函館市中央図書館蔵)

第20図　『蝦夷風俗図巻』(松前春里筆，ライデン国立民族学博物館蔵)

**佐々木**　これはお酒を飲んでいるのです。ひげべらというのは、アイヌの人びとはたいへんひげが長く濃いものですから、お酒を飲むのにくちひげが邪魔になる。だからこのへらでくちひげを持ちあげて酒を飲む。したがってひげべらという、と。これは俗説でありまして、実際はアイヌの人びとの祭具の中でも最も重要なものの一つなのです。普通イクパスイといわれ、捧《ほう》酒箸《しゅばし》と訳語をつけることからおわかりのように神に酒を捧げるのに必要なもので、神と人との仲立ちをする、神の国でアイヌの人びとの代弁をする、そういった貴重な品物です。だからお酒を飲むときには欠くことは許されず、まず、お椀になみなみと酌まれた酒にこれの先端を浸して火の神に捧げるのです。それからおもむろに飲み始めます。それにも儀礼が決められていますが、ここではふれません。

　だいたい、このあたりまでがウェペケレの時代の和人とアイヌとの関係であろうと思うのです。ただ、先ほどの第二〇図はずっと時代が遡った一七〇〇年代後半の作品です。先頭の和人は蝦夷通辞《つうじ》。次いで乙名、小使、土産取《みやげとり》といった役蝦夷、そして平《ひら》蝦夷の順で続きます。この順序は竜円斎のころも変っていなかったはずです。

　蝦夷通辞のことが出たので申しあげますが上原熊次郎とか能登屋円吉とか加賀屋伝蔵とか有名なアイヌ語通辞が何人かおり、また、各場所には必ず一人はおかれましたから、相当な数がいたわけです。そして、彼らのうちの何人かは辞書をすら残しているのです。しかし、彼らの書き残した辞書は、ほとんど全部が日本語引きのアイヌ語辞書で、その逆は存在しないといっていい。これは言い換えれば、和人のいうことだけを伝えればいいのであって、アイヌのいうことは理解しなくともいいということになる。実際、無頼《ぶらい》で無能な通辞の話がいくらでも伝わっています。

この蝦夷通辞がアイヌ交渉にかかわった事情というのはたいへん大きな問題なのですが、遺憾《いかん》ながらこれまでに研究されたことがありません。今後の大きな課題といえるわけです。

第21図　『蝦夷国風図絵』(小玉竜円斎筆，函館市中央図書館蔵)

第二〇図ではまた、三人のアイヌがそれぞれ異なった服装をしているのに気づかれたと思います。和人から入った絹物や木綿の古着を着ていたりするのですが、これらが和人との交易品の主要な位置を占めています。逆にアトゥシはその耐水性や耐寒性によって、和人の農民や漁師の間で珍重され、アトゥシを着ている和人の姿をいくつかの作品で指摘することができます。南部藩などではアトゥシをぜいたく品として、着用を禁止したこともあるほどです。

# 強制コタンでの生活

**佐々木**　さて、役蝦夷の時代に入って強制コタンでのアイヌの人びとの生活にふれてみようと思います。

この時代のアイヌの人びとは、場所制度の枠の中にきっちりとはめこまれており、和人の意向を無視しては何ごともできないという情況にありました。その労働力の収奪のすさまじさは、松浦武四郎が記しているように、「土人（その土地に古くから住んでいる人びと。ここではアイヌのこと）を遣ふこと犬馬のごとく……一日の飯米といふは、僅か一合八勺斗《ばかり》の椀に玄米一杯を与へ、それも運上屋に残り飯のある時は其飯を粥《かゆ》にのばし、是を一日に三椀宛遣《あてつかは》して責遣《せめつか》ふまま、幼きものや、また老たる者は何も喰することもなり難く……」（『近世蝦夷人物誌』初篇）。

これは西蝦夷地クトウ場所の例なのですが、西蝦夷地はアイヌの人びとの消耗（あえてこの語を使います）がわけてはなはだしかった地域ですからこうした例など珍しくもなかったかもしれません。

絵画作品にはこんな悲惨な有様を写し出した例は現在のところみつかっていません。

第二二図をごらんください。これは一八五八（安政五）年、村垣淡路守範正《むらがきあわじのかみのりまさ》が東蝦夷地を巡察した折、日高の難《なん》嶮《けん》を十勝に越える様を描いたものです。行列は後方になお長く続いており、ここはその先頭部分です。一番前の五人は日高側の場所の役蝦夷たちで、陣羽織《じんばおり》を着た礼装でしたがっています。彼らはこうした官吏巡見のたびごとに、場所境に出迎え、次の場所境まで見送るという義務を負っていました。

この絵の一番うしろに駕籠《かご》が描かれていますが、もちろん村垣が乗っているものです。駕籠をかついでいるのはアイヌですし、またその前に鎧櫃《よろいびつ》でしょうか、それを背負っているのもアイヌの男です。この他、槍持や旗

第22図　『東蝦夷道中絵巻』(国立公文書館内閣文庫蔵)

第23図　『幕末期モロラン風物図』部分（北海道大学附属図書館蔵）

持などを命ぜられることがあります。

　こうした和人の旅行の際には荷物運びなどの人夫として、あるいは道案内に狩り出されるのは決ってアイヌの人びとでした。松浦武四郎といえども案内や人足として場所場所のアイヌを選び出しており、実際、アイヌの人びとの助力なくして、あれだけ大部の紀行集や地図がかけるはずがなかったのです。

　第二三図も駕籠をかつぐアイヌの姿です。描かれた時期もほぼ一八五八年ごろとみていいようです。

　駕籠に乗っているのは、アブタ詰《つめ》の役人、前田昌三郎の妻と説明されています。先棒、後棒とも右手でかつぎ上げていますが、もちろん、こうした剛力のアイヌを描こうとしたわけではありますまい。浮世絵特有の感じはあるものの、アイヌ風俗はよく写し出されています。とくに女は下着としてのモウルを着けているのがわかりますし、口もとには薄く入れずみが施されています。着ているのはアトゥシですが、黒糸、白糸を用いて縦縞を織り出している（織機の構造から、緯《よこいと》で文様を織りこむことはできません)様子がうかがえます。また、女ものと男ものとで文様の加飾に違いがあるのに気づきます。

このような労役の例をもう少しみておきましょうか。第二四図は先ほどの村垣の巡見の折の絵で道案内のアイヌを描いたものです。五月の冷たい雨の中を村垣の一行は進んで行きます。和人は合羽や笠できちんと身ごしらえをしていますが、人足として徴発されたアイヌたち、とくに駕籠をかついでいるアイヌに着目してください。雨具も笠も使っていません。

拡大してみましょうか(第二五図)。先導するアイヌの様子をごらんください。和人とは極めて対照的です。笠のかわりに蕗《ふき》の葉や、いたどりの葉を用い、筵《むしろ》やござをまきつけているだけです。クスリに近いシラヌカでのことです。

第二六図はアッケシのベカンベウシで舟を曳いているアイヌの図です。積みこんであるのは運上屋へ運ぶ軽物《かるもの》でしょうか。舟の上には棹《さお》を使っている男が二人あり、他に五人の男たちで舟を曳いています。

第二七図はそれの拡大です。ここで、注目したいのは右はしの男をのぞく四人です。右はしの男は伝統的な髪の形をしていますが、残りの四人はアトゥシ、または木綿衣を着てアイヌ風を保っていますが、その頭をごらんください。彼らは和人風にさかやきを剃り、まげを結っています。そして男の美貌の要素の一つである長鬚をも落してしまっている。

いうところの帰俗アイヌの姿です。帰俗アイヌというのは和人(とくに奉行所)が行なった風俗慣習の改変策、同化策のことで、アイヌの人びとの伝統的な風俗を低俗な陋習《ろうしゅう》であるとして、これを和人風に改めさせたことです。女子の入れずみをはじめ耳飾り、髪の形やひげなどがまず改める対象とされました。

ところがこうした急激な改俗策は、当然アイヌの人びとの強い反発をうけます。たとえば西蝦夷地のソウヤでは、詰合の役人が役蝦夷を呼んで「国人(和人のこと)の風」にするよう厳命したところ、非常に迷惑なていで、

第 24 図　『東蝦夷道中絵巻』部分（国立公文書館内閣文庫蔵）

第 25 図　『東蝦夷道中絵巻』部分
（国立公文書館内閣文庫蔵）

第26図　『東蝦夷道中絵巻』部分（国立公文書館内閣文庫蔵）

第27図　『東蝦夷道中絵巻』部分（国立公文書館内閣文庫蔵）

テシオやトママエのアイヌが帰俗していないのに、ソウヤから始めてはよそへのきこえもよくないし、先祖へも申しわけが立たないから、このことはまげて「御免可給《ごめんじたもうべし》」と家宝を差し出しながら撤回を申し入れました。その後、しばらくして、今度は平蝦夷を二〇人ばかり呼び集め、一人一人名前をたずね、かみそりを出して剃頭《ていはつ》を申しつけたところ、彼らは驚き逃げ出して、いまだに行方が知れないという話が伝わっていますし、松浦武四郎の『近世蝦夷人物誌』にはもっと悲惨な反抗の例が収められています。それでも和人は彼らに優遇措置を講じたため、一部地域では成功したかにみえましたが、結果的には無理な方法でした。

この他、たとえば子供たちに五郎とか捨六とか和風の名を与えたりしたものの、場所制度の崩壊後、アイヌ名に戻った例もありました。一つの復古調とも思えるのですが、後に「旧土人」として内民化される過渡期の一現象として興味ぶかいものがあります。

第二八図です。

蝦夷地、とくにアイヌの人びとが馬を使用し始めたのがいつごろであるか、明らかにする史料を現在持っていませんが、公式には蝦夷地が幕府の直轄地となった一八〇〇年代初めのことです。最初の松前奉行であった戸川《とがわ》筑前守安論《ちくぜんのかみやすとき》の命で有珠《うす》と虻田《あぶた》に牧場が設けられ、数百頭の馬が飼われる一時期があります。牧士は和人ですが、もちろんアイヌもかり出されている。乗馬に関しては天賦の才があったものか、よく馬術を修得している。

この絵は早馬を描いたものですが、会所間(運上屋間)の連絡要員としてアイヌがあてられていた例です。この他、馬に乗り鉄砲を持って鹿猟をしている絵も残されています。

第二九図です。

これは鷲の巣をとっている図です。断崖の中ほどにある巣をとるために宙づりになっている男が描かれています。鷲の雛をコタンに持って帰り、檻の中で飼育してやがて献上用の羽をとる。鷲の羽は矢羽《やばね》に用いるのですが、

第28図　『東蝦夷道中絵巻』部分（国立公文書館内閣文庫蔵）

蝦夷地の鷲からは良質の矢羽がとれます。真羽《まば》とか薄氷《うすひょう》を何束というように軽物の献上品に位置づけられていました。したがって、ある数を調えるには相当無理をしなければならない。こんな危険な猟もあえてせざるを得なかったのです。

献上品の調整といえば、もう一つ。おっとせいの献上があります。このことについては先ほど、ちょっとお話しいたしました。

おっとせいは漢字で書きますと「膃肭臍」となる。すなわち膃肭《おっとつ》という海獣の臍、つまり外腎であるというわけです。膃肭は、金田一先生によればアイヌ語のウネウ（もう一つ前の形はオンネップ）が中国で音訳されてあてられた文字だということですが、強壮の生薬として珍重され、始めは徳川家康が松前慶広《まつまえよしひろ》に献上を命じて、後に吉宗のころに恒例化します。調えるのは海狗腎《かいくじん》、つまりタケリ（陰茎）ですから雄に限ります。

おっとせいは、樺太のロッペン島やアラスカのプリビロフ諸島から索餌のため回遊し、北海道では噴

第29図　『東蝦夷道中絵巻』(国立公文書館内閣文庫蔵)

火湾や奥尻島近海に入ります。したがって噴火湾岸の各場所(ヤマコシナイ、ユウラップ、アブタ、ウスなど)のアイヌに調製を命じられることは述べたとおりです。この猟をレパ猟といい、それに従事するアイヌをレパ蝦夷といいます。

第三〇図はそのレパ猟を描いたもの。ここでは非常にのんびりした感じで描かれていますが、実際には真冬の沖合です。凪《なぎ》の日を選んでいるとはいえ、また、おっとせいはとても敏感ですから、気づかれないために細心の

第30図　『蝦夷風俗図巻』(ライデン国立民族学博物館蔵)

注意を払います。レパ蝦夷は定数が決められており、コタンの誰でもが従事できる性質のものではないし、猟も難しく、一冬かけても各場所で一頭もあがらないことがある。しかし最低二頭は献上しなければなりません。湾岸のコタンの人びとにとってはたいへんやっかいな猟であったといえます。

第三一図は会所に差し出したところです。上り框《かまち》の中央、筵《むしろ》の上にあるのがおっとせいで、その傍にあるのは褒美の葉煙草。それから酒が運ばれています。和風の土下座をしているのはレパ蝦夷だと思います。ここにも帰俗アイヌの姿をみることができます。一八〇〇年代も極めて早い時期の、オシャマンベでの例だと考えられます。

さて、会所や運上屋で、アイヌの人びとはどのように使われてきたでしょうか。

男たちは、各種の狩漁の他、荷物継立《つぎたて》、荷役、渡し、水夫、飛脚、早駈け、早馬、馬夫などが、女たちは台所の下働きや飯炊きなどで、これらは初めは彼らの生業である狩や漁のあいまにかり出されていたのですが、次第に常雇化していきます。

第31図　『膃肭臍猟之総説』(北海道大学附属図書館蔵)

第三二図は会所でのモチ搗きを描いたもの。絵としては面白いのですが、何かなじめない。こうして搗いたモチは新年にはコタンのアイヌたちに配りますが、平沢屛山《ひらさわびょうざん》の『蝦夷風俗十二カ月屛風』の第一扇《せん》(一月)には切りモチを抱えて会所から帰ってくる一家の図が描かれていますが、その絵と併せみるべきでしょう。

台所詰の女たちにとって日々の水汲みは過酷な労働であったに違いありません。第三三図は、樽一ぱいの水を、背負い紐を使い、巧みに腰でバランスをとりながら急坂を登っているところです。エトモ場所での景と思われ、遠く羊蹄山《ようていざん》がみえています。この絵で興味深いのは、水を運んでいるルテンマという女性の足に入れずみが描かれていることです。私自身、こういう例はこの絵しか知りませんから説明できませんが、絵師が思わず筆をすべらしたのか、あるいはエトモ、モロラン地方にあった例なのか、今後の研究にまちたいと思います。

第三四図には、番人に酌をしているアンコロとい

**第32図**　『幕末期モロラン風物図』部分（北海道大学附属図書館蔵）

う女が描かれています。女は正座をしていますが、こうした坐り方はもともとアイヌにはなかったと思われます。番人も上にアトゥシを羽織っています。

この絵にみられるような光景は会所、番屋の別なくおそらく各地でみられたはずです。近世の蝦夷地関係の文献には、支配人や番人がアイヌの婦人を情欲のままに慰みものとしたという例が数多くあります。高倉新一郎先生は『新版アイヌ政策史』の中で「……倫理観念に乏しい番人共は、情欲の衝動に任せて夷女《いじょ》を強姦し、甚しきは夫婦の蝦夷の仲を割き、番人の得ようとする女に夫がある時は、その夫を遠い地方に出稼ぎさせてその留守にこれを奪うという暴挙を敢えてした……」とよくその実態を説かれておられます。

この絵の二人がそうした関係にあったとはいいませんが、すくなくともそれを暗示するにふさわしい絵ではないでしょうか。

第 33 図　『幕末期モロラン風物図』部分（北海道大学附属図書館蔵）

第 34 図　『幕末期モロラン風物図』部分（北海道大学附属図書館蔵）

第35図　蝦夷人うゑぼうそうの図（『「アイヌの美」展図録』，原本オムスク造形美術館蔵）

アイヌ人口が激減する理由は、和人によってもたらされた梅毒と疱瘡《ほうそう》が第一で、次いで過酷な労働にあったといって過言ではありません。

そして、第三五図をごらんいただきましょうか。『蝦夷人うゑぼうそうの図』と題されています。一八五六（安政三）年に、初めてアイヌの人びとに種痘を強制します。

日本に種痘術が伝えられた始めは中川五郎次とされ、彼が周辺の人びとに種痘術を施していたことは吉村昭氏の小説『北天の星』でも知られていますが、強制種痘は桑《くわ》田立斎《たりゅうさい》がアイヌに対して行なったのが日本で最初です。そうした意味でとらえるとアイヌの人びとがモルモットにされたといえなくもありませんが、とにかくアイヌの人びとにとって疱瘡は天敵にも等しかった。アッケシではそのために住民の三分の二が斃《たお》れたという伝えもあるほどです。カムイ・ユーカラには疱瘡《ほうそう》神（パコロ・カムイ）にちなむ話がいくつもあります。

ここまでみてきましたことでご理解いただけたと思いますが、いわゆる近世には、アイヌの人びとの生活は、和人なくして成立たないという情況にあったといって言いすぎではなかろうと思います。そうした厳しい情況下で、なおアイヌの人びとは自らの文化を守り伝え、ある面では最高に花開かせたといえなくもありません。アイヌの人びとの歴史はそうしたコタンでの生活をたんねんに掘り起こして後、初めて記述できるのではないかと考えています。

非常に独断的な内容に終始した感がありますが、諸先生のご叱正《しっせい》をいただければと思います。

［附註］ 本稿は、昭和五六(一九八一)年七月に行われた「シンポジウム・北方文化を考える」(北海道新聞社主催、日本アイ・ビー・エム株式会社後援)での報告に基づいたものである。文中、「上山」とあるのは、当時京都大学教授であられた上山春平先生のことである。先生は本シンポジウムの司会をつとめられた。

# 三　アイヌ文化の歴史と生業

## 一　四本のイクパスイ

イクパスイ iku-pasuy というのはアイヌ文化にとって宗教儀礼を執行する上で欠かすことのできない重要な祭具である。神に祈りを捧げる際に用いるもので、人間と神のあいだの通訳として、また、灌酒の際、イクパスイを酒杯に浸しその滴を神に捧げるのであるが、そのとき、イクパスイの一滴が神の国では一樽にもなるという。こうした信仰は、ほかの民族に類例が認められないアイヌ文化独特のものである。

今年上ノ国において一六世紀後半から一七世紀初頭の遺構から四本のイクパスイが出土した。つまりこの時期にはイクパスイおよび酒をともなう儀礼がすでに存在していたことを示す画期的なものであり、確実なアイヌ文化の存在が一六世紀にはあったことを雄弁に語っている。

本シンポジウムは「生業」がテーマである。そしてわたくしに与えられた課題は「アイヌ文化の歴史と生業」である。生業を主テーマとした与題とはすこしく逸脱するが、ここでは宗教儀礼に大きな位置を占めている酒に着目して論じてみたい。まずアイヌ文化における酒の歴史をみておこう。

## 二　酒

アイヌ語で酒に関する語を『蝦夷語集』（上原熊次郎、文政七年ころ）でひもとけば「うすきさけ＝カパルシャケ」

以下一五項目にわたって関連語彙が示されている。このなかではシャケが多く用いられているが、この語はもはやアイヌ語といっていい。つまりアイヌ語のサケ(=シャケ)は日本語の酒(さけ)が借用されているらしいことは理解されよう。

酒そのものをあらわす語として「シャケ」をのぞけば「チケンベ」「トノト」「アラキ」「チクップ」「ペケラシコロ」を拾うことができる。

チケンベはcikempe(われら・舐める・もの)、トノトはtono-to(殿様の・乳)、チクップはcikup(われら・飲む・もの)となり、アラキだけが異質である。これはアイヌ語ではなく、山旦語であり、ウイルタ語、ニヴフ語、ナーナイ語にも共通する。『辺要分界図考』によれば蝦夷人が山旦人と交易する品物に、アラッケ(酒)があるがこれも同じことばである。

ただし、日本にも長崎経由で阿剌吉(アラキ)という酒が入ってきてはいる。オランダ渡りの焼酎である。しかし、この語が日本ないし蝦夷地経由で山旦にまでいく可能性はまったくない。ペケラシコロはペケレアシコロpeker-asikor(清んだ・酒、『蝦夷語集』にはほかにベケッシャケもあるが同義である)であろう。このほかに『渡島筆記』は「酒をチケンベといふ、濁酒をヤヽサケ、又清酒をアブラサケとも」いうと記している。

サケが入る前のアイヌ語では酒をなんと呼んでいたのだろうか。トノトもシャモとかかわりの深いことばである。チケンベ、チクップであろうか。アシコロは萱野氏の辞書(『萱野茂のアイヌ語辞典』三省堂、一九九六年)に「酒」とあるし、久保寺氏もその語を採録し(『アイヌ語日本語辞典稿』北海道教育委員会、一九九二年)、やはり酒の訳をあてている。chi-kusa-ashkor(われら・積み込む・酒=船来酒)というような使用法があげられているし、カムイアシコロなどともいう。あるいはアシコロがアイヌの本来的な酒をあらわしているのかも知れない。

このほか『蝦夷語集』では濁り酒をヤヽサケという。これはヤヤンサケyayan sake(ふだんの・酒)であるから普通の祭礼や儀式に用いられる酒であることを示している。清酒をアブラサケというのは「油のようにとろりとした上質の酒」の意味で、『和漢三才図会』にあるような魚脂を飲むから脂酒というのではない。ではトノトとヤンサケとはどう異なるのだろうか。両方とも濁り酒である。そのことばのはじめは、ウイマムなどの場で白濁した飲み物にはじめてふれたアイヌの人びとはその色合いから「ト to＝乳汁」とみ、シャモのおさ(tono＝殿)から下されたものであるから「トノ・ト」と称したものであろう。このことは後述する。

トノトあるいはサケ以前の語としてアシコロが用いられていたかも知れないとのべた。酒を得る前の樺太アイヌはお祈りの時に、ギョウジャニンニク pukusa を用いたという。これは強烈な臭気を発するので、その臭気を嫌う伝染病などは近づかないので流行り病があると村の入り口や家の軒に下げておくことがある。また、麹以前の醸す方法としての噛み酒がある。『塵袋』などによれば日本語のかもす(醸す)は噛むから派生したといわれるように古くからあった発酵法で(ただし本居宣長は否定している)、アイヌ文化にも存在した可能性があり、『成形図説』によると琉球文化では近年まで存在した。このような麹以前の発酵法で造った酒ないし類酒的な存在がアシコロではなかったか。遺憾ながらアシコロについては語義が判然としない。意味がわからなくなること自体そのことばが古いということになりはしないか。

アイヌの酒造法において麹が輸入されたことはきわめて画期的なことであった。麹をアイヌ語でカンタチ kamtaci というが、麹の古語である「かむたち」という語が品物とともに輸入されたということになる。「かうぢ」の初見は『曽我物語』であるとされるから、一二世紀末ないし一三世紀初頭には麹という語が用いられていたということになる。「かむたち」がどの地方でいつごろまで用いられていたか定かではないが、アイヌ文化に麹が輸入されたその時の日本語名称が「かむたち」であったことは疑いない。それがそのままアイヌ語として定着したのである。カンタチを手に入れたアイヌの人びとは粟や稗などを用いて、短時間のうちにサケを醸すことができるようになった。これがヤヤンサケである。なお、サケに関していえば、一六四三(寛永二〇)年のフリースの報告中にその語がみえるからそれ以前に存在していたことは問題あるまい。

## 三 酒と漆器

カンタチを用いてサケを醸す技術を習得したアイヌの人びとはそれを醸すための道具として漆器に着目した。なかでもシントコのような大容量のうつわは重要であった。一般にシントコに分類されるものは樽、行器、食籠などがある。樽はオンタロ ontaro というが、木目そのままの樽ではなく、塗りが施されているものが多い。塗りのないものがマサシントコ(masa-sintoko ＝柾のしんとこ。曲物もかくいう)である。こうした大容量のうつわ類がサケを醸す道具として用いられた。もちろんマサシントコも用いられてはいるが、酒槽器の大部分は塗り物である。酒槽器として塗り物を用いる理由のひとつに、アイヌのサケは比較的短時間の醸造ですみ、日本酒などのように長時間寝かせる必要がないということがある。さらに樽のように水をはらなくとも破損することなく伝世できるという利点もある。アイヌの人びとにとってサケは嗜好品ではなく、宗教儀礼執行上必要なものである。だから、必要が生じた時必要な量だけ醸せばよかったから恒常的な酒槽器は必須のものではなかった。

また、サケは神のために醸すものであるから、そのためのうつわもふだん用いるそれとは異なったハレのものである必要がある。そこに貯えられた酒は神にそなえ、人びとはそのお裾分けをいただくのである。酒槽器をサケカラシントコ sake-kar-sintoko(サケを・醸す・シントコ)というが、サケを醸す時にはその胴部に削りかけ kike を巻きつける(イナウコロシントコ inaw-kor-sintoko)。この場合シントコは神器でもある。

ハレのうつわは美しく、特別なものでなければならない。アイヌの人びとがサケを造るために漆器を選んだゆえんである。

## 四　伝世された漆器群

現在に伝世されるアイヌ文化のなかの漆器にはどのような種類のものがあるのだろうか。アイヌ語名が付されている、いわく、トゥキ(杯)、タカイサラ(天目台)、オッチケ(膳)、エチウシ(長柄銚子)、エトゥヌップ(片口)、トコムシパッチ(耳盥)、キラウシパッチ(角盥)、シントコ(行器)など。

このほかたとえばプンタリ、オンタロなどがあり、それぞれ「ほだり」「樽」の転とされる。またシントコは越前あたりで行器をいうことばだという説が古く杉山寿栄男氏から提唱されているが、未だに確認できずにいる。

こうしてみると、日本漆工芸を代表する作品である手箱、硯箱などのような比較的小型の箱類がなく、盆、机、棚、鏡台、印篭といったもののもないのに気づく。加飾技法についても蒔絵ないし漆絵のものがほとんどで、彫漆はもちろん螺鈿や沈金などは伝わらない。

上述のような漆製品にこだわったその理由はなんだろう。

単純に言い切ってしまえば、酒造りとそれにともなう儀礼のためである。伝世品で見るかぎり最上徳内が『渡島筆記』で「都て蝦夷の器財は皆酒宴の道具にのみ用」いるなどと述べているとおりの様相を呈している。

## 五　トゥキ

トゥキは天目台の上に杯をのせた形態の祭具をいう。

天目台はタカイサラ takaysara もしくはトゥキエウシペ tuki e-uspe ともいう。受け台(托)に鍔をもちその下に圏足をもっている。時に高杯、盃台とよばれることがある。日本文化において、高杯は脚のついた皿状のもので、皿の部分にものをもりつける。その用途により皿の深浅、脚の高低に差がある。天目台は茶わんの受け台であり、盃台は盃の受け台であってその目的を異にする。トゥキはまた椀の意味でもある。椀はイタンキ itanki ともいう。漆椀は汁椀のような大振りのもので、口径に比して深い。杯や盃など口径に比して浅いものは用いない。しかしトゥキの語源は日本語の「つき＝杯、坏」であった。椀の古語である「まり」でも「もひ」でもなく「つき」の語を選んだことから、アイヌの人びとがはじめてふれた酒器はこの形態のものであったことがわかる。

碗の受け台もしくは托としての天目台は本来中国において発達した。とりわけ宋から元にかけて多くみられる。日本には喫茶法とともに寺院に入り、やがて茶道の盛行とともに和風のものが多く造られるようになった。宋代では天目台の上にやきものの平形碗や天目形の碗がのせられる例が多かったが、漆椀や玉碗、銀碗などがともなうこともあった。琉球の尚家には銀製のそれが伝承されている。

アイヌ文化におけるトゥキは天目台を受け台としてその上に漆椀をのせる。この場合の漆椀はサケを飲むために用いられる杯である。ごくまれに茶わんないし陶磁器製の盃(スマイタンキ suma-itanki ＝石の碗)とを組み合わせることがないわけではないが、よほどのことがない限りこの組み合わせでは用いない。しかも漆椀の上にイクパスイiku-pasuy(＝酒箸)をのせる。イクパスイは神にサケをささげるための祭具であるが、これもアイヌ以外の文化ではみることはできない。こういう組み合わせのもとアイヌ独特の酒器であるtukiができあがった。

さきに述べた上ノ国のパスイは現在のところ最古の例となる。このことは一七世紀初頭にはトゥキという形態が完成していたことを示しているのだ。つまり一六世紀のある時期にはトゥキを用いたサケ儀礼が存在したことの傍証でもある。ところで、アイヌの人びとはなぜこれほどまでに漆椀にこだわったのであろう。というよりも、かれらには自ら作ったうつわが存在しなかったのであろうか。イタンキといううつわがある。椀の訳があてられることは述べた。トゥキ以前の独自のうつわがこのことばであらわされていたであろうことは充分に考えられることである。

## 六　シカリンパㇵといううつわ

樺太アイヌのうつわにシカリンパㇵという刳物がある。si-karinpaxとなるが、これはsi-karinpap(真に・まるいもの)の樺太方言である。その名称が示すように、口縁部の平面がほぼ円形をした、底の深い、比較的薄手の刳物である。樺太アイヌの人びとはこれをロクロを用いずに成形した。ナナカマドやオンコなどを素材とするそれは、ちょっと尖った両端をもつ、にぶい光沢の美しいうつわである。これと同様のものにニパポという長円形の片耳杯がある。

アイヌの人びとが自ら作り出したうつわは実はこれだけである。しかも、これらはニヴフなど大陸の諸民族のあいだにも広く存在するが、北海道アイヌはこれをもってはいない。となると樺太アイヌが生み出し、それを周辺の諸民族に伝えたということになるのだろうか。しかし、加飾技法やかたちなどをみるとニヴフのそれはかなり変化にとんでいる。こうしたことから考えるとこれらは樺太アイヌが生み出した文化というよりは、むしろ樺太アイヌが学び取った技法であり、うつわであったとみるのがより自然であろう。この刳物については、たとえば木取りをどのようにおこなったのかとか、板目取りなのか柾目取りなのかなどを含め未知の要素が多く、このあたりの研究が進めばいま少し違った見解がみいだされる可能性はある。こうした刳物を作るには木取りのための道具として鋸や斧などの存在が必要となるが、とりわけ斧は重要であろう。アイヌ文化において斧はムカラ mukar という。刳物のうつわの初期的形態は、これを用いて切り落とした木の瘤を刳りぬいたあたりにあるのであろう。事実、そうした製品がアイヌ文化にも存在する。

樺太においてシカリンパハやニパポは日常の食器として機能した。ニパポでもとくに魚の汁を食べるのに用いるものをチェペニパポ cep-e-nipapo(魚を・食う・ニパポ)といっていることからもそれは理解される。椀ないし深い皿の形態は汁物を食するに適していることはいうまでもない。大容量の調理ができる鉄製鍋の普及と調理の多様性が進むにともなって刳物の必要性は増していった。

樺太アイヌはシカリンパハを得たが、北海道アイヌは漆器以前の日常のうつわとして何を用いていたのだろうか。実はそこが一番知りたいところなのだが、現時点では何も材料がない。木器、それも刳物をもっていたのか、あるいは曲げ物であったのかすらもわからない。ただ確実なのはわたくしたちが知っている北海道アイヌの文化はすでに漆器を用いているという事実だけなのである。食器としてのうつわが必要とされるのは飯を盛る、汁を盛るという行為あってのことである。当然、大鍋から銘々にとりわけるという食習慣ができあがってのこととなる。もちろんアイヌ文化にも樺皮製のうつわはある。しかし、それはシベリアの諸民族にみる本格的なものではなく、山行などの途中、臨時につくるうつわという要素が多くみられる。漆器以前のうつわをアイヌ文化に求めるとしたら、日本文化のそれと同様に「くぼて」だの「ひらて」だのということになるのであろうか。

## 七　ウイマムと酒儀礼

一四五六年に始まるコシャマインの戦争以後、頻発する対シャモ武力闘争はそのほとんどがシャモの館での酒宴中にだまし討ちに遇うという具合に終結する。これはどうしてなのだろうか。アイヌのおさたちが敵の陣営に軽々しく赴くような無類のお人好しであったわけではなかろうし、闇討ちにあった先例に学ぶことがないというほど無思慮なわけでもない。ひとつ考えられるのは、シャモの側がアイヌのおさたちにウイマムをもちかけたのではないかということである。和平への条件、蝦夷地での権益の確保、交易の継続などといった内容が話し合いの対象となる。これならば闘争中といえどもシャモ地へ赴く理由としては充分であろう。

一体、ウイマムというのは、その当初はシャモのおさとアイヌのおさとの交易にともなう挨拶儀礼であった。のちに一方的にアイヌの人びとがシャモ地を訪れる謁見礼となり、さらに朝貢のための儀礼へと変化し、ついには廃止されてしまう。しかし、アイヌ対シャモの勢力が拮抗ないしアイヌが上まっている場合は交易や安全を確保する上できわめて重要な儀礼であったことは疑いない。それもアイヌがシャモ地を訪れるだけではなくその逆も当然おこなわれたであろう。公式の話し合いのあとに酒宴がともなうのはこれまた普通のことである。コシャマインの戦争以後、この儀礼が悪用され、いつも騙されるお人好しのアイヌと狡猾なシャモという図式ができあがっていった。シャモはこの図式化により扱いやすいアイヌ、お人好しのアイヌのイメージつくりに成功したのである。

ウイマムのあとの酒宴について一七世紀末ころは城内の謁見の間、一八世紀初頭は庭や海岸といった場所の変化がアイヌ絵から確認されるが、コシャマインの戦争以前は館内の座敷でおこなわれていた。その際、おそらく鎌倉以来の武家故実にのっとって儀礼・酒宴とも進められたであろう。もっとも館主といったところで辺境の土豪ふぜいである。どこまで故実を知っていたかはわからないが、少なくとも盃台や折敷といった漆器の道具は多用したに違いないし、アイヌがトノトをはじめて口にしたのもこのような場であったろう。献酒儀礼としての式三献くらいはおこなわれたのではないか。アイヌの人びとが漆器を好み、またそれを儀礼にしか用いないという伝統はこうしたことがきっかけになって芽生えたのではないだろうか。

アイヌ文化のなかにシネ・オッチケ sine otchike（一揃いの・膳）というのがある。折敷（オッチケ）の上に四個のトゥキをのせたものであり、儀礼に用いる正式のトゥキの扱い方である。儀礼の列席者はそれぞれここからトゥキをいただきサケを注がれた上でまわし飲みをする。この形態などまさしくシャモの儀礼から学んだものであろう。

ウイマムの際、シャモは交易品として漆器を用意した。はじめは浄法寺など南部漆器が使われたが、のちには根来や輪島の製品となり、一八世紀ころからは安手の会津漆器がもちこまれた。民芸家のあいだに一時期、アイヌの人びとが伝承する漆器のなかに秀衡椀など古式の南部漆器があるといわれたことがあり、競って収集されたことがあった。秀衡椀の存在はともかく古手の漆器が伝承されていたことは事実である。秦檍麿も『蝦夷島奇観』でその事実を述べており、わたくしも桃山時代の美しい蒔絵の角盥を手にしたこともある。こうしてみると、それら古手の上質の漆器が偶然紛れ込んだのではなく、ウイマムのころは確かに上物がもたらされていた。いってみれば、アイヌの人びとが伝承していた漆器群は二重構造であった。

漆器がウイマムの際にシャモ側の交易品としてのみ利用されていたころは古手の上物が用意されていた。そして、その上物の漆器を手に入れることは、対等にシャモと交易できる優れた豪勇であることを示すものでもあった。それをもつことは自身が優れたおさであることの証でもあった。家のなかのイヨイキリ(宝壇)はシャモと対等につきあっている、自らの実力を誇示するまたとない場となった。コシャマインの戦争前後からシャクシャインの戦争のころまでのおさたち(シャモの文献で「大将」といわれたアイヌ層)がそうであった。

蝦夷地においてシャモとアイヌとの関係が逆転し、松前藩が成立すると、藩主は家臣団に知行としての対アイヌ交易の場をあたえる。これを場所という。場所での交易には当初は知行主が赴いていたが、のちに運上金をとって商人に代行させるようになる。これが蝦夷地の大きな特徴である場所請負制である。

場所請負制が完成するころになると、豪勇を誇ったおさたちは姿を消し、場所請け商人の都合でコタンが再編されていくようになる。いわゆる強制コタンの出現である。ここのコタンのおさたちは血脈が重んじられた豪勇たちとは異なり、シャモが使いやすい能吏型の首長となる。そしてウイマムは廃され場所ごとのオムシャが執り行われるようになる。

オムシャにおいても漆器は主たる交易品(というよりは下賜品であり、商品)であったが、もはや上物は望むべくもなく、安手の、しかもアイヌ向きに造らせたものが主流となる。蒔絵なぞは存在せず、あるものは金泥を混ぜた漆絵であり、またあるものは金泥に似せた黄漆を用いた文様がつけられた。なかには金紙を貼っただけの粗悪品すらある。現在、伝世品のなかに上物の漆器はほとんどみることがなくなり、下手物ばかりとなったのはしかたがないことでもあるが、こうした粗悪な漆器類を手にするとき、わたくしはあまりのはずかしさに涙することすらある。

とにかく、アイヌの人びとが伝承する漆器に上物と下手物とが存在することは重要である。一五世紀ころのアイヌのおさたちはウイマムによって上物の漆器を得、それを用いてサケ儀礼を催すことによってコタンの権力者たりえた。一八世紀以降はおさたちのみならず、一般のアイヌたちの手にも漆器がもたらされるようになる。そしてサケも折にふれ醸すことができるようになり、それにともなってサケ儀礼も特殊なものではなくごく普通におこなわれる儀礼と化した。漆器とサケとを用いた儀礼文化の普遍化である。いささか妙ないいかたではあるが安手の漆器が大量に輸入されることによってアイヌの人びとのあいだにサケをともなう儀礼が定着していったといっていい。

## 八　アイヌ文化と漆器

北海道アイヌは刳物の技術においては樺太アイヌにくらぶべくもない。はっきりいってへたくそである。シカリンパハやニパポのような薄手の美しい刳物を造ることはできなかった。刳物といえるものは(大形の捏ね鉢を除けば)せいぜいが盆の類いである。表面の彫刻文様はともかく、木を刳るという技術はいまいちである。まれに杯をまねて彫ったものもあるけれど、それは写しであり、技法的にもうまいとはいいがたい。このあたりの事情から察するに、どうも北海道アイヌは刳物のうつわをもっていなかったのではないだろうか。

アイヌのおさたちはウイマムにおいておそらくはじめて盃にふれた。盃台にのせられたそれは焼き物であったのかも知れない。しかし、運搬の利便性、金蒔絵の美しさ、うつわそれ自体のもつ暖かみや軽さなどといった要件から必然的にかれらは漆椀を選択したものであろう。あるいは『一遍聖絵』にあるように非人や庶民層の食器に漆椀が用いられていたこととも深く関わるのかも知れない。

以前に、アイヌ文化とその直前の文化とを分かつメルクマールは漆器使用の有無にあり、時期的には一三世紀ころと述べたことがある。それは浄法寺の漆器生産を念頭においてのことであった。いつという時期を設定することはともかく、蝦夷地南部にシャモの土豪層が入り込みはじめた時代にアイヌ文化にサケが入り、と同時に漆器がもたらされた。そしてアイヌ文化においてサケ儀礼が成立し、宗教儀礼としても整理されていく。一方において、豪勇たちの胆力と交渉力を示すシンボルとして漆器がもてはやされるようになる。それは富と権力の象徴ともなっていく。サケと漆器はまさにアイヌ文化確立期においてきわめて重要な様相を示すのである。

## む す び

サケとその道具を中心にアイヌ文化をながめてきた。与題の「歴史と生業」とはすこしく逸脱したかもしれぬ。しかし、アイヌの人びとの生活に深く根をおろしているサケである。このものは交易そして生業とも大きな関わりをもち、かつアイヌ文化を大きく規制する。とりあえずは表面的な記述に終始したが意外にその抱える問題は小さくない。それを提起し得たというところで本シンポジウムの報告としたい。

［附註］　本稿は、平成一一（一九九九）年一〇月に行われた国際シンポジウム「北方諸民族文化のなかのアイヌ文化―生業をめぐって―」（財団法人北方文化振興協会主催）での報告に基づいたものである。

# 四　中世の「蝦夷」史料——「諏訪大明神畫詞」より

當社ノ威神力ハ末代(1)トイヘトモ掲焉(2)ナル事多キ中ニ、元亨正中ノ比ヨリ嘉暦(3)年中ニ至マテ、東夷(4)蜂起シテ奥州騒乱スルコトアリキ。

蝦夷(5)カ千嶋トイヘルハ我国ノ東北ニ當テ大海中央ニアリ。日ノモト(6)、唐子、渡黨コノ三類各三百三十三(7)嶋ニ群居セリ。今一嶋(8)ハ渡黨ニ混ス。其内(9)ニ宇曽利鶴子別、今前《萬カ》堂宇満伊ナトイフ小嶋トモアリ。此秋類(10)〔種〕ハ多ク奥州ノ津軽外濱ニ往来交易ス。夷一把(11)トイフハ六千《セン》人ナリ。相聚〔如本〕ル時ハ百千把ニ及ヘリ。

日ノ本、唐子ノ二類ハ其地外国(12)ニ連テ形躰夜叉(13)ノコトク変化無窮ナリ。人倫、禽獣魚肉等ヲ食トシテ、五穀(14)ノ農耕ヲシラス。九譯(15)ヲカサヌトモ語話ヲ通シカタシ。渡黨(16)ハ和国ノ人ニ相類セリ。但(17)シ鬚髪多クシテ、遍身ニ毛ヲ生セリ。其語俚野(18)ナリトイヘトモ大半ハ相通ス。此中(19)公超霧ヲナス術ヲ傳ヘ、公遠(20)隠形ヲ道ヲ得タル類モアリ。

戦場(21)ニノソムトキハ大士人(22)ハ甲冑弓矢ヲ帯シテ箭陣ニス丶ミ、婦人(23)ハ後塵《チン》ニ随ヒテ、木ヲ削テ幣帛(24)ノコトクニシテ天(25)ニ向テ誦咒ノ躰アリ。男女(26)トモニ山蹊ヲ經過ストイヘトモ乗馬ヲ用ス。其身(27)ノ軽ミト飛鳥走獣ニヲナシ。彼等(28)カ用ルトコロノ箭ハ廷《ママ》骨ヲ鏃トシテ、毒薬ヲヌレリ。纔(29)ニ皮膚ニ觸レハ其人斃(30)ストイフコトナシ。

根本(31)ハ酋長モナカリシヲ、武家其濫吹ヲ鎮護センタメニ安藤太トイフモノヲ蝦夷ノ管領トス。此ハ上古ニ安倍(32)氏悪事ノ高麿(33)トイヒケル勇士ノ後胤ナリ。其子孫ニ五郎三郎季久、又太郎季長トイフハ従父兄弟(34)也。嫡庶相論ノ事アリテ、合戦数年ニ及フアヒダ、両人ヲ関東ニ召テ理非ヲ裁決之処(35)、彼等カ留守(36)ノ士卒数千ノ夷賊(37)ヲ催集テ、外濱(38)内末部、西濱(39)折曽関等ノ城墎ヲ接テ相争フ。両城嶮岨ニヨリテ洪河(40)ヲ隔テ雌雄更ニ決カタシ。因茲、武将大軍ヲ遣テ征伐ストイヘトモ、凶徒イヨ〳〵盛(41)ニシテ一方ノ討手、宇津宮カ家人紀清両黨(42)ノ輩多以命ヲ堕キ…(以下略)…。絵(43)アリ。

註　句読点、改行は佐々木。〔　〕内は原註、ルビは原文どおり。□は虫損または難読字。□内は推定しうるもの。○印を付したものは異体字。

①**史信新丸国**　末代也ト云ヘトモ　**群諏東**　末代也といへども

②**信新**　掲焉《ケチエン》ナル事多キ中ニ　**史**　掲焉ナル事多キ中ニ　**群**　掲焉なる事多中に　**丸**　掲焉ナルコト多シ中ニモ

**諏東**　掲焉なる事多し中に　**国**　掲焉ナル事多シ中ニ

③**史信新丸国**　嘉暦年中ニ至ルマテ　**東**　嘉暦季中に至る迠　**群諏**　嘉暦年中に至るまで

④**信**　東夷蜂《ホウ》起シテ　**新**　東夷蜂《ホウ》シテ

⑤**群**　姫夷が千島〔○唐子渡党〕　**東**　蝦夷千島

⑥**丸**　日本○

⑦**史信新丸国**　三百三十三ノ嶋　**諏**　三百三十三の嶋　**群東**　三百三十三の島

⑧**史国**　一嶋ハ渡黨ニ混ス　**信新**　一嶋ハ渡黨ニ混《コン》ス〔神本　□トモアリ此ノ種〕　**群**　今一島は渡黨に混す　**諏**　今一嶋は渡黨に混ず　**東**　一嶋は渡黨に混し　**丸**　一〔八〕島ト渡黨ニ混ス△

⑨**史**　其内ニ宇曾利鶴子□堂宇満伊犬ト云（原頭註　鶴子の下空位一字別カ萬カ草体ニテ読ミ難シ）　**信**　其内ニ宇曾利鸖子別ト前堂宇満伊犬ト云　**新**　其内ニ宇曽利鶴子別ト前堂宇満伊犬ト云　**群**　其内に宇曾利鶴子洲と萬當宇満伊丈と云　**諏**　其内に宇曾利鶴子別と別當宇満伊犬ト云　**東**　其内に宇曾利鶴〔別カ〕子州と萬黨宇満伊丈〔カ〕ト云　**丸**　其中〔内〕ニ宇曽利〔鶴子別〕○ト万堂宇満伊犬ト云　**国**　宇曾利鶴子列〔カ〕ト萬堂宇満伊犬ト云

⑩**史信新国**　此種類ハ多ク奥州津《ツ》軽《カル》外《ソト》ノ濱　**群**　此種類は多奥州津輕外の濱　**諏**　此種類は多く奥州津軽外の濱

**東**　此種類は多く奥州津軽外ノ濱　**丸**　此従類ハ多ク奥州津輕外カ濱

⑪**史**　夷《ヱヒス》一把《ワ》　**信新**　夷《エミス》一把《ワ》　**東**　夷把　**丸**　夷一派

⑫**諏**　其地外國に連りて　**群**　其地外國に連て　**丸**　其地外〔本〕国ニ連リテ

⑬**丸**　形相〔躰〕夜叉ノ如ク

⑭**史信新**　五穀ノ農耕ヲ知ス　**国**　五穀ノ農耕《ママ》ヲ知ラス　**諏**　五穀の耨耕を知らず　**群**　五穀の農料を知ず　**東**

五穀の農耕を知す　**丸**　五穀ノ農業〔耕〕ヲ知ラス

⑮**史信新**　九澤ヲ重ヌトモ語話ヲ通シ堅シ　**国**　九澤〔訳〕ヲ重ヌトモ語話ヲ通シ〔難シ〕　**諏**　九譯を重ぬとも語話を

通じがたし　**群**　九譯を重ぬとも語話を通じ〔難し脱歟〕　**丸**　九訳〔ヲ重ヌトモ語話ヲ通シ堅シ△〕○多シテ遍身ニ毛ヲ生セリ言語俚野也通シ難シ△

**東**　九譯ヲ重ヌトモ語話ヲ通シ

⑯**群東**　渡黨和国の人に相類せり　**国**　渡黨和國ノ人ニ相類セリ　**丸**　渡黨〔ハ和〕ヲ知国ノ人ニハ相類シ〔セリ〕

⑰**史信新**　但鬢髪多シテ、遍身ニ毛ヲ生セリ　**国**　但シ鬢髪多クシテ遍身ニ毛生セリ　**諏**　但鬢髪多くして遍身

に毛を生せり　**群**　但鬢多して遍身に毛生せり　**東**　但し鬢〔鬚カ〕多して遍身に毛生せり　**丸**　但鬢髪多

シ〔テ遍身ニ毛ヲ生セリ言語俚野也ト云トモ大半ハ相通□〕

⑱**史信新国**　言語俚野ト云トモ　**諏**　言語俚野なりといへども　**群**　言語俚野也と云ども　**東**　言語俚野なりと

いふとも　**丸**　⑮⑰参照

⑲**丸**　中ニ公超カ霧ヲナス

⑳**史信新**　公遠隠形ノ道ヲ得タル類モアリ　**国**　土遠隠形ノ道ヲ得タル類アリ　**諏**　公遠が隠形の道を得たりけ

るもあり　**群**　公遠隠形の道を得たる類もあり　**東**　土遠隠形の道を得たる類もあり　**丸**　〔公〕遠隠形ヲ〔道ヲ〕得タル類

モアリ

㉑**史信新**　戰場ニ望ム時ハ　**国**　戰場ニ望時ハ　**諏群東**　戰場に望む時は　**丸**　戰場ニ臨ム時ハ

㉒**史信新**　丈夫ハ甲冑弓矢ヲ帯シテ前陣ニ進ミ　**国**　丈夫ハ甲冑弓矢帯テ前陣ニ進ミ　**諏**　丈夫は甲冑弓矢を帯

びて先陣に進み　**群**　丈夫は甲冑間矢を帯して前陣進　**東**　太夫は甲冑弓矢を帯して前陣に進み　**丸**　大〔丈〕夫甲冑弓矢ヲ帯シテ前陣ニ進ミ

㉓**国丸**　婦人ハ後陣ニ随テ　**群**　婦人は後塵に随て　**東**　婦人は後陣に随て

㉔**新**　幣

㉕**丸**　夫〔天〕ニ向テ

㉖**史新信**　男女共ニ山壑《ヤマタニ》ヲ經過スト云トモ　**国**　男女共ニ山壑ヲ経過スト云トモ乗リ馬ヲ用ス　**群**　男女共に山壑を經過すと云ども乗馬を用ず　**東**　男女共に山壑を経過すと云とも乗り馬を用す　**丸**　男女穴〔トモニ〕居シ山谷〔壑〕ヲ経過スルニ〔ト云トモ乗〕牛馬ヲ用ヘス

㉗**史信新国**　其身ノ軽キ事　**諏群丸**　其身の軽き事

㉘**史信新**　彼等カ用ル所ノ箭ハ遺骨ヲ鏃トシテ毒藥ヲヌリ　**国**　彼等カ用ル所ノ箭ハ胃骨ヲ鏃トシテ毒藥ヲヌリ　**諏**　彼等の用ゐる所の箭は魚骨を鏃として毒藥を塗り　**群**　彼等が用る所の箭は魚骨を鏃として毒藥をねり　**東**　彼等か用る所の箭ハ魚骨を鏃として毒藥をぬり　**丸**〔箭〕　彼等カ用ル所ノ矢ハ遺骨ヲ鏃トシテ毒藥ヲヌリ

㉙**丸**　纔ニカノ〔皮〕膚ニフルレハ

㉚**史信**　斃《ヘイ》セスト　**新**　斃《ヘイセ》スト　**国**　斃スト　**諏**　斃れず　**東**　斃せす　**丸**　斃レ死〔ス〕ト

㉛**丸**　云コトナクハ〔シ根本〕酋長〔モ〕ナカリシ

㉜**史**　安部氏

㉝**史信新国諏群東丸**　高丸

㉞**信新**　従父〔兄〕従弟

㉟**諏**　召して理非裁決の所に　**東**　召其の理非を裁断の所　**丸**　召テ理非ヲ對決セシ処

㊱**史信新東丸**　留主
㊲**史信新諏群東丸**　催集之　**国**　催シ集之
㊳**史信新**　外ノ濱内末部　**国**　外濱内末部　**諏東**　外の濱内末部　**群**　外濱内末部　**丸**　外ヵ濱〔内〕末部
㊴**諏**　西の濱折曾關　**東**　西濱折勇濱　（註　吉田東伍『大日本地名辞書』第八巻四七四九頁には「西濱打差關」とある）
㊵**信新**　洪河《コウ》　**国**　供河
㊶**史**　盛シテ討手《ウッテ》宇津宮　**旧新**　盛シテ討手宇津宮　**諏**　盛シテ討手宇都宮　**群東**　盛して討手宇津宮　**丸**　盛シテ討手宇津宮
㊷**史信新**　紀清《キセイ》
㊸**史信新国群東丸**　繪在之

註　〔　〕内は原本の註記、（　）内の註記は佐々木。

## 解　説

### 一

『諏訪大明神畫詞《すわだいみょうじんえことば》』は延文元（一三五六）年に諏訪円忠の手で完成された。この絵巻は一二巻からなり、詞書は尊円など八人、絵は藤原隆盛など四人によって書かれた。原本は中世末頃には失なわれ、詞書のみが伝写されて今日に伝わる。

この絵巻の「縁起部」下第二段に奥州蝦夷の蜂起を諏訪社の威光をもって鎮めた旨の記事（前掲）があり、中世における蝦夷の情報を伝える数少ない、しかも優れた史料として名高い。

『諏訪大明神畫詞』についてはこれまでにもいくつかの校訂本の刊行があるが、校訂者の選択が入ることから蝦夷の記事については隔靴掻痒の感が残る。本稿では、訂す作業は行なわずに異同箇所を指摘するにとどめておいた。底本として神竜院梵舜が慶長六（一六〇一）年に筆写した『諏方縁起絵巻』（全三冊）を用いた。これはこの絵巻の成立を知るのに大きな手懸りを有していると思われるからである。[1] なお権祝《ごんのほうり》本や神長《じんちょう》本などの古写本は都合でみることができなかった。従ってこの作業の性格も中途なまま終始し、相変らず靴を隔てて…の感はぬぐえない。引用書目は次のとおり。

**史**　諏訪史料叢書第二巻　一九二六年　諏訪史料刊行会
**信**　信濃史料叢書第三巻　一九一三年　信濃史料刊行会
**新**　新編信濃史料叢書第三巻　一九七一年　信濃史料刊行会
**群**　続群書類従第三輯　神祇部巻第七十三　一九〇三年　経済雑誌社
**諏**　諏方大明神畫詞　一九二四年　阿心庵出版部
**東**　蕗原拾葉巻之二九収載　東大史料編纂所（一八八七年騰写）
**丸**　諏方大明神畫詞　県立長野図書館丸山文庫
**国**　諏訪大明神畫詞　天保十四年校　国学院大学図書館

# 二

上記史料のうち「一島ハ渡党ニ混ス…往来交易ス」の記事は、北海道西南部と津軽地方との交渉を示す好例と考えられてしばしば引用されてきた。北海道西南部に比定されるのは『続群書類従』本の「宇曽利鶴子洲」「萬堂宇満伊丈」で、金田一京助がそれぞれを「ウソリケシ」(函館の古名)、「マトウマイ」(松前)と解したことによる[2]。だが、「宇曽利鶴子洲」は、上掲のどの本によってもウソリケシと読むことはできない。吉田東伍のように「宇曽利、鶴子洲」[3]と二分する方法がないでもないが、引用した梵舜写本以下の諸本にみえる「宇曽利鶴子別」をここは文字どおりウソリツルコベツと読むべきところである。ところで、応仁二(一四六八)年の年記をもつ『熊野夫須美神社願文』に「……如本津輕外濱宇楚里鶴子遍地安堵仕……」とみえ、これは津軽の外が浜と宇《う》楚里《そり》の鶴子遍地《つるこべち》のことである。宇楚里(宇曽利)は下北半島の古名であるから鶴子遍地は同郡内の一地域に限定される。同様な読み方が宇曽利鶴子別についてもいえるから鶴子別と鶴子遍地とは同一地名[4]とみていい。

「□堂宇満伊犬」については、まだその頭字を特定することができない[5]。従って金田一や吉田のように松前に比定したところで不都合はない。しかしまた、青森県内の一地域——例えば「鶴子別ト今(其ノ)前ニ堂宇満伊《とうまい》ト云小島トモアリ……」と読むことができれば、『吾妻鑑』にいう「多宇末井《たうまい》之梯」[6]が念頭に浮ぶ——とみて、夏泊半島附近の蝦夷を指すと考えられなくもない。

このようにみてくると、渡党を北海道西南部にのみ限定することは困難になる。ここで注目されるのが「一島ハ渡党ニ混ス」である。この一島は千を三分した残ではなく、もっと関心の深い島(地域)であって、地理的に渡党そのもの(北海道西南部)に含まれるのではないが、習俗の上から渡党に分類されている所の意と考えられる。

つまり下北半島から野辺地湾岸までも含めた地域であり、ここまでが渡党の範疇となる。この本州側の渡党が、津軽外が浜と多く交易したのであろう。外が浜は後文において内末部《うちまべ》をも包括していることが判るから十三湖附近よりは現在の東津軽郡内に求めておく方がいいようである。因みに日ノ本は蝦夷ヵ千島の中の東の方の島々(地域)、唐子は唐に連なる方(つまり西の方)の島々という程度の漠然とした認識で、千島や樺太など特定の地域を指すものではないと考える。

## 三

日ノ本・唐子の蝦夷は形姿が魁偉で言葉が通じない。そして狩・漁猟をその生業とするという程度にしか知られていない。他方、渡党は「和国ノ人」とかなり接触があったらしいことが、その形姿習俗が克明に述べられていることから窺える。

鬚面多毛が即人種的特徴とはならないが「木ヲ削テ幣帛ノ如クニシテ」とイナウ(木幣)の存在を述べていることなどは、渡党がアイヌ民族として把えられていることを示す。さらに「丈夫ハ……誦呪ノ躰アリ」と前述のイナウの記事をはさんで、ウケウェホムシについて述べている。これは、変死者が出た場合、災害や変事が生じた場合などに行なうアイヌ民族の宗教儀礼である。久保寺逸彦の報告(7)によれば「男は右手に太刀を抜き持ち、凶事の杖と称する杖を左手につき、女子は、これも凶事の杖を左手につき、男子の列の後に従い、一定の順路を辿って行進し、幣壇の前に到ると、一旦停止して横隊となり、先頭の酋長若しくは長老は、神々に対する誦呪の詞を述べ再び行進を開始」するという。その際に、男子は太刀を持つ腕を前後に屈伸してフォー・ホイという雄たけびの声をあげ、女子もまた右手の拳を握りしめ、同様にウォーイ・ウォーイと叫ぶ。

戦争は、変事の代表的なものであるから、それに赴くにあたって、前述のような戦陣誦呪の儀礼がなされ、記録されたのであろう。これに続いて、山中をよく駆けること、毒矢を使用することなどが特徴的に語られている。言葉も「大半ハ相通」ずるから、そのことからも接触の多かったことを示している。もっとも近世末になってすら、アイヌ語を日本語の一方言として理解しようとするようなことがあったからどこまで通じていたかは疑問であるが、本州の渡党の場合はかなり「和国」化が進んでいたと思われる。

## 四

『諏方大明神畫詞』の詞書の描写の詳しさからみても、欠失した絵が惜しまれる。[8] この絵巻よりもやや古く、しかしほぼ同時代の作品に『紙本著色聖徳太子絵伝』(一〇巻本)がある。元亨四(一三二四)年に詞書が成立した。その第二巻「十歳東夷御降伏所」に蝦夷が描かれている(図上)。『聖徳太子伝暦』中の説話に取材しているから、描かれた対象は本来は蝦夷(えみし)であるが、時世粧による描写ゆえ、ここでは蝦夷(えぞ)で、それも確度の高い情報によっているとみていい。

図下は、鳥居竜蔵によって紹介された[9]『紙本著色聖徳太子絵伝』(一巻本、元亨三年、重要文化財)の中の蝦夷で、中世の蝦夷風俗画資料としては最もよく知られているものである。これらについては、かつて述べたことがあるので[10]繰り返さないが、総合的に考察することによって一つのイメージが浮んでくる。

一〇巻本と一巻本にみられる差異は、もちろん依るべき情報の精度に由来するが、蝦夷について具体的な知識を持たない京畿の絵師の技量の差でもある。図上と図下を仔細に検討していくと、案外、共通項が多い。そうした共通する所すべてが、同一の情報に基づくという訳ではないが、ある程度定着したイメージとみていい。

そうしたことを勘案すれば、図上の蝦夷が、中世の蝦夷の集約された印象であろうと考えられる。渡党を視覚的によく伝えているのが、この一〇巻本『聖徳太子絵伝』に描かれた蝦夷であると思う。

紙本著色聖徳太子絵伝　十巻本部分（個人蔵）

重文・紙本著色聖徳太子絵伝　一巻本部分（茨城上宮寺蔵）

## 五

『諏方大明神畫詞』の上述の作業は現在なお進行中であって原本に近い形を得るのは、さらに先のことである。

私達はこの絵巻に関して、諸先学の精緻な論考を持ってはいるが、アイヌ民族史的な観点からは納得しうる見解は少ないといっていい。

中世はアイヌ民族にとって、その生活の記録が残された初めである。この時代の記録を有効に活用するためにも、今後に残された課題は少なくはない。諸本の伝写系統をも示すことのなかった中途な形での報告ではあるが、この作業が将来の研究に些かでも役立つことがあれば幸甚である。

[註]

（1）この絵巻は成立した時点で一〇巻構成で、後「縁起部」に四・五巻が追加されて一二巻構成となった。この追加が何時なされたかが明確ではなかったが、この梵舜写本では追加分奥書に「詞筆者一品尊道親王、応永廿四年四月晦日記之」とある。近藤喜博はこの年記を奥書が書かれた日付とみ、詞はそれより十数年前（応永一〇年七月以前）に成立したと指摘する。（近藤喜博「諏訪大明神畫詞」『国華』714号　一九五一年九月　国華社）

（2）「中世の蝦夷の研究」『アイヌの研究』（一九四〇　八洲書房）379―380頁に「宇曾利鶴子はウソリケシと読む……鶴子が鶏子であったら殆んど疑がない……函館の前身なるウソリケシ（後に訛ってウスケシ、臼岸）以外に宇曾利鶴子に擬すべきものがあらうとも覚えない」

「蝦夷とアイヌ」前掲書53頁に「萬堂宇満伊犬（後の一字不明瞭にて全体を判じがたけれど、文勢より推してマトウマイ即松前なること明なり……）」

（3）『増補大日本地名辞書』第八巻（一九七〇　冨山房）10頁

（4）東北地方では「チ」も「ツ」も通音。また「鶴子州」は「ツルコベス」で「ベ」の脱落ともみられる。但し、草体では別・列・州が判断しにくい場合がある。「ベス」「ベツ」「ベチ」相互の音の変化も考えうる。

下北半島における鶴子別は現段階では地域を比定できない。

（5）前・萬・別などやはり草体では判断しにくい場合があり、写す際に無理に読みとったりして魯魚の誤りを犯していると考えられる。犬・丈なども同様である。

（6）『吾妻鑑』(吉川本、一九二五、国書刊行会)に「建久元年二月十二日……足利上總前司……次第追跡、而於外濱與糠部間、有多宇末井梯、以件山爲城墎、兼任引籠之由風聞……」とある。

（7）「アイヌ文学序説」『東京学芸大学研究報告』第7集(東京学芸大学　一九五六)

（8）『諏方大明神畫詞』の絵を描いた4人の絵師のうち藤原隆章、隆昌については観応二(一三五一)年に『慕《ぼ》帰《き》絵詞《えことば》』(一〇巻重要文化財)の絵を描いているから、その作風を知ることができる。しかし、「縁起部」下を描いた藤原隆盛はこの絵巻以外に作品を遺していない。が、恐らく隆章らの系列に連なる絵師であろうから作風に大きな違いはないものと思われる。

（9）「太子絵伝中のアイヌの人物図」『極東民族』第一巻(一九二六　文化生活研究会)

（10）「中古・中世における蝦夷の風俗について――聖徳太子絵伝によるアプローチ」『北海道の文化』第25号(一九七二　北海道文化財保護協会)

# 五　強制コタンの変遷と構造について——とくにアブタ・コタンを中心に

# はじめに

アイヌの人びとの居住地をコタンと称することは広く知られている。この社会生活を営なむ上でのもっとも基礎的な単位の消長と変遷は、当然のことながらアイヌ民族の歴史と深くかかわっている。

これまでにコタンそのものを正面から取り上げた論考は多くはないし、そのほとんどが民族誌の中の一部門として扱われてきていた。コタンの研究に歴史性を踏まえ、コタンの成因を分析することで新たな概念を導入されたのが高倉新一郎氏である。

高倉氏はコタンを

㈠固有の生業に基づく自然発生的な「自然部落」

㈡徳川時代、和人の誘致や強制移転による海辺の「強制部落」

㈢明治以後の農業を基盤とした「保護部落」

以上に三分類された。(1) 氏はそれぞれの成因や特徴の分析に主眼を注がれていたため、編年的には不明確な要素もあり、とくに㈠㈡は時間的な変化をとらえにくい面も多分にある。

コタン研究の現状はきわめて不満足な状態であるため、高倉氏の分析は充分な検討を経ていない憾みはあるが、㈠㈡は近世アイヌの人びとの居住形態を示す指標としては妥当なものであるといえる。本稿では「部落」をコタンと読みかえて用いた。

本稿はアイヌ・コタンの諸形態を歴史の流れの中に位置づけ、それぞれの内含するものをどのように把握するかを将来的な目的としているが、ここではアブタという一地域に目を据え、そことその周辺がどのように変化したかをもっとも古い記録にみえる「おこたらへ」と場所請負制度の盛行期に当該地にあった「アブタ」とを対比することでとらえ、加えて崩壊直前のアブタ・コタンの構造を考えることを当面の作業課題とする。

## 一　近世コタンの二形態

いうところの近世[2]には、アイヌ・コタンは㈠自然コタンと㈡強制コタンとが併存していた。アイヌ文化の上からみると、本来的なコタンの在り方は当然㈠の形態をとるものであり、㈡は異民族の圧迫を強くうけた形態であって、文化史的には異質なものである。これらのコタンについては前述のように高倉氏によって説かれてはいるが[3]、今一度整理を試みる。

### ㈠　自然コタン

コタンの本来的・原初的な在り方である。規模は最上徳内のいうように、「蝦夷地都て一村といふとも、家宅僅かに五、六軒、七、八戸。又は適に十軒位ある處を大村なり」[4]と小さなものであり、その立地する所は「海のはた川筋」であり「トカク海川筋ニ家居」[5]していた。そしてより古くは冬季と夏季とで住居を異にすることもあったらしい[6]。

また、採集漁猟という生業の形態から、獲物を求めての移住もあったが、イオロ（漁猟域）の概念が定着していくとともにコタンも定住化の方向に進む。コタンが営なまれる要件は飲料水が得られること、魚貝類・食肉獣の捕獲が容易なこと、山菜果実の採集がた易く耨耕が可能な場所を有することなどが求められた。このような生業形態のコタンは「……其天然物ノ量ハ自ラ限アルヲ以テ生活上部落ノ大ナラサルヲ却テ便」(7)としていた。

こうした小規模なコタンの成員は「多くは一つの家系《エカシ・イキリ》により、稀には数家系群によって」(8)占められている。一つの家系というのは「祖元《エカシ・モト》、祖印《エカシ・シロシ》（家紋）、尊貴神礼拝《パセ・オンカミ》」(9)が同一である父系の血縁集団（一族）で、それはコタンの原初的な在り方を示すが、後には地縁的な集団となっていく。

一コタン一家系という血縁集団では一族の長がそのままコタンの長（コタン・コロ・クル）であり司祭者であった。コタンが地縁的に広がり、いくつかの家系から構成されるようになるとコタン・コロ・クルはさらに重要な存在となり、コタン内部の秩序維持をはじめイオロの管理などの政治的な任務や他のコタンとの交渉、交易など渉外的な任務も加わるようになる。

そして、血統的につながる数コタンの宗家としての勢力をもつものや、いくつかの川筋にわたる大酋長としての力を有するものも現われる。

コタンを構成する家は家長（チセ・コロ・クル）夫婦とその未婚の子女からなる単純家族が主たる形態で、結婚したものは新たに家をなし、生産物の充足しうる範囲でコタンに止まりそれ以上の数に達した時は、新たな土地にコタンを作っていった。

こうした自然コタンは、大酋長の下に連合体をなすに止まり(10)、国家を作るに至らなかったのは生産手段が大人口を養なうには未発達で、和人《シャモ》の政治的支配がアイヌ民族の頭上にあったためと高倉新一郎氏は述べている(11)。

## (二) 強制コタン

このコタンは和人との接触の過程で生じたきわめて異質な集落である。その目的とするところはアイヌの人びとを漁場の労働力として使役することにあり、従って自然コタンとは戸数も立地条件も大きく異なり、社会生活や信仰生活の上で異民族の干渉と抑圧を大きく蒙っている。

高倉氏はこの強制コタンについて「血縁的には二つ以上の系統が交わり、自然に発生した部落よりは複雑な形相をもち、彼らの血縁団体はその崩壊を早め」[12]たと指摘されている。このコタンは概ね運上屋元(会所元)や番屋元におかれ、戸数にして数十、人口にして数百という、自然コタンを見なれた眼には異様に大きな集落の出現である。この様な大人数の糊口を満たすには、従来の生業形態に依存できないのは当然であり、和人に提供した労力の報酬によって生活の保証を得るようになり、アイヌの人びとの隷属がここに決定的になっていく[13]。

この種のコタンの発生はいつごろか明らかではないが、商場知行制の初期にはこうした形の萌芽があり、場所請負制度の確立に伴って、東西両蝦夷地の沿岸に一般的にみられるコタンとなる。運上屋元、番屋元に作られたということから交通の便が良く、生産物の集積・出荷が容易な海岸にその立地が求められるなど和人の都合で場所が決められている[14]。

強制コタンの構造については後に詳しく考えてみることにしたい。

以上述べてきたように近世のアイヌ・コタンには二つの形態があるが、誤解してはならないのは、自然コタンから強制コタンへの変化は発展的な移行ではなく、かかる大規模コタンの成立はアイヌ文化の独自な発展にとって負の作用しか果たさない。場所請負制という内地商業資本の侵入・強大化はアイヌの人びとの意志とは別に、固有文化の基盤を確実に揺さぶり、崩壊を余儀なくさせたことである。

## 二　強制コタンとしてのアブタの変遷

前節では近世コタンの二形態について略述してきた。ここでは早い時期から海岸コタンとして開け、後に強制コタンとして著しい変化をみせたアブタ・コタンのその変化の過程をたどってみることにしたい。

アブタ・コタンはアブタ場所の中心集落である。このアブタ場所は現在の北海道胆振国虻田郡にほぼ相当する。場所を構成するコタンは虻田町から豊浦町にかけての噴火湾岸に分布している。

文化六(一八〇九)年『東蝦夷地各場所様子大概書付』[15]によれば文化三年のアブタ場所は以下のコタンで構成されていた(図1)。即ち、西から礼文華《れぶんげ》川沿いのレブンゲ、小鉾岸《おむきし》川沿いのオプケシ、貫気別《ぬきべつ》川沿いのベンベ(以上現豊浦町)、フレナイ川筋のフレナイ、そしてアブタ川筋のアブタである(以上現虻田町)。いずれも海岸に面している。このうちレブンゲは一時独立した場所[16]となったことがあるし、アブタは文政五(一八二二)年以後フレナイの地に移された。

この地域は南は噴火湾に面し、北、東、東南の後背部は小山塊をなし、レブンゲ、オプケシ間、オプケシ、ベンベ間は山が海岸にまでせりだした難所となっている。こうした山塊と海とに囲まれた小平野は、比較的温暖な気候となっている。東側の山塊を越えると洞爺《とうや》湖があり、東南の山は有珠《うす》山に続く。西はオシャマンベ場所とシツカリで接し南はウス場所に接する。ウスは、『新羅之記録』によれば、慶長一八(一六一三)年に善光寺如来堂の旧跡を再興した旨の記載があるから[17]、かなり早くから開けていたことが判る。

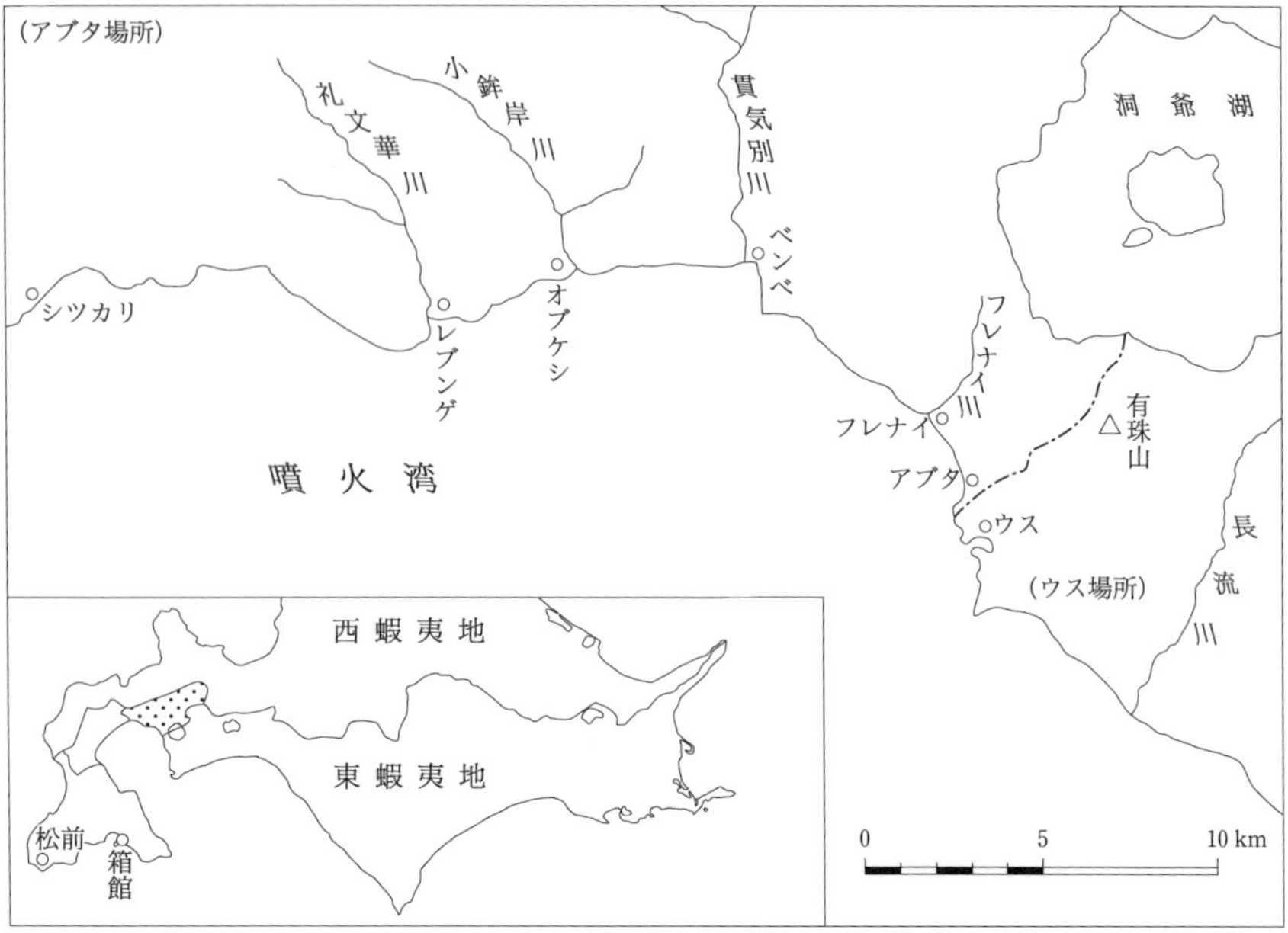

図1　アブタ場所概念図

## ㈠　寛文九年ころのアブタ周辺

アブタを中心としたこれら地域にいつごろからアイヌの人びとがコタンを営なんでいたかは勿論知られない。確実な資料としては、「寛文九年蝦夷の乱」といわれるシャクシャインの蜂起当時の記録を通じてである。即ち津軽藩士則田安右衛門の筆記『寛文拾年狄蜂起集書』(18)をみると、「松前より下狄地迄所付」の七〇番目から

一　しつかり　　是より山越うすへ出るみ
　　　　　　　ちの間五里斗
一　れふんけ　　家二間(軒)斗　狄有り　つや
　　　　　　しやいん持分
一　へゝ　　　　同十間斗　小川　狄有
　　　　　　つやしやいん持分
一　おこたらへ　同十四、五間斗　間(澗)　狄
　　　　　　有
　　　　　　つやしやいん持分

此三ヶ處酒井庄右衛門商場

と記される。また『津軽一統志』巻第十[18]にも「松前より下狄地所付」の六九番目から

一　へべ　　小川有　家十軒

一　れふんけ　狄おとな〔おとなマシマ〕ツヤシヤイン持分　家二軒

一　しつかり　是より山越うすへ出る　道のり五里

一　おこたらべ　ツヤシヤイン持分　家十五軒

とほぼ同様に記載される。この両書は寛文一〇(一六七〇)年に津軽藩士が蝦夷地で調査したものの報告で、相似た性格の資料である。地名の記載順が異なるが、これは『寛文拾年狄蜂起集書』の記事が正しい。文中「家」とあるのはアイヌの人びとの家《チセ》を指しており、「しつかり」を除く「れふんけ」「へゝ」「おこたらへ」がコタンであるこというまでもない。『津軽一統志』は別の所で「くんぬいよりしふちゃり迄の間、狄罷有候所の覚」[20]として「一、しつかり、一、べゞ、一、おこたらへ、一、うす……」の地名をあげ「何も少宛居所」としている。この「しつかり」は「れふんけ」の誤記であろう。或いはまた「れふんけ」と同程度のコタンであった可能性もある。「れふんけ」の戸数が二、「べゝ」が一〇戸、「おこたらへ」が一五戸というように記されているが、戸数の面からみると「れふんけ」「べゝ」は規模の大小はあるものの自然コタンの型を示している。が、「おこたらへ」はやや規模が大きい。しかし、この時点ではアイヌの人びとに対する強制移住が行なわれたとは考えにくい。自然コタンの大規模な型とみておきたい。

この三コタンはいずれも「つやしやいん持分」とある。「うす」の条には「家三拾間斗　間　狄有　つやしやいん……浅利猪之丞商場」とみえて「持分」が記されてはいないから「つやしやいん」は「うす」のコタン・コロ・クルで兼ねて前記三コタンの大酋長であった。引用文中「おとな」の語はこの大酋長を指している。噴火湾

岸のアイヌ民族はアブタからホロベツまでの住人がウショロンクル[21](湾の者)と呼ばれているが、この時期ウショロンクルはウスを境に東西に分かれていたらしい。

「つやしゃいん」という大酋長の下に連合していたこの地域も、松前藩士の商場知行所としては「うす」と「おこたらへ」以西とに二分されていた。前者は浅利氏、後者は酒井氏の知行地である。

先に、自然コタンとしての「おこたらへ」はやや規模が大きいという旨を述べた。「うす」の三〇戸もこれはまた大きすぎる。恐らく、この地には交易所がおかれていたため、戸数が漸増していったものと思われる。慶長のころに既に和人が入っていた「うす」と同様に同じころから開けていたとすると「おこたらへ」の戸数は急激な増え方を示してはいない。やがて強制コタンとして大規模化する直前の姿を「おこたらへ」は有していたと考えられるのではなかろうか。

この他「うす」と同規模のコタンがいくつか認められるが[22]、いずれも後に大規模な強制コタンがおかれる所から、寛文九年前後は自然コタンと強制コタンの過渡的な時期とみていい。シャクシャインの蜂起の前後、アイヌ民族の対和人争闘が多発していることなど、和人の側からの圧迫ははげしさを増していった。

## (二) 寛文以後のアブタ周辺

寛文九年段階でのこの地域のコタンは、元禄一三(一七〇〇)年の『松前島郷帳(元禄郷帳)[23]』の「蝦夷居所」にみえるように「……しつかり、べんべ、おこたらへ、うす……」とレブンゲが抜けた他は変化がない。新井白石の有名な『蝦夷志』(享保五〈一七二〇〉年)でも同様である。

ところで元文元(一七三六)年の『飛驒屋蝦夷山請負関係文書[24]』中には「辨部、あふた」の記載がある。また同文書中の宝暦三(一七五三)年には「臼、あぶた番所[25]」の語がみえる。下って天明元(一七八一)年の『松前志[26]』では「レブ《(べ)》ンゲ、オツフケツフ、へべ、ホロナイ、オコタライ、アブタ」のコタン名をあげているが、中でもオコタライとアブタを併記しているのが注目される。同じく天明四(一七八四)年の『北藩紀略[27]』によると「アフタ酒井伊左ヱ門　小名ヱフンケ、ヲフケシ、へヽ」と四コタン名を記している。さらに同じく六年の『蝦夷拾遺[28]』ではコタン名こそあげないがアブタに運上屋が一戸ある由を述べている。そして寛政三(一七九一)年に至って「リブンゲップ、ヲフケシベ、ヘンペ、フウレナヰ、アブタ[29]」と五カ所のコタンが記される。これまでを整理したのが表1である。

おこたらへとアブタが、ほぼ同一地域に比定できるのは両者が常にベンベとウスの間に記されることでも判るが、次節でこの問題について考える。

レブンゲは寛文九年以降、およそ百年間記録されないが、コタン規模が小さかったために出稼ぎなどで一時廃村化したのかも知れないし、オプケシは天明元年まで、フレナイは寛政三年までコタンの存在は記されない。ただ、天明元年時のポロナイがフレナイである可能性はある。[30]これらについては古地図を援用して表1の年代間隔をさらに詰めることができるだろうからもう少し具体的に考えられるはずである。

表1をさらに眺めると、コタンの構成が

(1)シャクシャインの蜂起以前
(2)おこたらへがアブタに変わる元文元年までの六七年間
(3)アブタ場所のコタン構成が固まる寛政三年までの五五年間
(4)寛政三年以降のアブタ場所確立期

の四段階に分けて考えることができる。(1)以前は自然コタンの時期、(1)〜(2)にかけては強制コタンへの移行期、

| 年号 | (西暦) | コタン名 レブンゲ | オプケシ | ベンベ | フレナイ | アブタ |
|---|---|---|---|---|---|---|
| 寛文九 | 一六六九 | れふんけ | | へゝ | | おこたらへ |
| 元禄五 | 一六九二 | | | | | なこ《(ママ)》たらへ |
| 一三 | 一七〇〇 | | | べんべ | | おこたらへ |
| 享保五 | 一七二〇 | | | ヘンヘ | | オコタラへ |
| 元文一 | 一七三六 | | | 辨部 | | あふた |
| 宝暦三 | 一七五三 | | | | | あふた番所 |
| 天明一 | 一七八一 | レブンゲ | オッフケップ | へべ | (ホロナイ) | オコタライ |
| | | | | | | アフタ |
| 四 | 一七八四 | ヱフンケ | ヲフケシ | へゝ | | アフタ |
| 六 | 一七八六 | | | | | アフタ運上屋 |
| 寛政三 | 一七九一 | リブンゲップ | ヲフケシベ | ヘンペ | フウレナヰ | アブタ |
| 文化三 | 一八〇六 | 禮文下 | ヲッフケシ | 辨部 | 觸内 | 阿武多 |
| 文政五 | 一八二二 | レブンゲ | ヲフケシ | べんべ | フレナイ(アブタ) | |
| 安政五 | 一八五八 | レブンゲ | ヲフケシ | べんべ | フレナイ(アブタ) | |

表1

(2)以降が強制コタンの時期といえる。そして(2)は商場知行制と場所請負制との境界をなす時期といっていい[31]。

### (三)「おこたらへ」と「アブタ」

『増補大日本地名辞書』は「……元禄郷帳にはアブタといはず、オコタラへといふ。即知る。オコタラへ一変してアブタと為り、再変してフレナイと為れるを。其間の沿革詳ならず」と述べている。ここでは「其間の沿革」を考えてみようと思う。

前節で指摘したようにアブタ・コタンの出現は商場知行制と場所請負制とに深くかかわっていた。「おこたらへ」がアブタに変化したという事実はそのあたりの事情をよく説明していると思われる。

酒井氏の交易所がまだ自然コタンの形態をとどめていた「おこたらへ」に置かれていたらしいことは既に述べたとおりである。そして寛文九年の段階では自然コタンとしてはやや規模が大きく、戸数も漸増していたらしいことも先述のとおりである。交易の規模が拡大し、生産物の増産が図られるようになると「おこたらへ」程度の規模のコタンでは需要を満たしきれない事態が出現する。『松前志』にいう天明元年の「オコタライ《おこたらへ》」「アフタ」の併存はこうした事情を反映し新たにコタンが作られたことを物語る。

アイヌ語系地名の研究では第一人者である山田秀三氏は筆者に「おこたらへ」は「オコタヌンペ」の訛音であると教示された[32]。なるほど明確な地名解であって、これによって「おこたらへ」の位置が比定できる。

オコタヌンペならば o-kotan-un-pe(川尻に・コタンの・ある・所)と解釈することが可能である。アイヌ語の音変化の原則からいえば o-kotan-un-pe――→o-kotarumpe というように n→r の変化はままみられる。その形から「おこたらへ」という訛音が生じることは充分に予想がつく。

そしてその変化を裏づける根拠となるものに現在の虻田町にオコタヌンペ川が存在していることがあげられる。即ち室蘭本線とうや駅から一・五キロメートル程南に下った所で、洞爺湖温泉へ向う旧道の南側の小川がそれである(図2)。現在もこの付近にはトゥ・コタン(tu-kotan ＝廃村)という地名が遺っている。永田方正氏はこの川を説明して「トゥコタンという舊村ハ此川マデアリシト」といい[33]、この川筋にコタンがあったことを指摘している。このトゥコタンは「おこたらへ」の跡とみて誤りあるまい。

では、何故「おこたらへ」が廃村になったのであろうか。図2で明らかなようにアブタ川の川口付近(現在は

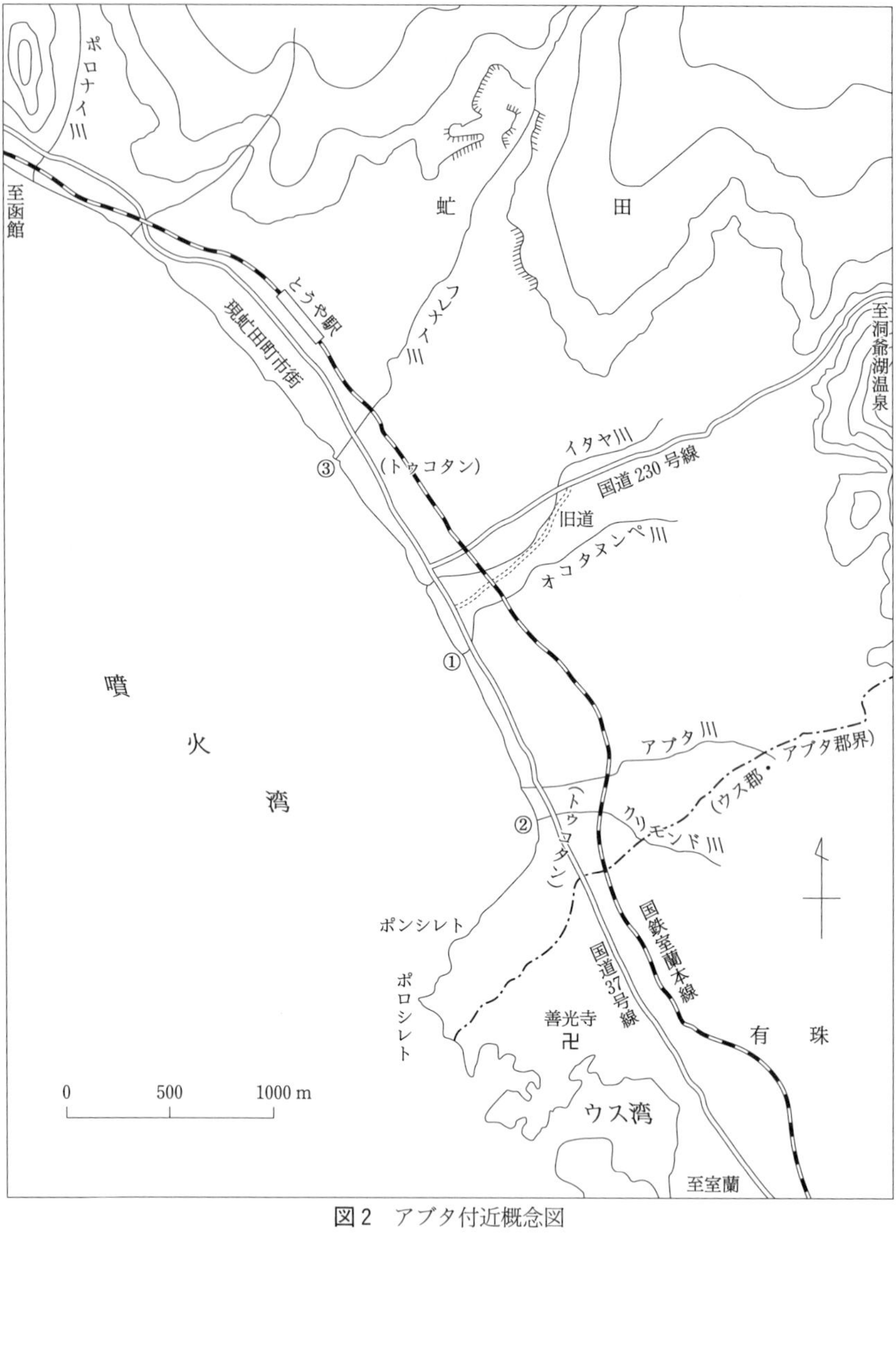
ポロナイ川
至函館
虻
田
とうや駅
現虻田町市街
フレメイ川
至洞爺湖温泉
イタヤ川
国道230号線
③
(トゥコタン)
旧道
オコタヌンペ川
①
噴
火
湾
アブタ川
(ウス郡・アブタ郡界)
②
(トゥコタン)
クリモンド川
国鉄室蘭本線
ポンシレト
ポロシレト
国道37号線
善光寺
卍
有
珠
0
500
1000 m
ウス湾
至室蘭

図2　アブタ付近概念図

埋っている)は入江になっていて、船懸りの条件の良さはオコタヌンペ川口やフレナイ川口よりもはるかに秀れている。[34] こうした懸り澗としてのアブタ川口の条件の良さに着目した和人によって、この地に運上屋(交易所)が移された。場所請負制発生のころのことで、生産物の増産とその積出す便の良さゆえである。この地に本格的な強制コタンが作られ、やがて「おこたらへ」が吸収される。同時にレブンゲ・コタンが再び作られ、オプケシにもコタンが作られる。元文から宝暦にかけてのことと思われる。

この条件のいいアブタ川口のコタンも、文政五(一八二二)年一月一五日におきた有珠山の山焼によって会所(運上屋)をはじめ、アイヌの人びとの家屋は壊滅する。そのため会所をフレナイに移し、同時にアブタ・コタンもフレナイ川筋に移された。[35] その結果アブタ川筋にもトゥコタンの地名が遺る。

図2に示した①は「おこたらへ」②は「アブタ」③は「フレナイ」である。この順序が先に引用した『増補大日本地名解』でいう「おこたらへ」から「アブタ」への変化を示している。[36]

アブタ・コタンがフレナイ川筋に移されてからもその名称は残り、フレナイ川筋にはアブタとフレナイの大規模コタンが併存するという、アイヌ文化を無視した事態が生じることになった。またアブタ川口の懸り澗としての条件の良さはアブタ廃村後もこの地で船積みの作業が行なわれたことからも理解されるであろう。

## 三　アブタ・コタンの構造

アブタ・コタンの変遷についてみてきた。そして自然コタンと強制コタンの相異なる点についてもみてきたとおりである。そうした相違点をコタン構造の上から分析する必要があるが、「おこたらへ」については資料がない。また時代の推移に伴って変化をとげた「おこたらへ」以後の「アブタ」に関しても同様である。

ただ、幸なことに松浦竹四郎が安政五(一八五八)年に調べた『午年ウス・アブタ人別帳』[37]は最末期の資料ではあるが、強制コタンの構造を考察する上で高い価値を持っている。この資料の分析が急がれるのであるが、そうした作業の中間報告の形での紹介を試みておこう。

アブタ・コタンはアブタ川口にあった。より詳しくはその左岸に運上屋がおかれ、それを取囲む形でアイヌの人びとの家が軒を連ねていた。文化三年当時会所(運上屋)には板蔵が二棟、萱蔵が三棟付属しており、他に和人家五軒、稲荷社、蛭子社が一社ずつある。アイヌの人びとの家は惣乙名、脇乙名などの役蝦夷の大家《ポロチセ》を三〜五戸ずつブロックをなして川筋や平地、丘陵部に広がっていたものと思われる。東側の窓は神聖なものとされ、入口はその反対側にあるから、多くの場合、家は同一方向をむいていた。菅江真澄はその紀行の中で、アブタ・コタンを「……蝦夷の栖家は八十斗もありといふが、浜辺、あるは林の中にも見えて[38]……」と描写している。

さて、アブタ場所全体の戸数、人口の推移をみてみよう。アブタ場所各コタンの動態が判る文化三年(「東西蝦夷地各場所様子大概書」『新北海道史』第七巻による)と安政五年との比較である。

およそ五〇年間で戸数にして二五戸、人口にして二〇〇人の減であるが、男が一割程度の減とほぼ横ばいであるのに対して女は約半減(男の三・四倍の減)し、文化三年には女性人口が男性人口を上まっていたのに対し安政五年では逆転している。同じ表をアブタ・コタンに限って作成してみよう。

| 年 | 戸数 | 人口 | 男 | 女 |
|---|---|---|---|---|
| 文化三(一八〇六) | 一六三 | 七九四 | 三七九 | 四一五 |
| 安政五(一八五八) | 一三一 | 五九三 | 三三四 | 二五九 |

前表と同様の結果を得る。何故、女性人口が激減しているのか。種々の理由を考えることはできよう。しかし、端的には和人のアイヌ婦人に対する性的な関与があったためというべき[39]であろう。

| 年 | 戸数 | 人口 | 男 | 女 |
|---|---|---|---|---|
| 文化三（一八〇六） | 六五 | 三三四 | 一五九 | 一七五 |
| 安政五（一八五八） | 六一 | 二六一 | 一四九 | 一一三 |

安政三年の『竹四郎廻浦日記』にはアブタ・コタンの戸数・人口は六四戸、三三四人と記されている。この二年間に引続きアブタ・コタンに居住しているもの四六戸、安政三年に居住していたが五年にはいないもの一九戸、安政三年にはいなくて五年に居住しているもの一五戸というように流出入戸数が判る。

アブタ・コタンの役蝦夷は惣乙名以下脇乙名、惣小使、並小使二名の五名で、この他に噴火湾岸の場所独得の役名としてレパ[40]（テバ）というのがあり、脇乙名兼一名、並小使兼一名、平アイヌ二名の四名がおかれていた。

次に家族構成をみてみると

| 家族数 | 一人 | 二 | 三 | 四 | 五 | 六 | 七 | 八 | 九 | 十 | 二六一 |
|---|---|---|---|---|---|---|---|---|---|---|---|
| 戸数 | 三戸 | 十三 | 九 | 十一 | 六 | 十一 | 三 | 二 | 二 | 一 | 六一 |
| 備考 | うち女一 | うち兄弟一<br>うち親子六<br>うち夫婦六 | | | | | | | | | |

という表を得る。平均家族数は四・三人。一〇人家族というのは四三才男と三八才女の夫婦とその八人の子供たちで平アイヌである。因みに主な役蝦夷の家族構成は惣乙名が夫婦＋子の八人家族。脇乙名は厄介二名を含む親夫婦＋子夫婦＋孫三人の計九人の拡大家族であり家族構成でみる限り役蝦夷ゆえの特権はないらしい。

アブタ・コタンの家族構成のさまざまな形態のうち主なものは

(1)夫婦だけ六戸、(2)夫婦＋子一四戸、(3)片親＋子一〇戸、(4)親夫婦＋子夫婦四戸、(5)親夫婦＋子夫婦＋孫三戸、

⑹片親＋子夫婦二戸、⑺片親＋子夫婦＋孫五戸、⑻兄弟＋夫婦＋子六戸ということになり単純家族か、その亜形態が約半数を占めるが、⑷⑸のように二世代の夫婦やそれに孫を加える同居、⑻のように戸主とその兄弟の同居などという拡大家族は伝統的な家族形態ではなく、強制コタンの特徴とみられる。⑻のうち母子家庭が六戸、うち二戸が長男を除けば年少の弟妹の多い母子家庭である。

年令構成について触れる余裕がない。ただ妊孕可能な女性（一五～五〇才）は五五人おり、うち独身者は二二人である。一五才以上の独身男子は五九人であるからアブタ・コタンだけでは男子の結婚要求を満たすことはできない。またアブタ・コタンにおいてはおよそ五才以下の子は単にセカチ（男の子）、カナチ（女の子）と記されるだけで命名されていない。ウス・コタンでは当才の子供にまで命名されているのとは好対照を示し[41]、強制コタンの末期にあって、和人の圧制と干渉とに苦しみながらもなお、伝統的な習俗を遵守している例とみることができる。

## おわりに

きわめて雑なスケッチに終始した。その中で自然コタンと強制コタンについて先ず考え、強制コタンの成立は商場知行制から場所請負制に移行する時期とほぼ一致することを、「おこたらへ」から「アブタ」へとコタンが移される事例の上から指摘した。そして安政五年におけるアブタ・コタンの構造は、家族形態の上で、従来の習俗を無視したかのような複雑な形であることを再び確認することができた。

しかし、アイヌ民族の史的研究に伴う資料上の制約は、ここでも大きくうけ、加えて充分な現地調査を経ていないことなどから本稿が初めに意図したこととは逸脱したような結果となった。しかし、コタン研究は今後の大きな課題の一つであり、一面的な観点からではあったが、本稿がそれに向けて筆者自身に小さな足跡を遺しえたと思う。

［註］

（1）「アイヌ部落の変遷」『アイヌ研究』所収。昭和四一・一一 北大生協。
（2）北海道の近世をどう把握するかは議論の別れる所であり（『松前藩と松前』第四号参照）、またアイヌ民族の歴史を考える上で近世という区分が必要かという問題も生じてこよう。ここでは日本史の時代区分にいう近世の意で用いた。
（3）高倉前掲「アイヌ部落の変遷」一三〇～一五一頁。
（4）最上徳内『蝦夷国風俗人情之沙汰』凡例。『日本庶民生活史料集成』第四巻所収。一九六九・六 三一書房。
（5）『快風丸蝦夷聞書』北海道郷土研究資料第五 一九五九 一一 同研究会。
（6）拙稿「樺太風俗図について」『MUSEUM』第二八九号 一九七五・四 東京国立博物館。
（7）『北海道旧土人』北海道庁。
（8）泉靖一「沙流アイヌの地縁集団におけるIWOR」『民族学研究』一六―3・4 一九五一・三 日本民族学協会。
（9）久保寺逸彦「沙流アイヌの祖霊祭祀」『民族学研究』一六―3・4。
（10）海保嶺夫氏はこうした段階を国家形成への過渡的段階ととらえ、国家的性格を持った権力体系が成立していたとみている（『日本北方史の論理』七八頁。一九七四・一一 雄山閣）。
（11）高倉新一郎『新版アイヌ政策史』五四～五五頁 一九七二・四 三一書房。
（12）前掲「アイヌ部落の変遷」一四六頁。
（13）前掲『新版アイヌ政策史』七八～七九頁。
（14）前掲「アイヌ部落の変遷」一四二頁。
（15）『新北海道史』第七巻史料一 五二〇～五二四頁 一九六九・四 北海道。
（16）白山友正『松前蝦夷地場所請負制度の研究』中 三八頁 北海道経済史研究所。
（17）『新北海道史』第七巻所収 五二頁。

(18)『日本庶民生活史料集成』第四巻所収　六七三頁。
(19)『新北海道史』第七巻　一七六頁所収。
(20)『新北海道史』第七巻　一四二頁。
(21)上原熊次郎『蝦夷地名考并里程記』による。
(22)註18、19　引用書による。
(23)『続々群書類従』第九　三二四頁所収。
(24)『新北海道史』第七巻　二三九頁。
(25)『新北海道史』第七巻　二四九頁。
(26)大友喜作編『北門叢書』所収。
(27)註16引用書による。
(28)『北門叢書』所収。
(29)菅江真澄『蝦夷廼天夫利』『菅江真澄全集』第二巻所収　一九七一・一一　未来社。
(30)フレナイ川のやや北にポロナイ川があるが、ここにコタンがあったという記録はない。ポロナイはporo-nai(大・川)で固有名詞ではなく、その地域の中での大きな川という意である。従って現在の虻田市街を流れる川の中ではフレナイ川が最大であるところから、フレナイ川を指してポロナイと呼んだことも考えられる。
(31)海保氏の「蝦夷地の近世史と時代区分」にいう第三段階にほぼ相当する(『日本北方史の論理』所収)。
(32)オコタラペは青森県東津軽郡今別町にもあり、大川平《おかたら》という地名になっているが、語源は同じである。
(33)永田方正『北海道蝦夷語地名解』一七二頁。一九二七・一一　北海道連合教育会。
(34)『東夷周覧』に「会所前は弁財船の掛り場よし」また『蝦夷紀行』に「此所浪静かにして舟着よし」とある。こうした記述は他の諸書にもみられる。
(35)『有珠善光寺役僧某手記』(『伊達町史』四九四頁所収　一九四九・一二)。
(36)『虻田町史』は「おこたらへ」以前に、「あぷた・ぺつ」にコタンが存在していたが、寛文三(一六六三)年の有珠山の山焼で失なわれ、寛文九年には「おこたらへ」にコタンを再興していたと推定している(二〇六〜二〇七頁)。「あぷた・ぺつ」がその場所か否かはともかく、「おこたらへ」以前にコタンがこの地域に存在していた可能性はある。

(37)　午年正月改とあり、人別に記されたアイヌ名から安政五年の記録であることを知る。男女別・年令などが記され、コタンの構造を考える好個の資料といえる。
(38)　註29引用書
(39)　松浦武四郎の『近世蝦夷人物誌』はこの間の事情に詳しい。
(40)　主としてオットセイ猟に従事する。これについては別に考えたい。
(41)　註37引用書による。

[附記]　本稿をなすにあたり、伊藤玄三、菊池徹夫、君尹彦、村上直、山田秀三の諸先生にはいろいろご教示いただいた。心からお礼申しあげる。

# 六　酋長サカナの物語——あるアイヌ研究の側面

# 一

蝦夷島の西南部、噴火湾の沿岸にあるアブタ・コタン（現北海道虻田郡虻田町）に、サカナという豪胆で知られる酋長がいた。否、いたと伝えられる。彼はアイヌの人びとが伝承する散文の物語であるウエペケレ（酋長譚）の代表的なヒーローの一人として勇猛を謳われていた。

サカナの最も早い紹介者である吉田巌氏はサカナの生年を「今を去ること約一百五十有余年……」とし、その人となりを「健脚飛ぶが如く、而も聰慧機敏勇名夙に四隣を壓す。……風丰清秀色白く髪少しく縮れ、中肉中身眼睛澄みて人を魅するの艶容あり。一見希代の美丈夫なりき。……虻田の酋長として遂に名声遠く各村落に轟くにいたりぬ」を評している（「アイヌ勇士物語」『人類学雑誌』28—9、大正元年九月）。

吉田氏のこの報文は、多少の文飾はあるものの、アブタを中心としたアイヌの人びとの伝承に基づいている。だから、そこに描写されたサカナの容貌は、アイヌの人びとが理想とする英雄の姿となっている。

ところでサカナについては、金田一京助氏も一つの伝承を紹介している。それは有珠山の山焼けの年に、サカナがピタカアイヌなる者をだまし討にし、その死骸を投げ捨てたためピタカアイヌの怨霊が魔神を伴なってアブタ・コタンに攻めよせてきた。サカナはオイナの神と共にこれを討ち果したというものである。氏はアイヌ語の原文をあげていないので伝承全体の構想は不明であるが、有珠の山焼けを二度あったうちの前の方として寛文のそれとみておられる（『ユーカラの研究』一　四一八ページ　昭和六年　東洋文庫）。

この報告によると、サカナは寛文の頃の人物となる。金田一氏はその根拠として「有珠の焼山が山焼けして大層な人死にをしたことが二度あった。その二度目の方は、今の老母の祖母だちがよく知ってる時代で……此は文政の年次にあたる。……有珠の山焼けがその前にもあった。これは寛文の噴火である……」(前掲書、傍点引用者)。

有珠山の明治以前の噴火で、史料上確実なものは

(1)寛文三(一六六三)年七月十四日

(2)明和五(一七六八)年十二月十二日

(3)文政五(一八二二)年閏正月十九日

(4)嘉永六(一八五三)年三月中旬

の四回である(『虻田町史』による)。とすると金田一氏が「老母の祖母だちがよく知っている」噴火を(3)としたのはいいが、「その前にもあった」噴火を(1)とみたのは誤りで、正しくは明和五年のそれなのであり、サカナに関する伝説は(2)の山焼けの頃に修正すべきであろう。

　サカナが山焼けの頃の人であるという伝承は、吉田氏が別にアブタで採録している(『愛郷譚叢』三)が、金田一氏のはホロベツ(現登別市)の伝承である。

　松浦武四郎もサカナに関する記録を遺しているが、それによればサカナは実在の人物として扱われている。つまり「宝暦年間、アフタ惣乙名サカナカムイサムシ曾祖父也も東西両所之名を得し豪強の者」(『東西蝦夷地場所境取調書』上)であり「天明寛政に及び……アブタ場所なる酋長サカナ……豪気義勇にて頗る言行有……」(『近世蝦夷人物誌』凡例)と、宝暦・寛政の間をサカナの活躍期としている。

　サカナを実在の人物として扱っているのは、他に村上島之允や菅江真澄らがいる。島之允は寛政一二年の『蝦夷島奇観』の中で「……アプタ酋長サカナ語りき」と直接、彼から聞き書きを行なったように記している。ところが、真澄は『えそのてふり』寛政三年六月一一日条で「近年物故せし……」と記す。これから考えると、島之

允はサカナには会っていないはずである。もっとも島之允は寛政一〇年の『蝦夷見聞記』で「口蝦夷地アブタ地名惣乙名イコロヌンゲ乙名サカナの男なりに尋し時……」とも記しているから、サカナがイコロヌンケであった可能性も考えられる。

これらの報告は、サカナの実在を積極的に肯定している訳ではない。しかし、金田一報告に前述のような修正を加えると、如上の諸本は全てサカナの活躍期を一七〇〇年代後半として一致をみる。しかもその報告が個々に関連なくなされていること、さらに吉田巌氏が明治四三年に虻田の茶師野シコデサン媼からの聞き書きで「……おら十三・四の頃まで生きていたシイレテというフッチはエコヌムケの妾で……サカナはシエレテの岳父であるから、よくサカナのことはおぼえていた」(『愛郷譚叢』三)という伝承を遺していることなどを併せ考えて、サカナの実在はほぼ信じていい。

なおエコヌムケは、寛政年間にアブタの酋長であったサカナの息子イコロヌムケであり、田草川伝次郎が著した『西蝦夷日誌』(文化四年)に記された安武田領の脇乙名「イコノンゲ」と同一人である。これらの音が相通であることはアイヌ語を知る者には常識である。

## 二

サカナについていささか冗舌すぎたか。

一体、ウエペケレに語られる酋長たちの中には、クナシリのイコトイ(日高に伝承があるという)のように実在したか、サカナやユウフツのイクレスイのように実在していたと考えられる人物がおり、そして彼らはほぼ一七世紀後半〜一八世紀前半が活躍の時期となっている。

その時期の著名な酋長には、ソウヤのチョウケン、イワナイのワシマ、カラフトのヤエンクル、アッケシのツキノエらがおり、やや遡ってはシブチャリのシャクシャイン、パエのオニビシ、イシカリのハウカセらがいる。彼らは特に豪勇をもって知られ、和人に対しては常に対等であるかそれに近い態度をもって臨んでいた。このことはアイヌの歴史研究では重要である。

蝦夷島におけるアイヌ対和人の拮抗は、天文二〇(一五五一)年の夷役に関する協定によってくずれ、寛文九(一六六九)年のシャクシャインの蜂起に端を発した四年間の斗争によって完全に和人の優位性が確立する。そして寛政元(一七八九)年のクナシリ・メナシの蜂起以後は和人の下に隷属を強いられるようになる。

一方、和人の商業資本が沿岸部を中心に着実に根を張っていく。その過程にあって、狩猟漁撈採集という従来の生業形態が徐々に侵され、生活の基盤であるコタンの質的変化が進むという、アイヌの歴史にあってはかつて経験のない大きな変化があったといえる。

サカナたちは、シャクシャイン以後の、まさにこうした困難な時代に直面することとなる。

サカナの伝説はだからこのような困難な時代を背景としているのであり、彼が実在していたか否かは、その伝説が史実を反映しているかどうかと密接な関りをもっている。

## 三

サカナの伝説は、ヨイチのアイヌやウスのアイヌなどとの戦斗譚やユウフツのイクレスイとの力競べなどが多い。その中で、松浦武四郎が安政四年ころに採録したアブタ、ウスの境界争いに関する伝説が重要なものであろう。今、その全文を紹介しておく。

ウス場所ヲサルヘツ川すしアフタ領之事ヲサルヘツ川すしなるソウヘツといへるはアフタ沼（洞爺湖）より落るものにして幅十間斗、相応の川也。然れ共、其川ウス場所に有はウス領なること、今言へくもあらさりしか、宝暦年間、アフタ惣乙名サカナカムイサムシ曽祖父也も東西両所之名を得し豪強の者なりしか、其存命の時とかや。アフタ場所の土人鹿を逐て山に行く、此滝の上に至り遂に落ちて死せし也。

サカナ其を聞、ウス場所江来り、其方の場所にかかる滝か有故に我土人死したり。依而我土人の償をすへしと云に、ウスの乙名大に驚き、落て死したるは其方の土人の過也。此方の場所までも鹿を逐はずばよろしかるべきに、我領分まで逐来るこれ我(其)方の過ち。我領分に来りし其場所の償を出すへしと申せしかは、其時サカナの云るは、チコエキフ喰物也を見て追ふは蝦夷の風也。譬へ他の領分なりとも誰領分共遠慮する事はなし。そ(れ)のを他の領まで来りしと云は悪きよし。償を出せとはそれこそ人間風也。依而其方、人間風を云し償を出すへしとて、其時の議論に勝、終に此處を半分アフタ領に取しよしに而、今にウラエ（簗）をアフタよりも懸る也。ウス土人弁留右衛門申候。（『東西蝦夷地場所境取調書』上）

引用文中、ヲサルヘツは現在の長流《おさる》川、ソウヘツはその支流の壮瞥《そうべつ》川。償《つぐない》はアイヌ語でいうアシンペ（賠償物）のことで、議論や抗争で負けた側や非のある側が差し出す宝物をいう。また、蝦夷の風は、アイヌ・プリ（アイヌ古来の慣わし、しきたり）をいい、人間風とはシャモ・プリ（和人の慣わし）をいう。

# 四

この伝説は、㈠アブタのアイヌがウス領内の滝から転落死したこと、㈡サカナがウスの乙名に、ウス領に滝があるからアブタのアイヌが死んだのだと口論《チャランケ》に及び、賠償を要求した、㈢ウスの乙名が逆に領分を侵犯した賠償を出せと要求、㈣サカナは獲物を追うのはアイヌ・プリであり、領分を侵犯したからといって賠償を求めるのはシャモ・プリであると論じ、㈤アイヌであるのにシャモ・プリに則ったのは不当である、㈥そしてサカナがチャランケに勝ち、㈦ソウベツでの漁撈権を得たというものである。

これは一つにはイウォロ（狩漁圏）を巡っての争いであり、一つにはアイヌの伝統的な生活についての争いである。一般にチャランケは武力によらない紛争解決の手段であり、事の是非はとも角、論理性において秀れている側が勝者となる。この伝説もその好例であるといえる。

イウォロは時として専有の狩漁圏などと訳され、厳然とした境界――例えば河川の両側の山の尾根筋など――があって、そこの内部のアイヌの人びとは、イウォロ共同体として独占的な狩漁圏を持っているというような説明をすることがある。しかし、イウォロは厳密な境界線を持っている訳ではない。その権利は、熊の穴やイチャン（鮭の産卵場）などにおいて行使できるものの、アイヌの人びとのごく普通の食糧である鹿などはサカナのいうがごとく「誰領分成共遠慮する事」はいらなかった。

イウォロがアイヌの人びとにとって重要さを増すのは場所請負制の確立と密接に関わっており、場所内での生産向上が急務になってからのことと考えられる。前掲の伝説はそうした事情を反映していると思われる。サカナが領分侵犯によって償を求めるのはシャモ・プリであると論難する背景でもあろうか。

シャモ・プリによって、アイヌ古来の習慣が否定されるのは、アイヌの人びとにとっては耐え難いことであり、先祖《エカシ》の掟《イレンカ》に触れることでもあった。改俗策に対するアイヌの人びとの抵抗の様子は、松浦武四郎はじめ各種の報告に窺えるが、サカナの時代にはそうした動きが始まっており、アイヌ社会の大きな問題となりはじめたさまが看取される。

サカナには、またヨイチなど各地のコタンとの斗争譚があることは指摘したとおりであるが、これはウエペケレの他の酋長の伝説においても同様である。そこにはトパットゥミという夜襲による戦いの描写などがみられるが、十八世紀後半にはそうしたアイヌ間の闘いがあったことが史料の上からも知られる。ウエペケレにはそうした史実の反映が多く認められると思うのだが、ここでは論及する余裕がない。

## 五

ところで左図はサカナの系譜を松浦武四郎、伊達藤五郎、吉田厳氏らの報告によって示したものである。サカナの子イコロヌンケ、その子カムイサムシ、そしてエカシレクツ、イヌンベカと続く家系と、傍系のエカシワッカに至る家系とである。

一体、アイヌの人びとの家系に関する強記ぶりは夙に有名であり、そうした記憶に基いて吉田厳氏は上図のような系図を作成したのであり、その際吉田氏のインフォマントとなった乾辺嘉吉翁や明石和歌助翁は、サカナに連なるイヌンベカ、エカシワッカの和名に他ならない。吉田氏の系図はまた、松浦武四郎・伊達藤五郎らの報文

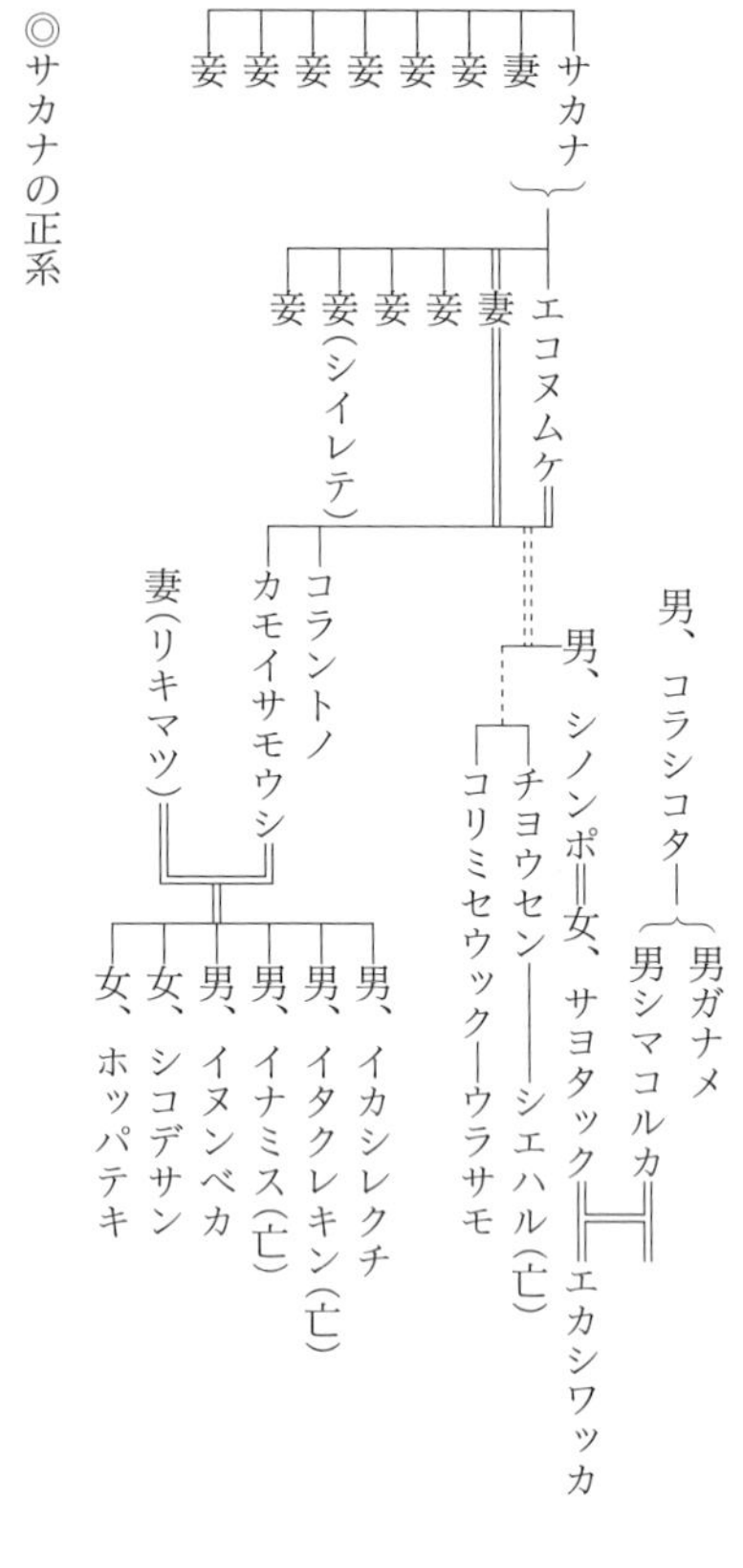


吉田厳　1912による（アブタでの聞き書き）

安政5(1858)年

| | | |
|---|---|---|
| ○惣乙名 | カムエサムシ | 47才 |
| 娵 | セリマツ | 64才 |
| 忰 | エカスレクツ | 19才 |
| 二男 | イタクリキン | 16才 |
| 三男 | 乙五郎 | 15才 |
| 四男 | エヌンヘイカ | 11才 |
| 娘 | シコテサン | 8才 |
| 娘 | カナチ | 6才 |
| ○平蝦夷 | サメシケ | 40才 |
| 母 | シノフ | 66才 |
| 妻 | サヨタチ | 37才 |
| 忰 | エカスワッカ | 11才 |
| 弟 | シノシケ | 9才 |

〈松浦武四郎による〉

明治4(1871)年

| | | |
|---|---|---|
| ○惣小使 | サノシケ | 47才 |
| 妻 | サヨタケ | 50才 |
| 忰 | エカシワンカ | 28才 |
| ○並小使 | イタクリキン | 29才 |
| 妻 | フッシフ | 22才 |
| ○平土人 | エカシレクツ | 32才 |
| 祖母 | シリテシ | 77才 |
| 母 | エッハン | 50才 |
| 次男 | エヌンヘカ | 23才 |
| 娘 | シコテサン | 21才 |
| 次女 | ホッハテキ | 15才 |
| 弟 | セカチ | 4才 |
| 役介 | トアエノシリ | 73才 |

〈伊達藤五郎による〉

によってほぼ実証されるのである。

　アブタの酋長サカナについてみてきた。彼の名はアイヌ研究者の中でも知る人は多くないと思う。そして、ウエペケレの英雄は物語の上でのみ生存していると考えている人びともまた少なくない。

　既にふれたとおり、サカナはアイヌ史の大きな転換期に生きていた。アイヌの人びとにとって重要なその時代をサカナはどううけとめ、どのように対応していったか。さらに同時代のチョウケンやツキノエ、イコトイはどうであったのか。

和人に対して決起したシャクシャインやマメキリ、そして御味方アイヌと呼ばれた者たちは、その大きな歴史の流れとどう関りあったのか。

アイヌの人びとの歴史を考えていく上で、看過しえない問題であるといえないだろうか。

# 七　噴火湾 Ainu のおっとせい猟について

## ――江戸時代における Ainu の海獣猟

## はじめに

筆者は主に一八世紀から一九世紀中葉にかけて、蝦夷地に居住していたAinuの人びとの民族誌を記すことの可能性について考えているが、本稿では伝承者が失なわれて久しい一つの狩猟伝承に着目し、それを復原的に考察することを目的とした。

失なわれた伝承とは、北海道南部の噴火湾(内浦湾)岸の諸*kotan*で行なわれていた「おっとせい猟」である。噴火湾には現在でもおっとせいが索餌のため回遊するが、この海獣をAinuの人びとが捕獲していたことを知る人は少ないし、何よりもAinu系の故老の記憶にすら残っていない程忘れられて久しい伝承である。

この海獣猟に関しては、これまでに名取武光[1]、Austin & Wilke[2]、犬飼哲夫[3]、更科源蔵[4]、坪井守夫[5]氏らの報文があるが、Ainuの人びとのおっとせい猟を考える資料としては十全な内容をもっているとはいいがたい一面があり[6]、おっとせい猟そのものの実態が今一つ明確とはなっていない。

## 一　問題の所在

この海獣の臓器の一部は強壮の生薬として用いられてきたが、とりわけ一七一八(享保三)年以降[7]、徳川将軍家への第一等の献上品として松前藩(のちには松前奉行所など)に調製が命じられてからは、噴火湾岸の諸*kotan*では主要な海獣猟の位置を占めるに至る。ところで、その産出高に関して、例えば羽太正養は「膃肭臍近年殊之外出劣り……次第ニ払底に相成候。……当年よりは壹ケ年壹ツ宛捕候上、其余之猟差留候……」[8]とその減少を伝えかつ、猟の規制を報告している。

一方、犬飼、更科氏らの報文では一回の猟で六頭猟ると帰村したとか、一〇頭または六〇頭を捕獲する度に *ni-humpe-noka* (*pon-humpe-noka*) と称する偶像を作ったと伝えており[9]、その間の時間差を考えても納得しがたい捕獲数の報告となっている。

また、この猟に従事する者には非常に高度の技術が要求されること、そして、一八二〇年代までには各 *kotan* からの出猟する舟の数が三〇艘と決められていたことから[10]、この猟が専業化していったと推察される側面をもっている。

臓器薬としての膃肭臍の名がさまざまな本草書、薬方書の中に頻出するようになるが[11]、それの入手経路、交易価格の変化など国内での需要と、輸出産品の一であったことなどから今後経済史的な検討が必要となろう。さらに、大きな課題としては、献上品を調整する名目でこの猟に和人が大きく関ってきたことがあるがそうしたことでこの猟の内容に変化があったのかどうか。あったとしたら、その原初的な形態はどうであったのか、「おっとせい送り」[12]が行なわれた可能性も含めて考えられなければなるまい。

さらに、おっとせい猟が専業化の方向をたどり、和人の関与が強まりをみせたとき、この地域の *kotan* 構造にどのような影響がおよんでいくかも忘れてはならない検討事項といえるだろう。

もちろん、この全てに目を通す余裕はない。ここでは一七九〇年代から一八二〇年代にかけてのおっとせい猟の実態とその周辺の一部を概観しておくにとどめる。

## 二　おっとせいとその需要

日本人がおっとせい[13]の存在を知ったのはそれほど古いことではない。管見のかぎりでは『康頼本草』を除けば、[14]一三六三(貞治二)年に僧有隣の著になる『福田方』が初見のようである。中国では宋代の『太平恵氏和剤局方』(一一〇七〈大観元〉年、陳師文等)にはみえるから、後世方薬品の一として一二世紀の日本人の知識にはあった。

中国・日本においては、おっとせいの需要はその臓器の一部を生薬として用いることにある。中でも陰茎と睾丸を連ねて乾したものは「海狗腎《かいくじん》[15]」また「膃肭臍《おっとつせい》」(獣名のおっとせいは膃肭の臍――に由来する)あるいはタケリと称されて珍重されていたし、腸・肉なども薬として用いられた。[16]

この獣の産地が蝦夷島であったことはよく知られており、平野必大は「奥ノ松前海上ニ之レヲ取ル。南部・津軽ノ海上ニモマタ有リ(原漢文体)[17]」と記し、寺島良安、[18]新井白石もまた、[19]平野必大と同様に記している。さらに地域を限定したものでは一七〇〇(元禄一三)年の『御国絵図』に「ゆふらつふ　膃肭臍有」とみえ、一七三九(元文四)年に坂倉源次郎は「是は東海ヲシヤマンベの入江にて[20]」猟ると報告している。松前広長は一七八一(天明一)年に「東部エトモよりヱサンの間に出づ[21]」と噴火湾と亀田半島沖に回遊することをはっきりと記している。

一体に日本近海に回遊するおっとせいの系統をみると、三陸沖へは現在確認されている四大繁殖地の全ての系統群のそれが回遊し、オホーツク海・日本海へはRobben島系のおっとせいが主として現われるといわれる(図1)。このうち、噴火湾へは北上するおっとせいの一部が入り、凡そ一〇月上旬ころから姿をみせ、一一～一二月には最高数に達し一月には一旦、減少し、また五～六月に姿をみせる。前者は雄の成獣が主体であり後者は雌

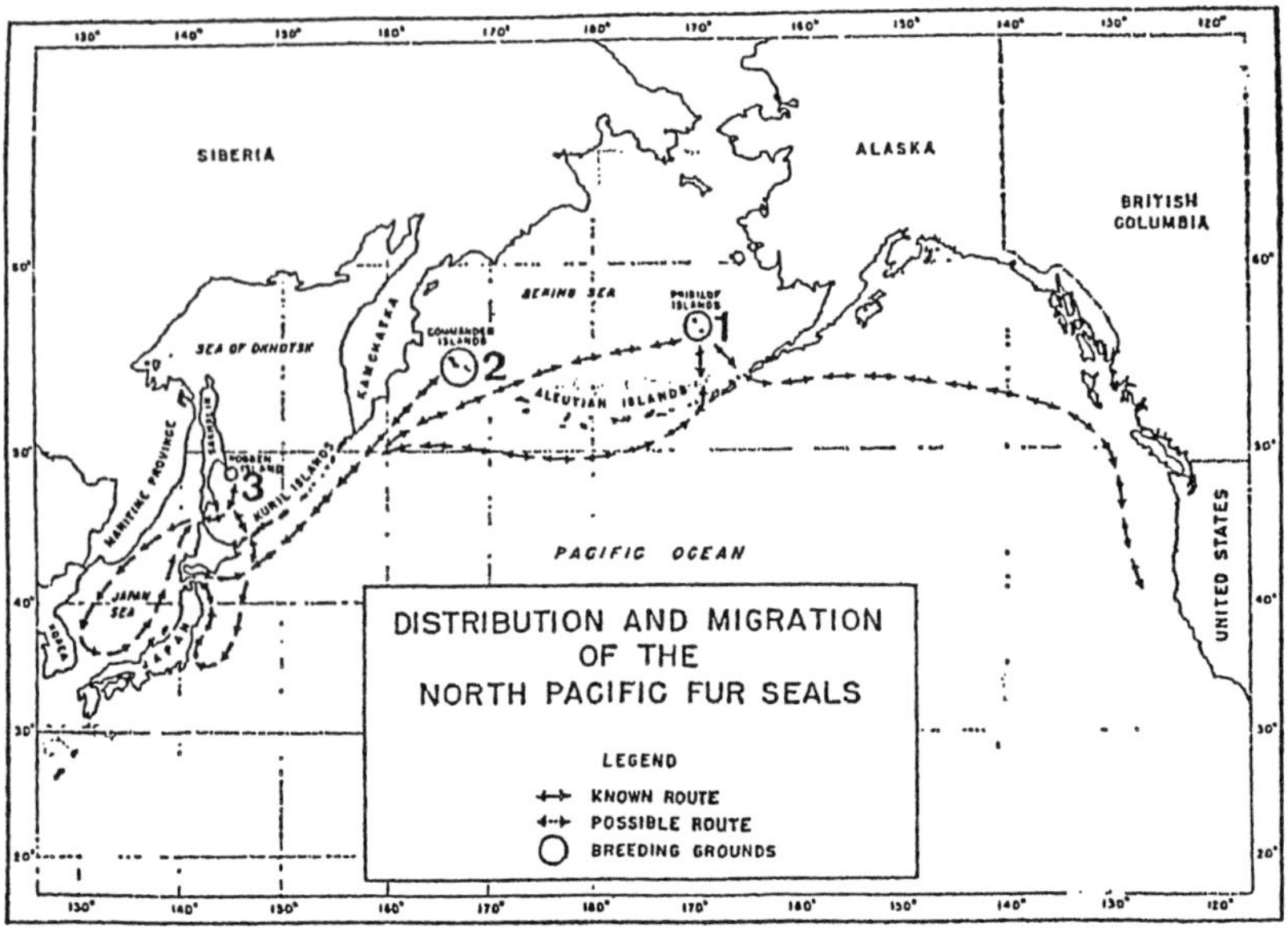


図1　おっとせいの回遊図（Austin & Wilke 1950 による）
1. Pribilof Is., 2. Commander Is., 3. Robben Is.

獣が中心となっている。

　前記の松前広長は「極寒の時」、秦檍麿は「冬十月より春三四月頃まて」と猟期について触れており[22]、旧暦と新暦を考慮すれば、噴火湾へ回遊する時期は現在とは大きな変化がなかったことが判る。

## 三　獣名の由来

　ここで獣名について整理しておく。

「膃肭臍」はもともと「ウ子ウ」（図2）であることは既に儒者の林羅山が知っていた[23]し、菅江真澄も「海狗《ウネヲ》」[24]と記している。当代最大のAinu語通の上原熊次郎によれば[25]、「海獣チコイキプ」のあとに続けて「膃肭臍ウ子ウ、同雄　タン子ツプ、同牝　ホヲマップ」の語を載せる。秦檍麿は「膃肭方名ウ子ヲ……牝をホーマップ……、又一種ヲゝ子ツプ（図3）といふ」[26]と記す。松前広長によ

**図 2**　おっとせいの図(今井八九郎筆。天保〈1830-44〉年間の写生か)

**図 3**　ヲヽ子ップ(*onnep*)の図(『蝦夷島奇観』東京国立博物館蔵)

れば「ウ子ウはヲットセイの総名」であり、「長短老幼によって其名を異にす」として「ボッキリ、ネップ、ヲゝネップ、ホウマツフ」をあげている。[27] 最上徳内は「膃肭臍」の大なるものが「ウ子ウ」であり、「ヲン子プ」は形がおっとせいに似た海獣であるという。[28] しかし、上原熊次郎の採録した語彙がもっとも一般的であったろう。[29]

ところで、金田一京助は「この獣をウ子ウ……も一つ元の形は *onnep* でこれが支那へ行って膃肭と音訳された」[30]と指摘している。知里真志保は今少し詳しく、タライカ、シラウラ、トンナイなど樺太東海岸で採録した語彙をあげて *onnep*[31]〔タライカ〕⟶ *onnew*〔シラウラ〕⟶ *unew* の変化を想定し「ウネウとなるに及んで意味が分化して雌雄をひっくるめたオットセイの総称となったらしい」[32]と説く。また、ホヲマップ[33]は *po-oma-p*(子・入っているもの)であろうという。

「膃肭臍」は臓器薬の名称として用いられたものであるが、「膃肭」が Ainu 語に起原するというならば、中国人はどのような経路でこれを採録したかが疑問として残る。[34]

## 四　おっとせい猟の実際と禁忌

江戸時代の Ainu の人びとのおっとせい猟については Austin & Wilke によって要約的にまとめられたのが最初といっていい。しかし、依拠した文献がそれほど精度の高いものではなかったことと、Ainu 文化についての認識が充分とはいえないために総花的な紹介に終止したのが惜しまれる。

本稿では、一八〇五(文化二)年に成立したとおもわれる『膃肭臍猟之総説』を核に据えた。この書は秦檍丸の著作と考えられ、文章・絵ともに高水準のきわめて良質の報告書といっていい。後に秦貞廉、間宮倫宗によってまとめられた『蝦夷常用集』の一部をなすはずであったと推定される。旧祭魚洞文庫の『猟虎獣猟図説』[35]や松浦武四郎が引用した『蝦夷図説』[36]などは異名同本とみられる。このほかでは菅江真澄の『蝦夷廼天布利』[37]も秀れた報告書であるし、『蝦夷島奇観』[38]における描写も捨てがたい。これら以外には諸々の紀行・日記の類も援用したが、見落した文献も多く、さらに探索を続けるつもりでいる。

なお本稿では『膃肭臍猟之総説』を支障のないかぎり『総説』と略記して用いた。

採録地について菅江真澄の報告はヲシャマンベ(現山越郡長万部町)での事例であり、『総説』はその描かれている地形からヲシャマンベのほかアブタ(現虻田郡虻田町)などが想定され、山越内、阿武田、有珠の各場所での聞きとりを総合したものと考えられる。

## (i) おっとせいの猟法

猟の準備は、前日の夕方より始まる。すなわち、海岸に出て翌日の天気、殊に海上が荒れるか穏やかであるかを慎重にみきわめる。猟期が初冬から晩春という海洋の条件が最も悪い季節に当面するため出猟の可否の判断は重要である。この行為を「子トラメハカリ」と称する。*neto-ramepakari*(和波《なぎ》を・考える)であろうか。菅江真澄によれば一七八九(寛政一)年は海が荒れに荒れたため、この猟が充分でなかったことを伝えているが[39]、実際、海がないでいるか否かは出猟直前までの大きな問題であった。

翌日の海上が和波と判断されると、猟業の無事と獲物が多く得られるように「ウ子ヲカモイノミ」(*umeu-kamui-nomi*＝おっとせいの神祈)をとり行なう。祭事の詳細は伝わらないが、『膃肭臍漁之総説』は「海岸にて礼式を設け海神を祭り……其様酒莚をもふけ、衣服を改め、尊敬の心を尽す……」と記す。この「海岸にて礼式

図4　出猟の準備（『蝦夷島奇観』東京国立博物館蔵）。右はしに *nusa-san* があるが，神窓は略筆されている。従って猟具は「南窓」から出している。左にあるのは入口。手前では *inau* をかいている。

を設け……」[40]の記載からみて、浜の幣壇 *pishun-nusa* の存在を語ったものと考えてよく、後の噴火湾岸の *kotan* で観察・報告されているような山の神と海の神と *kamui-nomi* の祭壇を異ならせる習俗は、一八〇〇年代の初頭には存在していたといえる。

出猟の当日は、暁の寅の刻（午前四時）には起きいで海上の様子を再び窺ったのち、漁に用いるハナレ（回転銛）などの道具を「南の窓」[41]から運び出す（図4）。この時、家の入口や神窓からは絶対に出し入れはしない。漁具はハナレが一般的であるが、坂倉源次郎、松前広長、児山紀成[42]、また『日本山海名産図絵』[43]などは弓も用いていたことを伝えている[44]。しかし、彼らの報告は菅江真澄・秦檍麿ほど正確とはいえず、一つの可能性としてしか扱うことはできない。

『総説』は「舟を出さんとすれば、先身をきよむるよふの事をさまさまになして、猟具を窓より取出し舟に横に入る也」とその間の事情を説き、次いで「チプサンケ」*chip sanke*（舟を・出す）に移る。

おっとせい猟における *chip sanke* の儀礼がどのようなものであったか、語った資料はなく再現することはできない。が、恐らく海の神と舟の神を中心に *inau* を捧げ[45]、潅酒した後に舟を降したものと思われる。

ところで、『総説』は非常に興味ぶかい報告を行なっている。つまり、湾内のおっとせいの居る所は、

① ヤタショッケ

② ノシケタショッケ

③ レブンショッケ

と三分されていると記している。「ショッケ」は *shotki* にほかならず、知里によれば[46]「ねどこ、神々の住む所、山中ではクマなど多くいる地帯、沖ではカジキマグロなど多くいる地帯」とするそれである。①は *ya-ta shotki*(陸の方の猟場)、②は *noshke-ta shotki*(中間の猟場)、そして③は *repun shotki*(沖の猟場)の意となろう。もちろん、その境が判然としている訳ではない。ただ、*repun-shotki* については、どの *kotan* から出猟した舟であっても、最後は、この所に集まるようになるから湾の中央部がそれに当ると考えられる。

おっとせいを尋ねて舟を漕ぐことを「フナラ」*hunara*(尋ねる)というが(図5)、舟を出して二・三里も行ったところで周囲の地形を窺い、ハナレを構えたままおっとせいを探索し、*repun-shotki* までいって見あたらない時は、不漁の日と判断して、帰村する。

菅江真澄は、この時に狐の頭骨 *shumari-sapa* に *inau* で化粧した守護神を頭にいただいて、そっと落しそれの向いた方向におっとせいが居るという儀礼のあることを伝えている[47]。また『日本山海名産図絵』や『蝦夷品彙訳言[48]』などにみえるような狐の尾を用いる方法には興味ぶかいものがある[49]が、これなどは真澄が報告した方法が変形して伝えられたと考えられるかも知れない。

おっとせいは夜索餌して日中は眠るという習性があるが、その様は浮眠というにふさわしく、波間に浮沈して

**図5**　フナラ *hunara* の図(『総説』)。ハナレはかまえたままの状態

いる(図6)。こうした状態を『総説』は「海上に浮ミ居るさま殊に穏成ものにて身を動す事もなく、またゝきすることもなく悠然と睡るか如し。これをウ子ヲホツヽケと称」するという。ウ子ヲホツヽケは *unen-hotke*(おっとせいが臥す)であろう(図7)。この様は Ainu の人びとによって、いくつかの形が伝えられており、この形を『総説』は四態、菅江真澄は五態を報告している[50]。

中でも真澄のいう「ヨコモップ」は(『総説』では「イヨコモッペ」と記される)の状態は熟睡時のおっとせいの様を形容したものとして注目される。即ち、*i-o-komo-p*〈それ=おっとせいの・尻を・曲げた・もの〉と解されるが、それは「片鰭《テツヒ》にてふたつの足をとりおさえて、左のテッヒをは海にさしおろし汐をかひやりてふしぬ[51]」という浮眠の形態であり「投鋒《ハナリ》いと撃やすし[51]」き姿であるとされる。もっとも猟のしにくい姿は「テケシカヲマレ」また「テケシカヲマン」と称する形である。恐らく *take-shika-omare*(*oman*)と読めるこの形は「手を・自身の上に・入れる。手を自分の上にやる」の意で、「片テッヒをば水にさし入れ、右のテッヒを腰にさしあてゝ、シャバのなかばかり潮にひぢて寝たり[51]」という姿で、聴覚をもっとも働かせやすい形状であると伝える。

図6　海上で浮眠中のおっとせい(馬場氏写真)

図7　浮眠しているおっとせい(『蝦夷島奇観』東京国立博物館蔵)。鳧に似た鳥が泳いでいる。

**図8**　ハナレを投げた瞬間の図(『蝦夷風俗図巻』)。この絵のようにタバコを吸うようなことはない。

おっとせいを発見した時は、急いで舟を風下にまわしまた太陽を前方から受けて影が海面に映らないように注意して、物音をたてずに接近する。この時、僅かでも水音がしたり、影が映ったりするとおっとせいは忽ち驚いて沈んでしまう。従って、猟師がこの猟に意を用いること甚しいものがある。ここでの猟具はハナレ(回転式離頭銛)が用いられるが、その形式にもいくつかがある[52]。その詳細は名取・大塚両氏[53]にゆずる。

この銛打ちは、彼我ともに揺れている状態で獲物に投擲するために(図8)、きわめて高い技術が求められる。従っておっとせい猟は *kotan* の成員が誰でも参加しうる類のものではなく、おのずから出猟できる範囲が限定されていたのではないだろうか。そうした意味では特殊な狩猟の形であったといえる。

こうして得たおっとせいをコイキ *koiki*[54] という(図9)。それを舟に乗せて帰村する。浜では *kotan* の者たちに迎えられ、舟を陸に揚げ(チプヤンケ *chip-yanke*)、猟具を家にしまうとともに、おっとせいを家に入れる。これを、プヤラオマレ *puyar-omare*[55] といい、その場合も猟の出発前と同じく南の窓

**図 9**　コイキ *koiki* の図(『総説』)。おっとせいをたぐっている様子が描かれている。

を利用する。

菅江真澄はこのおっとせいを土間に伏せて腹をさき云々の記事を載せるが、正しくはこれは献上おっとせいについて述べたのではあるまいと思う。

というのは『総説』によれば、家の中に入れたおっとせいを新しいキナ莚で包み、会所へ運びこむ。そして、捕獲の功を賞し、褒美を賜った後はじめて腹を開くとあるからである。

会所でおっとせいの腹をさき、内臓をよくとりだした後、腹の中に充分に塩を入れる(シッポウシ *sippo-ushi*)[56]。そして、百尋《カンカン》と男根《タケリ》を会所に収める。塩漬けにしたおっとせいの手足を一つに縛る。これをウコヽム *uko-kom*[57] といい(図10)、ここまでが捕獲した Ainu の仕事となる。

タケリやカンカンを干したり、おっとせいのウコヽムを木箱に詰めるのは在住の和人の仕事であり、箱館へ回送する。とりだした内臓のうち、胆と肝とは Ainu に払い下げる。彼らはこれらを薬として用いるという[58]。

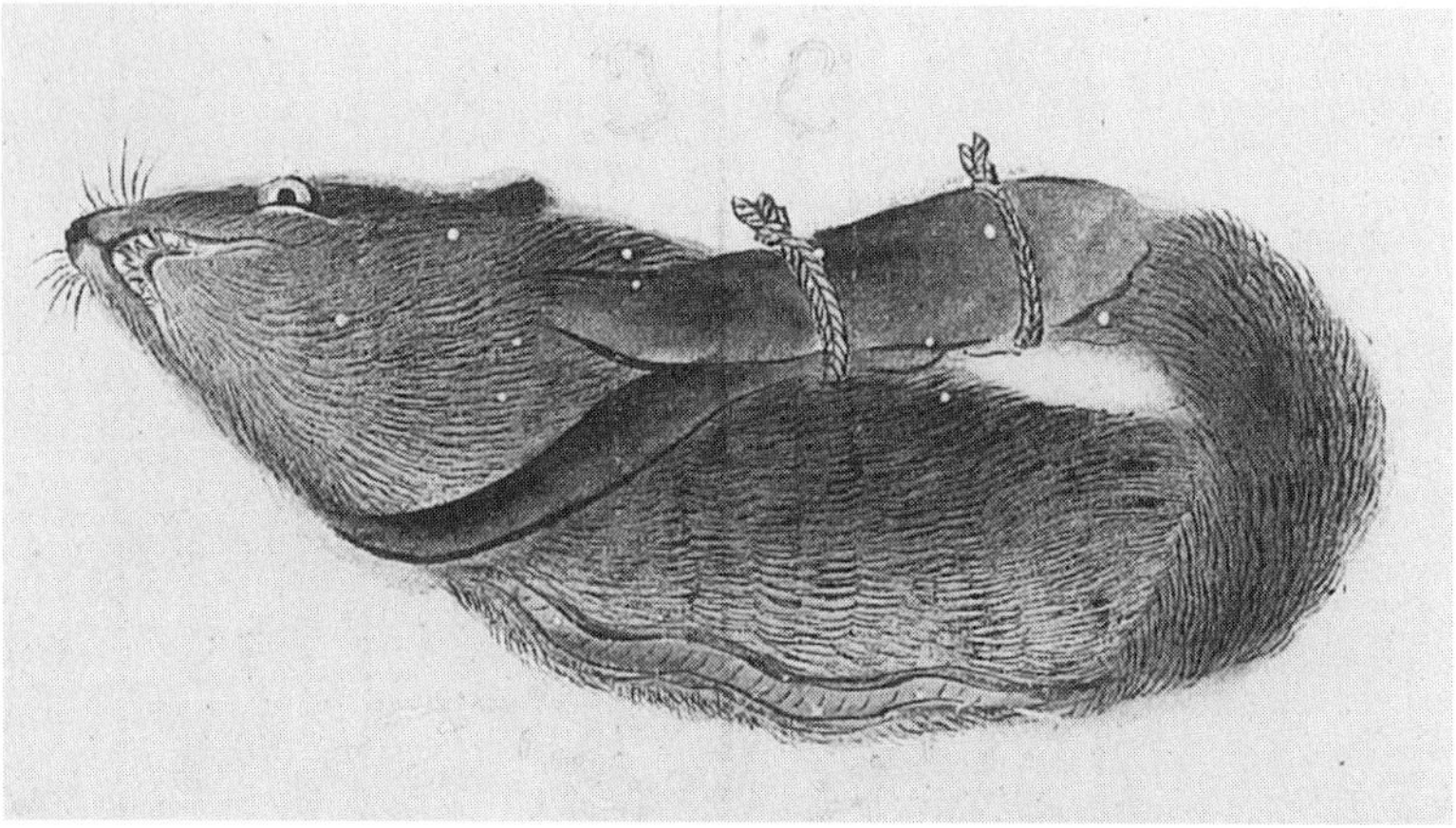

図10　ウコゝム（*uko-kom*）の図（『蝦夷島奇観』東京国立博物館蔵）。シッポウシ（*shippo-ushi*）の済んだもの。

## （ii）おっとせい猟の禁忌

おっとせい猟の際、留守家族の行動は厳しく制限される。菅江真澄は「女《メノコ》はゆめ鍼《ケム》も把らず木布《アッシ》も織らず、飯《アマム》もかしがす手もあらはず、たゞふしにふしてのみぞありける」[59]と伝える。この報告にみえる例は『総説』においても「なぎの日と見定むる時ハ婦女を喚起して、猟に出し後、家内のもの一統に何れの業おもなさず慎み居るべきよし厳しく命じ」と記されているし、松田伝十郎も同様に「終日戸ざし居て寝る事を第一」「外へ出る事を禁」ずるなどの「忌事」をあげている[60]。

このように猟が行なわれている間、身を正して静かにしていなければいけない理由として

① おっとせいが寝ているところを猟るためであり、それは針の落ちる音でも目覚めるほど敏感であると信じられていること。

② 留守家族の行動を、おっとせいが海上で真似ること（従って家族は寝ていなければならない）。

③ 留守家族が不浄のことや悪事を働いた時は、海神の祟り

にふれておっとせいを得ることができなくなる。

などがあげられる。とりわけ②のように留守中の行為をおっとせいが真似ることについては畏怖の念をもって語られている。

さらに一部触れたように猟具・獲物は窓から出し入れする。菅江真澄が「南の窓」と記していることから、熊などの陸の神を出し入れする神窓とは明らかに区別されている様子が窺われる。『総説』はどこの窓かは示さないが、通常の入口は汚れており、そこから出し入れすることは海神をも汚すことだと記している。

おっとせいを家に入れる時(プヤラヲマレ)は、おっとせいについては何もふれず、ごく普通の話をしながらはこびこむ。また、おっとせいの腹をさいたマキリを他の魚に用いることや、おっとせいの猟具を他の猟に使うことなどは決してしないという。これらはおっとせいだけではなく、他の海獣についても同様の伝承がある。

## (iii) おっとせいの猟師――*Repa-ainu* と *Repa-chip*

『蝦夷島奇観』に「此(おっとせい)の漁事を能くする者をデバ蝦夷といへり」とみえ、秦檍丸の別本『膃肭臍図考』には「これを捕ふるの夷を呼びてテバ夷と称す(原漢文)」と記される。また『北夷談』には「其場所場所より定めの通り舟数出舟す。是をデバ舟と云」とある。このようにデバ蝦夷とデバ舟という呼称のあったことが判る。両者に共通する「デバ」は「鉄抜」または「出場」と書かれることもあるが、Ainu 語の *repa*(沖漁をする)という語に由来することは疑いない。(61)

ところでデバ蝦夷(ここでは *repa-ainu* と称しておく)という呼称はあまりきかず、噴火湾岸の *kotan* においては、おっとせい猟の猟師にのみ用いられる。これは冬季の海上猟という高度の技倆と献上品を調整するという二点によって特別視されていたものと思う。

では、何故 *repa-ainu* の語をもっておっとせいの猟師にあてたのであろうか。*repa* の対象となる海獣は、この地域であっても、クジラ、シャチ、カジキマグロなどいく種類かがある。しかもシャチなどは明らかに *Repun-kamui* として崇められているし、クジラを捕った時などは *kotan* の成員にもたらす益ははかりしれない。恐らく古くは、これらの猟師も *repa-ainu* であった。しかし、これらの海獣はなかば偶然的に捕えられるものであり、例年、確実な回遊性をもつのはおっとせいである。そしてその生薬としての価値が認識され、献上品として指定されるに至って、はじめて *repa-ainu* がおっとせい猟師の称に置きかえられたと考えていい。

*repa-ainu* は元来 *repa-chip* に乗組む二〜三人の猟師をいったものであるが、おっとせい猟師の称となった時点で、直接には銛打ちを指すようになっていった。彼は高度に熟達した特殊技能者であり、冬の海上を沖合遠く漕ぎ出す勇者でもあった。*repa-ainu* は『総説』に「夷人のうちにても此事に鍛陳(練カ)にして、生質又すこやかなるものを撰び……外務にあづからしめず、只天気をうかゞひ、猟業をつとむる事を以て専らとす」と記されていることから理解されるように誰でもいいという訳ではなかった。

一八五八(安政五)年に松浦武四郎が調査した阿武田場所の人別帳[62]があり、それに *repa-ainu* が記されているが、

①　アブタ　(六一戸　人口二六一人、うち男一四八人)　四人
②　フレナイ(二二戸　人口　八一人、うち男　四五人)　二人
③　ベンベ　(二一戸　人口　九九人、うち男　五二人)　一人
④　ヲフケシ(一〇戸　人口　四五人、うち男　二五人)　一人

みたとおりきわめて少数である(レブンゲは記載無し。一八六〇(万延一)年の別な資料では四人となっている)。

この中で、ベンベ、ヲフケシは乙名代、フレナイでは小使が一、アブタでは脇乙名と並小使が各一人ずつ兼帯

図 11　*repa-chip* の図(『蝦夷画集』)。左が船首。ハナレ(回転銛)がよくかけている。車櫂を使用。

している。そして残りの三人の平蝦夷の *repa-ainu* の中に熊狩りの名手として知られた男は含まれていない。これは山猟と海猟の違いによるものなのだろうか。いずれにせよ、役蝦夷が半分以上も占めていることは注目していい。

デバ舟(*repa-chip*)はいうところの縄綴舟(*itaoma chip*)で丸木舟を基に舷側などに板を綴った準構造船で車櫂を使用する(図11)。*uimam-chip*(交易船)のように帆は用いない。船首には *inau* を安置する。

普通、*repa-chip* 一艘に *repa-ainu* は二人ずつ乗組むとされる。二人ずつ「のり組をさだめたる事ハ人数多き時は舟中おのづから静かならづして、膃肭臍をとるに、たより(註：具合、加減)あしきを以て、定りたる人数二人の外ハ一人をもまさざる」[63]理由であるという。そして「……大洋に出、櫓櫂(註：櫓は用いない)をやめ、煙草をも呑ず、至て静かにして海面を守り居。何方よりの出舟もみな同様にして、汐風に流るゝときは手を以て水をかき、漁場を離れざる様に」[64]注意する。銛打ちは当然船首に坐る Ainu である。猟の様子は前節でみたとおりであるが、おっとせいには凡そ七～八間[65](註：一二メートル内外)の距離から投擲する。

噴火湾岸での *repa-chip* の数については触れておいたはずである

が『北夷談』に「一場所に壹艘貳艘又は三艘と定りありて其所の役」とある。*repa-chip* を出す場所はヲトシベ、ヤマコシナイ、ヲシヤマンベ、レブンゲ、アブタ、ウスの六ケ場所とされている。今少し、このあたりの様子を窺ってみたい。

噴火湾を砂崎からチキウ岬を結ぶ線内の内湾とみるとこの地域には凡そ山越内・阿武田・有珠・江友の四場所と和人地の野田追村が含まれている。一八〇〇年前後の *kotan* は和人地を除いて山越内に一三 *kotan*、阿武田に五 *kotan*、有珠・江友は各一と計二〇 *kotan* があった(図12)。戸数も最低二から最大七八戸まで規模に大きな差がみられた。このうち山越内は二〇戸以下の中小 *kotan* が多く南北に連なり、シツカリ以東は二〇戸以上の大規模 *kotan* が続く。中でも有珠は最大規模の *kotan* となっている。

図 12　噴火湾岸の *kotan*

これらに *repa-chip* がどのように割当てられていたかながめてみる。

『高橋三平筆記』(66)が詳しく「膃肭臍漁出舟」として「右三十艘当時定数……」と記しており、その内訳は

○オシヤマンベ　四　○クンヌイ　三
○モンベツ　三　○アブタ　六
○ウス　四　○エトモ　三
○ノタヲイ　三　○カヤベ　一

となっている。この総計は二七艘にしかならないが、恐

らく「ユウラップ(またはヤマコシナイ)三艘」の脱落と考えていいから、それを補なって考えると、和人地内の *kotan* 四、山越内場所一三、阿武田場所六、有珠四、江友三艘となる。

このうち阿武田場所は、レブンゲ二、ヲフケシとベンベで一、フレナイ一、アブタ二というように各 *kotan* に割当てられていたと推定される。[67]

三〇艘の *repa-chip* が出猟して、年最低一〜二疋[68]のおっとせいが確保できない年もあったのであるから、いかに困難な狩猟であったかが判る。

さて、*repa-ainu* には、「勝負の蝦夷[69]」といっておっとせいを取りえた順に褒償品の額に異同があったことが、松田伝十郎、高橋三平の記録から知ることができる。それによるとおっとせいは一疋で米一斗四升、タケリは木綿五尺五寸が交易値段であるが、一番猟の *repa-ainu* にはほかに米一升、マキリ一本、キセル一本、酒一升、白木綿六丈三尺が与えられ、舟を漕いでいた *repa-ainu* ともに食事と濁酒二提が与えられた。この待遇は三番漁までで、四番漁になると交易米一斗四升のほかは濁酒二提と食事のほかは僅かの物品が与えられるだけであった。三番漁までのこの待遇は充分とはいえないまでも、臨時の身入りとしてはそれほど低いものではなかったろう。しかし生命の危険を犯しての狩猟であることを考えるとその代償の低さは論議以前の問題といえる。

実際、松浦武四郎は一八五七(安政四)年の紀行の中[70]で、おっとせいの定代について一隻(疋)につき、上は一貫五〇〇文、中品は一貫二〇〇文、小品は八〇〇文であるとの資料をあげた後、「此くの如く安直故」Ainu の人びとも出猟に身が入らず、「自然出産少なく成りしものか否哉」と結んでいる。これによってみれば、おっとせいは、とれないのではなくとらなかったことも充分考えうる。

## まとめ

一七九〇年代から一八二〇年代を中心に噴火湾でのおっとせい猟を垣間みてきた。

当初あげた問題点のうち、おっとせいの産高の違いについては、例えば『総説』は一八〇五(文化二)年より三〇年ほど前にはなぎの日に五～六疋も猟しえたという故老の言を伝えて近年の不猟と対比させているし、松田伝十郎は噴火湾で猟が全くなかった年には奥尻島で代替して献上した旨を述べているから、[71]この時期、噴火湾の海水温度に著しい変化があって、この海獣の回遊がほとんどなかったという可能性もある。

一方、一八一八(文政一)年にはおっとせい一疋を二両で売買していた記録があるから、[72]全くの不猟でもなかったらしい。

ここで、一つの事実に気づく。それは、おっとせいに献上用とそれ以外のものがあったということである。献上用は、Ainu の人びとが自宅では一切の処理はできないし、また臓器の一部以外は払い下げられず、従って市中に流布することはない。

非献上品(あるいは献上品を収めた余、もしくは雌)は Ainu の人びとが自家用にするなり、[73]和人に売り払うなりの権利はもっていたと考えられる。菅江真澄が伝える、*repa-chip* の船首におっとせいの血をぬりつける儀礼や、[74]海岸の幣壇での祭祀儀礼には、このおっとせいを用いたものであろう。

おっとせい猟の実態を窺いながら、一八世紀末葉から一九世紀にかけての噴火湾岸の *kotan* にあっては、クマ猟などの山猟と異なる独得の海獣猟とその儀礼が成立していたことが確認できた。そして猟にはさまざまの禁忌を伴っており、和人の目には献上品を調製するための潔斎とうつっていた。その内容については今後、詳しく検討する必要があろう。

*repa-ainu*、*repa-chip* については、今までほとんど知られていなかった存在であり、資料の制約もありその実態はこれからの解明に俟つところが大きい。中でも一八五八年の役蝦夷兼帯が半数以上に及ぶのは、それが阿武田場所だけの、一八五〇年代においてのみみられた例であるのか *kotan* 構造の変遷と併せて考えなければならない。

いささか雑な観察に終った感を免れないが、おっとせい猟に関しては、猟の復原的考察に加えてその周辺にも多大の問題が存することが指摘できただけでも収穫というべきであろう。今後さらに論点をしぼって言及するつもりである。

[附記] 本稿の作成にあたって、中村たかを、坪井守夫、馬場徳寿、小沼宗心の諸先生から多くの教示と資料の提供を受けた。心からお礼申しあげる。また引用文は止むをえず現行の字体を用いた。

[註]

(1) 名取 一九四〇
(2) Austin & Wilke 一九五〇
(3) 犬飼 一九五六、一九七〇
(4) 更科 一九七六
(5) 坪井 一九七八
(6) 例えば犬飼 一九五六は文献の扱いと自らの採録との関係が不明確で、どの時点での猟を説明したのかが釈然としない。
(7) 『松前年々記』による。一六一〇(慶長一五)、一六一二(同一七)年には徳川家康に献上している(『新羅之記録』『天寛日記』)。一七一七年にも献上している(『福山秘府』)。
(8) 羽太 一八〇五
(9) 犬飼 一九五六では六頭とると帰還しニフンベノカは六〇頭に一個の割で作る。更科 一九七六ではポンフンペノカは一〇頭に一個の割で作る。とそれぞれ報告される。いずれも八雲の例である。
(10) 北水協会 一九三五
(11) 清水 一九七五
(12) 更科 一九七六
(13) Fur Seal. 食肉目アシカ科。北太平洋に棲み南半球のミナミオットセイとは別属。学名は *Callor-hinus ursinus*.
(14) 丹波康頼の著なら九八四(永観二)年ころの成立となるが、後世の仮託とみるのが一般的である。
(15) 海狗はおっとせいのこと。
(16) 膓は百尋(カンカン)という。肉を薬としたことは『東遊記』などにみえる。また林・鈴木 一九六七。
(17) 平野 一七六九
(18) 寺島 一七一三
(19) 新井 一七二〇
(20) 坂倉 一七三六。また秦 一八〇〇でも同様。
(21) 松前 一七八一。松田 一八二二では奥尻島にも回遊しているし、最上 一七九〇ではクナシリ島があげられている。
(22) シシャモ漁のころ現れ、ニシン漁の終るころ帰るという。この時期に触れた文献は多い。
(23) 林 一六三〇
(24) 菅江 一七八八
(25) 上原 一七九二
(26) 秦 一八〇〇
(27) 松前 一七八一。また部 一七九八では大　ネッフ、中　チョキ、小　ウ子ウをあげる。
(28) 最上 一七九〇
(29) 例えば円吉 一八六八などが継承している。

(30)　金田一　一九三七：一三四―一三五
(31)　村山　一九七一によると千島 Ainu も onnep という。
(32)　知里　一九五九
(33)　『総説』は雌はマチ子チロンヌプ、雄はビン子チロンヌプと記し、雌雄は分ちがたいという。
(34)　坪井守夫氏は山旦交易により中国へ入った知識と考えていられる。
(35)　日本学士院　一九五九による。
(36)　松浦　一八五七
(37)　菅江　一七八八
(38)　秦　一七九九、ここでは秦　一八〇〇
(39)　菅江　一七八八
(40)　松浦　一八五七にはオムシャと同内容の「礼式」が記されている。
(41)　菅江　一七八八
(42)　児山　一八〇八
(43)　蔀関月　一七九八
(44)　毒矢を使用したという記録については、坂倉　一七三九を参照。
(45)　筆者不明の逸文『膃肭図説』は「……舟を清め木幣・神酒を製して海神(アトイカモイ)、舟神(ニマムカモイ)を祀る……」と記す(『蝦夷志料』所収)。
(46)　知里　一九五六
(47)　菅江　一七八八に「海はいづらにかウ子ヲのあらんと狐の頭ををのれがかうべにいただきそとふりおとして、そのシュマリのシャバの口の向たらん方にウ子ヲのあるてふ神占して、それをしるべに十余里の沖にあまたの舟はるはるとこき出」るとある。
(48)　結城　一八五四。ここの図は『日本山海名産図絵』に倣ったもので、左右が逆になっているほか、舟が一艘少なくなっている。
(49)　蔀　一七九八に「……かの寝ながれの群を見れば狐の尾を以てふりてかの起番の一羽に見すれば大に恐れて聲を立てず

……」とみえる。

(50) 菅江 一七八八にはヨコモップ、テキシカヲマレ、チョロボッケ、カキコシケル、セタボツケと五態あり。『総説』にはセタホツ、ケ、イヨコモッぺ、テケシカヲマン、ヲケラウシの四態があるが、セタボツケ(犬の寝たる姿)とかヲケラウシ(義不明)とか、よく態の判らないものがある。

(51) 菅江 一七八八

(52) 菅江 一七八八にアリンベ、ウリンベ、マリップなどとみえる。

(53) 名取 一九七二、大塚 一九七八

(54) 『総説』に「猟業の獲物」とある。「打つ、殺す」の意だがバチェラーは「魚ノ如ク捕エル」と訳す。

(55) 尋常の出入口は不浄だからというが神窓からは絶対に入れない。

(56) *shippo* (塩) *ushi* (一面についている)

(57) *uko* (互いに) *kom* (折り曲げる)

(58) 胆は干して薬にする。肝は生にて食うと生気が増すと。生血をのめば、頭痛の苦が除かれると。

(59) 菅江 一七八八

(60) 松田 一八二二

(61) Ainu 語では r~t の変化はよくおこるし、清濁もまた通音だからレパ→テバ→デバの転訛は当然考えられる。

(62) 午アブタ人別帳

(63) 『総説』による。

(64) 松田 一八二二

(65) 秦 一八〇〇による。この距離は報告書により区々ある。

(66) 逸文が『蝦夷志料』中にある。成立年代は不明だが一八〇一〜一八二二の間の記録を収める。

(67) 松浦 一八五八による。

(68) 羽太 一八〇七に一八〇〇(寛政一二)年の記事としておっとせい二匹を捕え次第献上せよと御膳番から申立があったというのがみえる。

(69) 松田 一八二二などによる。

(70)『東蝦夷日誌』初篇。引用している資料の成立年代については記載なく未詳。
(71) 松田 一八二二に一八一八年の記事として「此島（註：ヲコシリ）に膃肭臍附事夥敷、一ト年献上膃肭臍に差支へ伝十郎当所詰合中鎮台より厳命ありて其筋へ申付し処壱羽取獲て松前表に出す」とみえる。
(72) 北大の『村山家文書』に「一金弐両ヲットセイ一疋代として」というのがある。
(73) 古くは食料にしたり、衣類にしたりしたという『総説』。
(74) 菅江 一七八八

[引用・参考文献]


Austin Jr, O. L. & Wilke, F. 1950 'Japanese Fur Sealing' "Natural Resources Section Report" No. 129, GHQ, Supreme Commander for The Allied Powers. Tokyo.
虻田町役場 一九六二『虻田町史』北海道
新井白石 一七二〇（享保五）『蝦夷志』
知里真志保 一九五九「アイヌ語獣名集」『北海道大学文学部紀要』第七号
―― 一九五六『地名アイヌ語小辞典』東京、楡書房
羽太正養 一八〇七（文化四）『休明光記』（新撰北海道史第五巻所収本）
秦 檍麿 一七九九（寛政一一）『蝦夷島奇観』本稿では一八〇〇年自筆増補本を用いた。
―― 一八〇四（文化一）『膃肭臍図考』
―― 一八〇五『膃肭臍漁之総説』（北大本、杏雨文庫本、蝦夷志料本を対比して用いた）
林 羅山 一六三〇（寛永七）『多識篇』
平野必大 一六九七（元禄一〇）『本朝食鑑』（日本古典全集本）
平秩東作 一七八四（天明四）『東遊記』（日本庶民生活史料集成第四巻所収本）
北水協会 一九三五『北海道漁業志稿』（一九七七 国書刊行会復刻本）
林 譟・鈴木たね子 一九六七「オットセイの骨格筋に存在する新生理活性ペプチッド様物質」『日本水産学会誌』三三巻一一号、東京、日本水産学会

犬飼哲夫　一九五六「北海道アイヌのアザラシ及びオットセイ狩り」『北海道大学北方文化研究報告』第一一輯
——　一九七〇「おっとせい狩り」『アイヌ民族誌』、東京、第一法規出版
金田一京助　一九三七『採訪随筆』京都、人文書院
児山紀成　一八〇八（文化五）『蝦夷日記』（日本庶民生活史料集成第四巻所収本）
前田夏蔭　一八六〇（万延一）『蝦夷志料』
松前景長　一六四五（正保二）「新羅之記録」（新北海道史第七巻所収本）
松前広長　一七八〇（安永九）『福山秘府』年歴部（新撰北海道史第七巻所収本）
——　一七八一（天明一）『松前志』
松浦武四郎　一八五七（安政四）『東蝦夷日誌』初篇（時事新書『蝦夷日誌』上所収本）
——　一八五八（安政五）『午アブタ人別帳』（松浦文書所収原稿）
松田伝十郎　一八二二（文政五）『北夷談』（日本庶民生活史料集成第四巻所収本）
村山七郎　一九七〇『北千島アイヌ語』東京、吉川弘文館
最上徳内　一七九〇『蝦夷国風俗人情之沙汰』（日本庶民生活史料集成第四巻所収本）
名取武光　一九四〇「噴火湾アイヌの捕鯨」『北海道帝国大学北方文化研究報告』第三輯
——　一九七二「アイヌの原始狩猟具〈ハナレ〉とその地方相（補遺）」『アイヌと考古学㈠』札幌、北海道出版企画センター
日本学士院　一九五九『明治前日本漁業技術史』東京、日本学術振興会
——　一九七八『明治前日本薬物学史』東京、日本学術振興会
西脇順治　一九六五『鯨類・鰭脚類』東京、東京大学出版会
能登屋円吉　一八六八（慶応四）『番人円吉蝦夷記』（国書刊行会本）
大塚和義　一九七七「アイヌのキテの諸系列―形態分類と編年」『国立民族学博物館研究報告』一巻四号
坂倉源次郎　一七三九（元文四）『北海随筆』（日本庶民生活史料集成第四巻所収本）
更科源蔵・光　一九七六『コタン生物記』II　東京、法政大学出版局
清水藤太郎　一九七五『和漢薬索引』岐阜、内藤記念くすり資料館
水産庁研究開発部　一九七四「オットセイ資源」『主要遠洋漁業資源』東京、水産庁

菅江真澄　一七八八（天明八）『蝦夷廼天布利』（菅江真澄全集第二巻所収本）
蔀　関月　一七九八（寛政一〇）『日本山海名産図絵』
高倉新一郎　一九七二『新版アイヌ政策史』東京、三一書房
坪井守夫　一九七六―一九七九「北洋開拓史とオットセイ産業」『さかな』一六―二三号、東京、東海区水産研究所
寺島良安　一七一二（正徳二）『和漢三才図絵』
上原熊次郎　一七九二（寛政四）『もしほ草』
和田一雄　一九六九「三陸沖のオットセイの回遊について」『東海区水産研究所報告』五八、東京、東海区水産研究所
――　一九七一「オットセイの回遊について」『東海区水産研究所報告』六七、東京、東海区水産研究所
結城　粲　一八五四（嘉永七）『蝦夷品彙訳言』（国書刊行会本）

# 八　レブンゲ・コタン誌稿——とくにコタン構造から

# はじめに

本質的に狩猟漁撈民であるアイヌの人びとの社会生活の基盤はコタンにあった。

和人によって設定された「場所」はいくつかのコタンを取りこむ形で成立してはいたが、そこのコタンはアイヌの人びとの意志に基づいた連合体としての性格をもつものであったとはいいがたい。

またコタンそのものも和人の意向によって運上家元もしくはその近隣に営まざるをえないこともあり、やがて場所の労働力の供給のみを目的とした大規模コタンの出現をみるに至る。[1] いわゆる強制コタンである。こうしたコタンの規模の拡大は、そこのアイヌの人びとが旧来の生業によって糊口を満たすことを困難にしていき、和人の手当によって年中の生活の保障をうるようになる。[2]

しかしまた、このようなコタンの形態は場所制度によってもたらされた特徴的な存在ということもできる。彼らが伝統的な生業による生活の術を失ない、和人によってすべてが左右されるようになっていく時、その社会生活の基盤はどう変化していくのか、さらにそれを支えるより基礎的な単位である「家」の変化はどうであるか、その構造的な特色を把握してみたいと考えている。

そうした意識を核にすえながら、一八六〇年代のレブンゲ・コタンを眺めてみたいと思う。

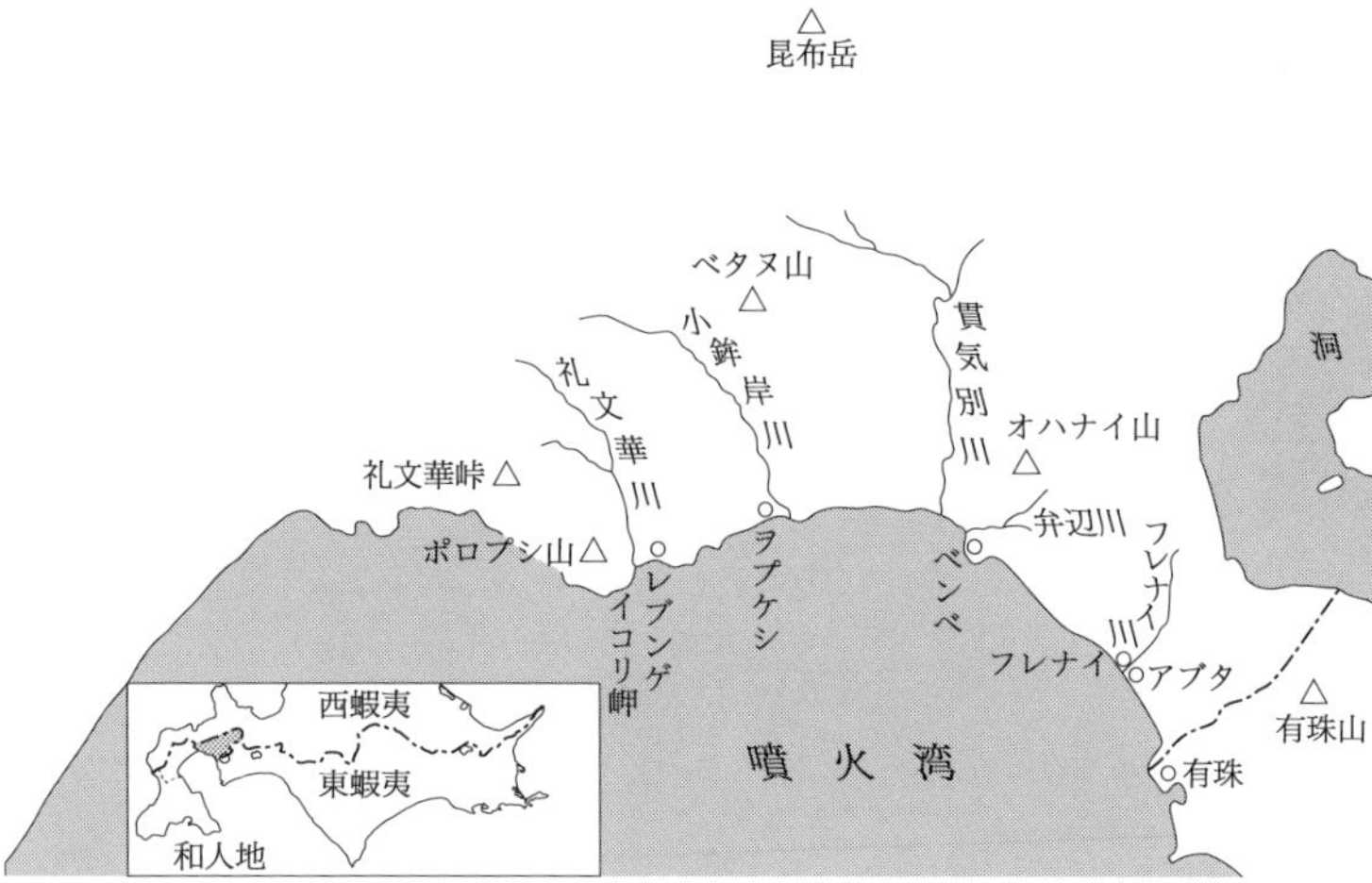


図1　レブンゲ付近図

## 一　レブンゲ・コタンの位置

レブンゲ・コタンは、現在の虻田郡豊浦町字礼文の市街地内にあった。ここは噴火湾の北端で湾岸のほぼ中央に位置している。西側はポロプシ山がそのまま海に落ち込むようにしてイコリ岬を形成し、東は美の岬やレブンゲ・チャシを生み出す山塊が連なる。礼文華はこの両山塊の間を流れる礼文華川が作り出した小平野上にある。

西の長万部《おしゃまんべ》からシツカリを経てレブンゲに到る山道は礼文華峠として古来から有名で、雄冬越えなどとともに蝦夷地三難嶮の一つに数えられていた。

### (1)　レブンゲ・コタンの所在

レブンゲ・コタンは礼文華川の東側の台地上に営まれていた。このコタンは寛文九(一六六九)年には、戸数僅かに二戸ではあった[3]がコタンとしての存在が確認されている。その後長く、

**写真1**　虻田郡豊浦町字礼文華(国土地理院，1976：CHO-76-12 C7B-7)

アブタ場所を構成するコタンの一つであったが[4]、万延元(一八六〇)年には、南部藩領として、隣りのヲプケシ・コタンを併せ独立したレブンゲ場所となり、その会所元コタンとなった[5]。

さて、礼文華川を母としたレブンゲ・コタンは、土地の伝えによれば上のコタン・中のコタン・下のコタンという三つのコタン内コタン(仮に単位コタンと呼ぶ)から構成されていたという[6]。

まず、上のコタンであるが、礼文華川の旧水路近くに井戸があり(現在は埋め立てられた)、そこを水場としていた。かつてアイヌ舟はこの井戸近くまで遡っていたという。

中のコタンは、アクンナイの西側の沢の水を利用して営まれていた。

下のコタンは現在の住吉神社の脇にあるアクンナイ(現在でも礼文華の水道はここから引いている)に水をえていた。

これらのコタンが相互にどのような関係を

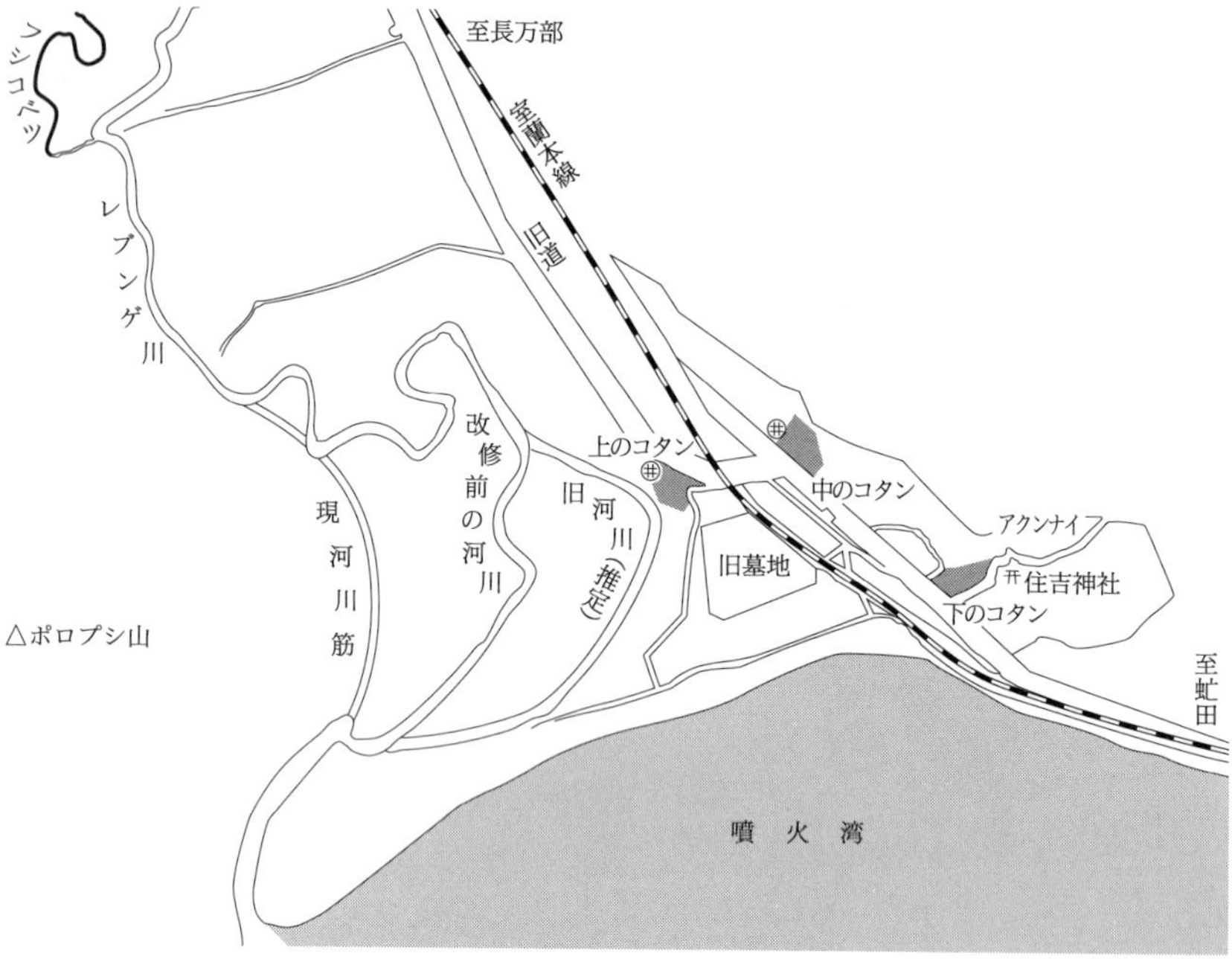

図2　レブンゲ・コタンの推定図

保っていたかは知らない。ただ、コタンの本来的な性格でもある同一家系・同一の祖先礼拝に基づく血縁の集団という形態は、あるいはこうした単位コタンによって保たれていた可能性は充分考えられる。レブンゲといえども場所制度をうけたコタンであるという事実は無視できないのであり、コタンの規模の拡大は血縁関係をまず第一の要因に数えなければ理解しえないのである。(7)

したがってレブンゲには複数の家系《エカシイキリ》があったことが予想されるが、この点はさらに深い調査結果に俟ちたい。

ともあれ三つの単位コタンからなるレブンゲは社会的・政治的には一人の首長(乙名)によって統制されていた。しかし単位コタンにはそれぞれの長が存在していたはずであり、宗教儀礼などにおいては彼らが指導的地位にあった。また、その中には役蝦夷に連なるものがいたとも考えられる。

以上のことは、遺憾ながら伝承であって文献史料による傍証はえられない。しかし、コタンの成立を考えていく上で看過することのできない重要な指摘である。これがレブンゲだけの特殊な例なのか、また他地域においても認めうる普遍的な例であるのか、充分な検討が求められよう(8)。

## (2)　社会構造からみたレブンゲの位置

ここでアブタ場所を構成するコタンとしてのレブンゲを人口構造の上からみておく。

表1は場所全体の人口構造の変遷を記したものである。文化三(一八〇六)年には女が男よりも一〇%ほど多かったが、文政五(一八二二)年にはほぼ均衡がとれるほどに回復したが、以後は男が圧倒的優勢のうちに推移する。

次に表2は文化三年と安政五(一八五八)年および明治四(一八七一)年とにおける各コタンの人口構造を示したものである。これからわかるように、三者には極端な数字の開きが認められる。性比は一〇〇をもって男女の差の均衡がとれる状態であるが、文化三年にはレブンゲを除いて女が優位であるのに対し安政五年以降では男が圧倒的に優勢となる。

このことは出生率を別にすれば第一次幕領期には男子の損耗が著しく、第二次松前藩領期以降では逆に婦人の損耗が甚しかったことを示

| | 人口 | 男 | 女 | 男－女 | 性比(男／女) |
|---|---|---|---|---|---|
| 文化３年(1806) | 794 | 379 | 415 | △　36 | 91.3 |
| 文政５年(1822) | 800 | 411 | 389 | 22 | 105.7 |
| 安政１年(1854) | 601 | 324 | 277 | 47 | 117.0 |
| 安政５年(1858) | 593 | 333 | 260 | 73 | 128.1 |
| 明治４年(1871) | 533 | 301 | 232 | 69 | 129.7 |

注：性比は女を100とした場合の男，△印負数。

**表１**　アブタ場所における人口構造の変遷

△は負数

| 項目 / コタン | 文化3〈1806〉年 人口 | 男 | 女 | 男－女 | 性比 | 安政5〈1858〉年 人口 | 男 | 女 | 男－女 | 性比 | 明治4〈1871〉年 人口 | 男 | 女 | 男－女 | 性比 |
|---|---|---|---|---|---|---|---|---|---|---|---|---|---|---|---|
| アブタ | 334 | 159 | 175 | △ 16 | 90.8 | 261 | 148 | 113 | 35 | 130.9 | 241 | 143 | 98 | 45 | 145.9 |
| フレナイ | 118 | 52 | 66 | △ 14 | 78.8 | 81 | 45 | 36 | 9 | 125.0 | 66 | 40 | 26 | 14 | 153.8 |
| ベンベ | 110 | 52 | 58 | △ 6 | 89.6 | 99 | 52 | 47 | 5 | 110.6 | 91 | 45 | 46 | △ 1 | 97.8 |
| ヲプケシ | 113 | 54 | 59 | △ 5 | 91.5 | 45 | 25 | 20 | 5 | 125.0 | } 135 | 73 | 62 | 11 | 117.7 |
| レブンゲ | 119 | 62 | 57 | 5 | 114.8 | 107 | 63 | 44 | 19 | 143.2 | | | | | |
| 計 | 794 | 379 | 415 | △ 36 | 91.3 | 593 | 333 | 260 | 73 | 128.1 | 533 | 301 | 232 | 69 | 129.7 |

**表2**　アブタ場所における男女別構造の変遷

している。その後は平均三割前後の男子優位の状態が維持されていく。

表3は安政五年と明治四年における年齢構造を示したものである。アイヌの人びとは自ら年齢を数えるという習慣をもたず、また本表が基礎とした史料に記された年齢も和人が調べたものであり、細部には信頼度の低い箇所も存する。つまり安政五年の年齢に一三を加えても明治四年時のそれにならない場合も少なくない。ただ二～三歳程度の差で近似値がえられるからある程度年齢の傾向は把握しうる。そうした観点から利用すれば、アブタ場所全体の年齢構造を知る目安になろう。

さて、アブタ場所五コタンのうち、会所元のアブタはきわめて規模の大きなコタンで表2によってみても文化三年には人口で全体の四二%、戸数で四〇%に達している。また安政五年当時はアブタ・コタンそのものがフレナイ川筋に移ってきているから、この川筋だけで同場所全体の人口で五八%、戸数で六〇%にも及ぶ。

これに対してレブンゲは文化三年には人口で一五%、戸数で一七%、安政五年には人口で一八%、戸数で一七%を占めているにすぎず、アブタには及ぶべくもない。

ところでアブタ場所における役蝦夷構成の推移をみると表4のようになる。単純に計算して文化三年では役蝦夷一人あたり(惣乙名は除く)の戸数は平均一二・五戸、人数では平均五六・七人。安政五年では戸数平均九・二戸、人数で平均一

安政5(1858)年

| 項目／コタン | 年齢構造係数(%) 0〜14 ① | 15〜64 ② | 65〜 ③ | 老化指数 ③÷①×100 | 年少人口 ④＝①÷②×100 | 老年人口 ⑤＝③÷②×100 | 総数 ④＋⑤ |
|---|---|---|---|---|---|---|---|
| アブタ | 27.6 | 65.9 | 6.5 | 23.6 | 41.7 | 9.9 | 51.6 |
| フレナイ | 19.8 | 71.6 | 8.6 | 43.7 | 27.6 | 12.1 | 39.5 |
| ベンベ | 21.2 | 74.8 | 4.0 | 19.0 | 28.4 | 5.4 | 33.8 |
| ヲプケシ | 31.1 | 60.0 | 8.9 | 28.6 | 51.9 | 14.8 | 66.7 |
| レブンゲ | 21.5 | 65.4 | 13.1 | 60.9 | 32.9 | 20.0 | 52.9 |
| 場所全体 | 24.6 | 67.6 | 7.8 | 31.5 | 36.4 | 11.5 | 47.9 |

明治4(1871)年

| | | | | | | | |
|---|---|---|---|---|---|---|---|
| アブタ | 28.2 | 64.3 | 7.5 | 26.5 | 43.9 | 11.6 | 55.5 |
| フレナイ | 21.7 | 69.6 | 8.7 | 40.0 | 31.3 | 8.7 | 40.0 |
| ベンベ | 31.9 | 63.7 | 4.4 | 13.8 | 50.0 | 6.9 | 56.9 |
| レブンゲ | 22.9 | 66.7 | 10.4 | 45.2 | 34.4 | 15.6 | 50.0 |
| 場所全体 | 26.7 | 65.4 | 7.9 | 29.4 | 40.8 | 12.0 | 52.8 |

注：レブンゲはヲプケシを含む。

**表3**　アブタ場所における年齢構造

二九・五人となるが、明治四年になると戸数平均一〇・八戸、人数平均四四・四人である。

役蝦夷の選定に対して、コタンの戸数・人数の多寡が大きく勘案されていたことは否定できないが、例えば会所元コタンに格上の役蝦夷が置かれているように[9]、場所内におけるコタンの位置の高低が役蝦夷の配置を左右したといえる。

以上の観点から、レブンゲ・コタンをみると、アブタ場所においては、アブタ・コタンを除けばレブンゲはごく平均的な位置にあるコタンと思われる。

## 二　レブンゲ・コタンの構造

### (1)　史料の検討

レブンゲ・コタンにおけるアイヌの人びとの生活の実態を考える上で使用した史料は以下の二種類五点である。

文化3(1806)年

| 役蝦夷＼コタン | 惣乙名 | 乙名 | 小使 | 計 | 戸数 |
|---|---|---|---|---|---|
| アブタ | 1 | 2 | 2 | 5 | 65 |
| フレナイ | | 1 | 1 | 2 | 23 |
| ベンベ | | 1 | 1 | 2 | 20 |
| ヲプケシ | | | 2 | 2 | 28 |
| レブンゲ | | 1 | 2 | 3 | 27 |
| 計 | 1 | 5 | 8 | 14 | 163 |

安政5(1858)年

| 役蝦夷＼コタン | 惣乙名 | 乙名 | 小使 | 計 | 戸数 |
|---|---|---|---|---|---|
| アブタ | 1 | 2 | 3 | 6 | 61 |
| フレナイ | | 1 | 2 | 3 | 22 |
| ベンベ | | 1 | 2 | 3 | 21 |
| ヲプケシ | | 1 | | 1 | 10 |
| レブンゲ | | 1 | 2 | 3 | 24 |
| 計 | 1 | 6 | 9 | 16 | 138 |

注：乙名には脇乙名，乙名代を，小使には惣小使，並小使を含む。

明治4(1971)年

| 役蝦夷＼コタン | 惣乙名 | 乙名 | 小使 | 計 | 戸数 |
|---|---|---|---|---|---|
| アブタ | 1 | 1 | 3 | 5 | 59 |
| フレナイ | | 1 | 1 | 2 | 17 |
| ベンベ | | | 2 | 2 | 21 |
| レブンゲ | | 1 | 3 | 4 | 32 |
| 計 | 1 | 3 | 9 | 13 | 129 |

注：乙名には脇乙名，小使には並小使を含む。レブンゲにはヲプケシを含む。

**表4**　アブタ場所役蝦夷配置

(1)　松浦武四郎の調査になるもの
イ　『野帳』　安政三年稿[10]
ロ　『竹四郎廻浦日記』　安政三年[11]
ハ　『午アブタ人別帳』　安政五年稿[12]
(2)　伊達藤五郎の調査になるもの
ニ　『虻田土人戸数人別調』[13]　明治四年
ホ　『虻田郡土人開墾畑反別調』[14]　明治五年

このうち、イ・ロは相似た性格の史料でその記載法も

……乙名セタハケ家内六人、同サンヒタ家内三人……

という具合に簡略なものである。またハは「人別帳」と記されていることからもわかるが、

| | | | | | |
|---|---|---|---|---|---|
| 乙名 | セタバケ | 六十七才 | 小使 | カムヱコチャ | 三十七才 |
| 悴 | チクフリキン | 三十九才 | 妻 | シイトラ | 三十二才 |
| 妻 | ヱシュシケ | 三十二才 | 〆 | | |
| 三男 | ヱナヲヱケ | 三十四才 | 並小使 | サンヒタ | 四十才 |
| 孫娘 | あき | 十六才 | 妻 | フウテキ | 三十九才 |
| 〃 | なつ | 十二才 | 〆 | | |
| 孫 | 重吉 | 六才 | ……… | | |
| 〆 | | | | | |

このように、相当詳しくコタン内の家の様子を記すことに努めている。

さらに二の伊達藤五郎の調査でも同じようなまとめ方をしている。こちらは開拓使に提出した公式報告の控とみられるから内容には信頼がおける。その記載の一端を示せば、

禮文華村

乙名　カムヱコチャ　未四十九才
妻　シイトラ　〃四十四才
娘　シセトル　〃　九才

家内三人内男壱人女弐人

小使　サンヒタ　未五十三才
養母　シユケカル　〃八十六才
娘　フツトル　未　十五才

家内三人内男壱人女弐人

……

禮文花村戸数三拾三軒（二）
人別百三拾九人（五）
内　男七拾六人（三）
　　女六拾三人（二）

惣家数百三拾軒惣人別五百五拾壱人

内　男三百拾壱人
　　女弐百四拾人

右之通御座候、以上

開拓使貫属　伊達藤五郎

辛未　十一月

禮文華村土人

以上のようになる。

最後に掲げたホは人別調書ではなく、アイヌの人びとに畑地を付与した際の調書で、やや性格を異にするが、その記載はハ・ニにみられるように詳細で、かつアイヌ名が漢字表音で書かれている。これによって、カナ書きで今一つはっきりしない名前の読みを正確に比定することができ、アイヌ語学の上からも貴重な史料である。

第一番屋敷居住

| | | |
|---|---|---|
| | 遠南之喜 | 壬申年五十三 |
| 妻 | 冨都之喜 | 同年　五十四 |
| 二男 | 恵倍安武計 | 同年　十二 |
| 孫 | 恵多久也留 | 同年　七 |

一畑地壱反五畝歩
壬申年ヨリ仕付

合四人……

この遠南之喜はヲナシキとよみ、ヲプケシ・コタンの乙名である。ヲプケシは万延元(一八六〇)年以後レブンゲの持であった(15)。

本章の性格上、ここではレブンゲに限って例示したが、アブタ場所のほかのコタンに関しても記載の内容は同じである。戸主のコタン内での地位からはじめ、名前・年齢、戸主との続柄・名前・年齢…という順に示し、「〆」「家内何人内男何人女何人」などの記載で一軒の家の構成をほかと分つ。(16)

一軒の家と述べた。つまり「〆」「家内……」で示されたところの構成員はすべてが一軒の家に居住しているとみたのである。こうした見方に疑問がないわけではない。(17) しかし、ここでは史料に示されているとおりに、家内何人とあればその数の人間が居住しているとみておくことにする。

## (2) レブンゲ・コタンの変遷

史料については如上のとおりである。

このうち表5は史料(1)イ・ロに基づいた安政三年のものであり、表6は(1)ハによる安政五年のコタンの様子を示したものである。これでわかるようにこの二年間で居住が確認されるものは役蝦夷三戸を含め二一戸ある。中で、戸番二三のヱ子カリは安政五年に子のアソユポ(戸番一七)に戸主の座を譲っている。この時期父のヱ子カリは七二歳、子は三六歳であった。

また安政三年における戸番八のレアンは五年にはみえないが、五年時の戸番六のコワシコロ(三年時は戸番一三)の弟として記されているレアシと同一人である可能性も考えられる。

さらに表5にあって表6でその名前が確認できないのは、

(表5の戸番)
戸番六　ヱナウヱテ　家内三人

(表5の戸番)
戸番一八　アコシリ　家内三人

| 『竹四郎廻浦日記』による | | | 『武四郎野帳』による | | |
|---|---|---|---|---|---|
| 戸番 | 戸　　主 | 家内数 | 戸番 | 戸　　主 | 家内数 |
| 1 乙名 | セタハケ | 6 | 1 乙名 | セタハケ | 6 |
| 2 小使 | カムヱコチャ | 2 | 2 小使 | カムヱコチャ | 2 |
| 3 乙名《(ママ)》 | サンヒタ | 3 | 3 小使 | サンヒタ | 3 |
| 4 | ヱカヌタサ | 3 | 4 | ヱカスタサ | 3 |
| 5 | キコシマ | 3 | 5 | キコシマ | 3 |
| 6 | ヱナウヱテ | 3 | 6 | ヱナウヱテ | 3 |
| 7 | セイロケ | 8 | 7 | セイロク | 8 |
| 8 | レアン | 3 | 8 | レアン | 3 |
| 9 | シノヱ | 3 | 9 | シノヱチ | 3 |
| 10 | アチヤン | 5 | 10 | アチャシ | 5 |
| 11 | トクアニ | 7 | 11 | トクアニ | 7 |
| 12 | ヱトクロ | 7 | 12 | ヱトクロ | 7 |
| 13 | ヲハレコロ | 3 | 13 | コハシコロ | 3 |
| 14 | ヱセケム | 4 | 14 | ヱセケム | 4 |
| 15 | アンニク | 4 | 15 | アンニク | 4 |
| 16 | ユウテキ | 7 | 16 | ユウテキ | 7 |
| 17 | トワチセ | 3 | 17 | トワチセ | 3 |
| 18 | (アコシリ)※ | | 18 | アコシリ | 3 |
| 19 | トヱカス | 3 | 19 | トヱカス | 3 |
| 20 | カムイクル | 3 | 20 | カムイクロ | 3 |
| 21 | トハリカシュ | 3 | 21 | トハリカシ | 3 |
| 22 | ヤヘン | 5 | 22 | ヤヘシ | 5 |
| 23 | ヱ子カリ | 4 | 23 | ヱ子カリ | 4 |
| 24 | ヨツクロ | 6《(ママ)》 | 24 | ヨツクロ | 5 |
| 25 | ヱカヌチリ | 6 | 25 | ヱカスヲク | 6 |
| 26 | トメアン | 3 | 26 | トメアン | 3 |
| 27 | レコララキ | 3 | 27 | シュヲテキ | 3 |
| 28 | ヱタトル | 3 | 28 | ヱタトル | 3 |
| 29 | トレ | 4 | 29 | トレナ | 4 |
| 29軒　　119人 | | | 29軒　　119人<br>(男69　女50人) | | |

＊北大本によるとアコシリが入る。
＊人名の表記の差異は武四郎の資料にままみられるものであり，また，彼の判読しにくい文字により生じたもの。

**表5**　安政3(1856)年におけるレブンゲ・コタンの構成

戸番七　セイロケ　家内八人　戸番二〇　カムイクロ《(レコララキ)》　家内三人
戸番八　レアン　家内三人　戸番二三　シュヲテキ　家内三人

| 戸　主 | 配偶者 | 子 | 孫 | その他 |
|---|---|---|---|---|
| 1　乙名<br>セタバケ | | 悴チクフリキン　二男ヱナヲヱケ<br>妻ヱシュシケ | あき　重吉<br>なつ | |
| 2　小使<br>カムヱコチャ | シイトラ | | | |
| 3　並小使<br>サンヒタ | フウテキ | | | |
| 4　ヱカスタサ | トルケセ | 悴シハテクロ　二男　豆　吉 | | |
| 5　キコシマ | | 悴ヤヱセトル　妻　ウセトル | | |
| 6　コワシコロ | モイランケ | こ　と | | 弟レアシ |
| 7　シノヱチ | | | | 母トサセ　弟ハワシノ |
| 8　アチャシ《(ママ)》 | ホクトルス | | | 姉ハシテキ　弟アマイ |
| 9　ヱタテシュ | | | | 母ムヱコラレ　妹なか<br>弟　七九郎　妹ヲソラマツ<br>妹　さと |
| 10　ヱトクロ | ハサシ | 悴　カチヱヒロ　娘　きつ<br>聟　サメウル　二男　安　平<br>妻　ウナルヘシ | | 母　ヱマヘツ |
| 11　ヱセケチ | シュケカル | 悴　ヤヱハクロ　妻　シコワマ | 娘　カナチ | |
| 12　アンニイ | | 悴　サリンホ　三男　アコンリ<br>二男ランケテキ　妻　カラン | 孫　仁　助<br>セカチ | |
| 13　ユキテキ | フツコロ | 娘　ヱコン子　二男　五郎吉<br>悴　四　五　六 | | |
| 14　トリムロ《(ママ)》 | マツカシリ | 娘　シュッケフ | | 厄介　ニシヌカル |
| 15トハリカシュ | モヨキ | 悴　レマツケ　妻　チャンユウ<br>二男ウコウス | 孫娘カナチ<br>孫　セカチ | |
| 16　トアヱス | ウトツカ | 悴　アサシ | | |
| 17　アソユホ | ヘイヤンケ | 悴　セカチ　悴　セカチ | | 父　ヱ子カリ |
| 18　ヤヘン | シキミナ | 悴　セツラムヱ　娘　ウヱナサン<br>二男アチヤヲク　娘　ムニマツ | | |
| 19　ヱカステキ | シコツキリ | 悴　六　助　悴　セカチ | | |
| 20　トナアン | ヘツマツ | 悴　六太郎 | | |
| 21　ソウランケ | シュヲテキ | | | 母　カシユツラ |
| 22　ヱタトル | タルマツ | 娘　□　ね　二男　セカチ<br>悴　三　助 | | |
| 23　コトクロ | ラクタ子 | 悴　嶋五郎　二男　セカチ | | |
| 24　アヱカクス | トナシカリ | | | |

**表6　安政5(1858)年におけるレブンゲ・コタンの構成**

戸番一一　トクアニ　　家内七人　　戸番二九　トレナ　　家内四人

の八戸二四人である。この中で、戸番七のセイロケは安政五年にヲプケシの戸番三として確認されるから、彼の一家はヲプケシに移り住んだことが知れる。また戸番二三のシュヲテキは五年に戸番二一ソウランケの妻と記されている人と同一であるかも知れない。戸番八のレアンについては既述した。他の五戸は動きが知れない。

一方、安政五年以前にレブンゲに移り住んだ可能性が考えられるのは、

戸番九　ヱタテシュ　　家内六人　　戸番二四　アヱカクス　　家内三人

戸番二一　ソウランケ　　家内三人

の三戸一一人であるが、戸番二一のソウランケは、前述のように家内三人で越してきたというよりは、ソウランケがシュヲテキの家に入ってきたと考えた方がいいかも知れない。

以上のように、安政三年から五年にかけてレブンゲ・コタンでは戸数にして五戸、人数にして一二人の減少をみるが、移動のなかった二一戸についてみる限り全体で一〇人（増一七人、減七人）増えている。最も増えているのが戸番二一（安政五年では戸番一五）のトハリカシュで四人の増である。この増加についてふれてみると、安政五年のトハリカシュの家は以下のような構成である。

三年当時のトハリカシュの家は妻モヨキと二男ウコウスの三人だけであった。そこへ息子のレマッケ一家が何らかの事情で同居をはじめたものと思われる。出生を除けば、戸番一五のアンニイはじめほかの増えた家も似た

ような事情であったといえるだろう。

| 戸主 | 配偶者 | 子 | 孫 | その他 |
| --- | --- | --- | --- | --- |
| 1 乙名 カムヱコチャ | シイトラ | 娘 シセトル | | |
| 2 小使 サンヒタ | | 娘 フツトル | | 養母 シュケカル |
| 3 小使 ヲナシキ | ウヱナサン | 娘 サンヌサ | セカチ | |
| 4 並小使 ウコウシ | ヲヤシュツ | 娘タ子クタ<br>悴キンタマ<br>二女 リミセカチ<br>三女 カナチ<br>四女 カナチ | | 母ヨモキ |
| 5 トワムセ | マツカスリ | | | 男役介 シイマチケ |
| 6 ヲヤリキ | | 二男 ヱヌンヘトル<br>娘リクンマツ<br>二女 ヱルアンテ | | 母 ヘイヤンケ |
| 7 チクフリクン | ヱシュシケ | 娘 ヲナカチ<br>悴ヱヌンヘリ<br>二男 ヱカシマテキ<br>三男 セカチ<br>二女 カナチ | | 男役介 ヱナヲテキ |

| 戸主 | 配偶者 | 子 | 孫 | その他 |
| --- | --- | --- | --- | --- |
| 3 加武伊古知也 | 志伊登良 | 女 志勢登留 | | 従弟 登礼都妾<br>之由富武天喜 |
| 16 宇古宇寿 | 遠矢志由津 | 男 喜武多磨<br>長女 理美勢加知<br>二女 婦智良都婦<br>三女 志由津波之 | | |
| 18 登和武勢 | 末都加之理 | 女 多年久多 | | |
| 20 知久富理喜武 | 恵之与志気 | 長男志茂天喜<br>長女佐武登佐<br>三男 伊奴無倍梨<br>二女 恵雅志末天喜<br>三男 登喜盤之 | | 兄 恵奈遠伊天 |

**表7**　明治4(1871)年におけるレブンゲ・コタンの構成

| 8 | 9 | 10 | 11 | 12 | 13 | 14 |
|---|---|---|---|---|---|---|
| ソウハ | コワシコロ | セイロケ | カムイシト | トアヱノシ | アチヤレ | シキレリ |
| ヤヱタレ | モイランケ | ヤリケシ | セイミ | 妻ラルサン | | |
| 娘カナチ<br>悴セカチ<br>二男セカチ | 娘ト子マツ | 養男カムイヒキ<br>妻シュヌカル<br>悴トユフケ<br>二男シイソンコ<br>三男ヱツクロ<br>四男チマウシ<br>五男セカチ | 養男シノトク<br>悴シュツヌサ | 悴シモノヲク<br>娘イタクモン<br>二女ノルフツヲ<br>次男セカチ<br>三男セカチ<br>四男セカチ | 悴アヘチヤレ | 養女ハセリ |
| | | | | | | 孫男サントク<br>孫女ワ子サン<br>孫二女ヱタクハシ<br>孫女カナチ |
| | 継母ウトツカ<br>男役介レアシ | | | | 男役介ヱカシヲク | |
| 4 | 19 | 25 | 15 | | 5 | |
| 曾遠盤 | 古波志古呂 | 勢伊呂通気 | 加武伊志登 | | 安知也礼 | |
| 也伊多気 | 茂恵良武気 | 也利気美 | | | | |
| 長女恵波登留<br>男勢多礼志由<br>二女万都 | 男遠矢利喜 | 二男志伊之与武古<br>三男恵都久留<br>四男知末宇之<br>五男五蔵 | 男勢伊美<br>妻志濃登久 | | 男安倍知也里 | |
| | | | | | | |
| 伊多久礼兄<br>加舞伊毘呂 | 養母宇登都可 | | 姉久留喜通志 | | | |

| 戸主 | 配偶者 | 子 | 孫 | その他 |
|---|---|---|---|---|
| 15 ヤヱセトル | ウセトル | 忰 ニシサン | | |
| 16 女 シュフンテキ | | | | |
| 17 ソヤリ | ムンハシ | 娘 カナチ | | |
| 18 アチャシ | ホクトルス | | | 男役介 アマイ |
| 19 サメウル | | | | |
| 20 ヱタテシュ | | 娘 シュトル<br>二女 エヌンヘケシ | | 母 ムヱコラン |
| 21 エトクロ | ハサシ | 養男 ヱタクニフ<br>妻 トタカフ<br>二男 クチャレ | 孫男 セカチ<br>孫女 カナチ<br>孫女 カナチ | |
| 22 サリンホ | カアラン | 養男 ランケテキ<br>忰 カムヱリキ<br>娘 トルヱムコ<br>二男 セカチ | | |
| 23 シュマトム | | 養男 トフセクロ | | |
| 24 ユプテキ | | 娘 ヱコシ子<br>忰 ヌカンレキ<br>二男 タサモシ | | |
| 25 ヤヘン | | 忰 セツラム | | |
| 26 トヌサン | | | | |
| 27 女 シュテキ | | | | |

| 戸主 | 配偶者 | 子 | 孫 | その他 |
|---|---|---|---|---|
| 13 矢武勢登留 | 宇勢刀流 | | | 妻甥 伊志左牟 |
| | | | | |
| 17 曾巴楚 | 武舞盤志 | 女 冨都登都 | | 兄 恵雅志遠久 |
| 23 後家 保久登留志 | | | | 弟 安万伊 |
| | | | | |
| | | | | |
| 2 恵刀久露 | 盤佐志 | 二男久知耶礼 | | |
| 26 佐理牟保 | | | | 弟 良武計天喜<br>弟妻 加安良舞<br>長男甥 加武伊理義<br>姪 登留伊武古<br>二男甥 喜蔵 |
| | | | | |
| | | | | |
| | | | | |
| | | | | |
| | | | | |

| | | | | | | | | | |
|---|---|---|---|---|---|---|---|---|---|
| 28 トメアシ | ヘツマツ | 忰アチヤヱフ | | | 28 登米也武 | 倍津磨知 | 男安知矢以婦<br>娵　登年磨知 | | |
| 29 ヱタトル | タルマツ | 娘　シフラン<br>忰ヱカシカツ<br>二男<br>　エナヲケレ<br>三男コニタン<br>二女　カナチ<br>三女　カナチ<br>四女　カナチ | | | 24 恵太登流 | 多流満千 | 長男<br>　伊賀志太知<br>二男<br>　伊奈宇気礼<br>三男<br>　古仁多武<br>四女(ママ)<br>　志乃津可都<br>五女(ママ)<br>与　之 | | |
| 30 ヱカシチマ | | | | | | | | | |
| 31 コトクロ | ヲクタ子 | 忰カフチヤリ<br>二男キヤン子 | | | 8 古登久魯 | 後妻<br>美婦良寸 | 男　気也武年 | | |
| 32 ヱタケレウヱ | ヤヱクヱ | 養男アチヤリ<br>妻　シメト | | | 9 恵多計礼宇伊 | 耶伊久伊 | 男安知也佐武<br>女　志米登宇 | | |

さて、表7に移る。この表は(2)ニ・ホとによって作成した。明治四年の人別帳記載順に同五年の反別調書をあてはめた。

一見して戸数が三二戸と増えているのが目につくが、これはヲプケシを含んでいるためでその分を差し引くと一三年前の安政五年時の戸数とたいして差はないようだ。ヲプケシ・コタンの住人と確実に知れるのは、

戸番三　ヲナシキ　家内四人　戸番一二　トアヱノシ　家内八人
戸番八　ソウハ　家内五人　戸番一三　アチヤレ　家内三人
戸番一〇　セイロケ　家内九人　戸番一四　シキレリ　家内六人
戸番一一　カムイシト　家内四人　戸番三二　ヱタケレウヱ　家内四人

以上の八戸四三人である。(18) また、

| | | | | | |
|---|---|---|---|---|---|
| 戸番六 | ヲヤリキ | 家内五人 | 戸番二三 | シュマトム | 家内二人 |
| 戸番一七 | ソヤリ | 家内三人 | 戸番二六 | トヌサン | 独居 |
| 戸番一九 | サメウル | 独居 | 戸番三〇 | エカシチマ | 独居 |

の六戸一三人については安政五年時のレブンゲ、ヲプケシともに居住が確認されていないし、またこの時点でもいずれの住人かはわからない。

残りの一八戸七九人については一五年前から引きつづいてレブンゲに居住していた。その一八戸は、

| (表7の戸番) | | | (表7の戸番) | | |
|---|---|---|---|---|---|
| 戸番一 | カムヱコチヤ | 家内三人 | 戸番二〇 | ヱタテシュ | 家内四人 |
| 戸番二 | サンヒタ | 家内三人 | 戸番二一 | ヱトクロ | 家内九人 |
| 戸番四 | ウコウシ | 家内八人 | 戸番二二 | サリンホ | 家内六人 |
| 戸番五 | トワムセ | 家内三人 | 戸番二四 | ユブテキ | 家内四人 |
| 戸番七 | チクフリクン | 家内八人 | 戸番二五 | ヤヘン | 家内二人 |
| 戸番九 | コワシコロ | 家内五人 | 戸番二七 | シュテキ | 女独居 |
| 戸番一五 | ヤヱセトル | 家内三人 | 戸番二八 | トメアシ | 家内三人 |
| 戸番一八 | アチャシ | 家内三人 | 戸番二九 | ヱタトル | 家内九人 |
| 戸番一九 | サメウル | 独居 | 戸番三〇 | コトクロ | 家内四人 |

以上のとおりとなる。この一八戸がレブンゲ・コタンの中心をなす存在であって、恐らくいくつか(少なくとも三つ)の家系に分れるものと考えられる。そしてその家系による結びつきが前述の単位コタンを形成していたも

| 安政5(1858)年の戸数 | | | | | | | 明治4(1871)年の戸数 | | | | |
|---|---|---|---|---|---|---|---|---|---|---|---|
| アブタ | フレナイ | ベンベ | ヲプケシ | レブンゲ | 場所全体 | 同居人数 | 場所全体 | アブタ | フレナイ | ベンベ | レブンゲ |
| 3 | 3 | 0 | 0 | 0 | 6 | 1人 | 10 | 4 | 0 | 1 | 5 |
| 13 | 2 | 2 | 2 | 3 | 22 | 2人 | 27 | 15 | 6 | 4 | 2 |
| 9 | 7 | 4 | 2 | 5 | 27 | 3人 | 23 | 9 | 3 | 3 | 8 |
| 11 | 3 | 7 | 2 | 6 | 29 | 4人 | 23 | 10 | 2 | 5 | 6 |
| 6 | 3 | 0 | 0 | 3 | 12 | 5人 | 12 | 6 | 1 | 2 | 3 |
| 11 | 1 | 4 | 2 | 3 | 21 | 6人 | 13 | 5 | 4 | 2 | 2 |
| 3 | 3 | 1 | 1 | 3 | 11 | 7人 | 6 | 4 | 0 | 2 | 0 |
| 2 | 0 | 3 | 1 | 1 | 7 | 8人 | 8 | 4 | 0 | 1 | 3 |
| 2 | 0 | 0 | 0 | 0 | 2 | 9人 | 5 | 1 | 0 | 1 | 3 |
| 1 | 0 | 0 | 0 | 0 | 1 | 10人 | 1 | 1 | 0 | 0 | 0 |
| | | | | | | 11人 | 1 | 0 | 1 | 0 | 0 |

**表8** アブタ場所家内構成表

のであろう。

ところで表7には(2)ホによる家内構成をも附しておいた。この史料の性格が今一つ判然としないが、和人の開拓移住に伴ってアイヌの人びとにも畑地を分与した際の調書らしく、各戸平均一反ずつの仕付となっている。但し、この調書中に前年の人別帳に記された人名すべてがあげられているわけではないし、新たなものもある。その理由は知れないが、例えばレブンゲ古来の住民では戸番二四ユブテキの名がみえないし、ヲプケシでも戸番一二トアヌノシもない。畑仕付を拒んだのでもあろうか。

### (3) レブンゲ・コタンの家内構成

アブタ場所全体の家内構成については表8に示した。これは史料(1)ハ、(2)ニとによって作成したものである。この場合の同居人数とは一軒の家に居住していると考えられるものすべてを指していう。同居人の数はレブンゲにおいては安政五年当時八人が最も多く、明治四年になると家内九人が三戸もある。

まず安政五年の例からみていくと、家内八人は次のような構成である。

〈戸番一〇〉

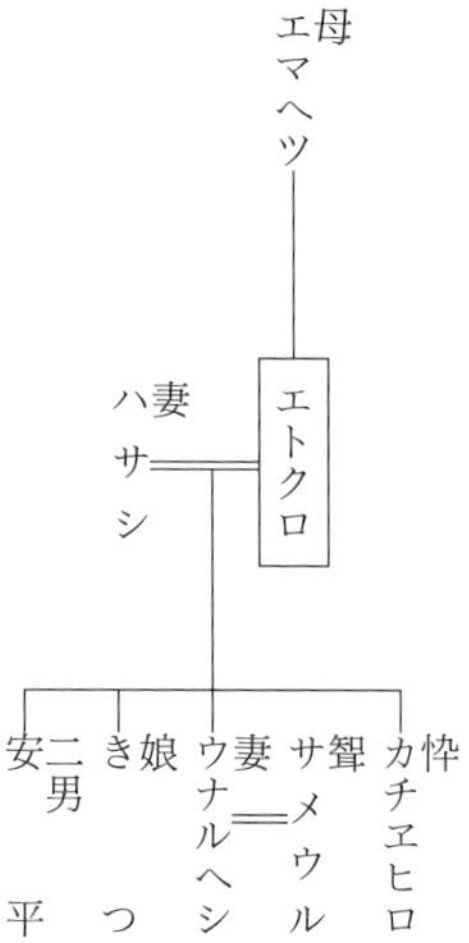


三世代二夫婦が同居しており、しかも子供の中には長女(?)の聟が入っている。聟夫婦が同居しているのはレブンゲではこの一例だけであるが、同時期のアブタには八例もある。

同居の幅はレブンゲではそれほど広くなく「夫婦＋子供」の基本形態に戸主の母(父)が加わる形かまたは戸主の兄弟が同居する例が四例ある。さらに基本形に役介が同居しているのが一例存する。

「親夫婦＋子夫婦＋孫」の形をとるものは戸番一一と戸番一五にみられる。中でも戸番一五のトハリカシュの家は一七二頁の図のように拡大された形であるが、やがて戸番一一ヱセケチのようなすっきりした形になることが予想される。

〈戸番一一〉

このほか戸主が寡夫で子供夫婦と同居しているのが戸番一七を含め四例、いわゆる母子家庭が二例あるほか「夫婦＋子」の基本形態を保つものが七例二九％に達する。

さて、明治四年の例ではどうか。

家内九人という構成をもつ家では、戸番二一のヱトクロだけが「親夫婦＋子夫婦＋孫」の三世代二夫婦同居の形を呈しているが、戸番二九では（戸番一〇はヲプケシ）「夫婦＋子」の基本形態である。この基本形の構成はレブンゲだけの例では一八戸中六戸（三三％）に及ぶ。

同居人の幅は広くはなく「親＋子」「親＋子＋孫」の同居例が圧倒的に多い。それ以外には「役介（厄介）」を含むのが五例あるが戸番一三はヲプケシの例である。

役介と記されるのは、

| | | | | |
|---|---|---|---|---|
| 戸番五 | トワムセ | 男役介 | シイマチケ | （五二才） |
| 戸番七 | チクフリキン | 男役介 | ヱナヲテケ | （四七才） |
| 戸番九 | コワシコロ | 男役介 | レアシ | （三九才） |
| 戸番一三 | アチャレ | 男役介 | ヱカシヲク | （四二才）（ヲプケシ） |
| 戸番一八 | アチャシ | 男役介 | アマイ | （六六才） |

以上の五軒である。この中で戸番一三居住のヱカシヲクは、明治五年に戸番一七曾巴楚（ソワソ）の兄として同家に登載されているし、戸番七のヱナヲテキも同様。同じく戸番一八同居のアマイは翌年はアチャシの後妻（実際は未亡人）保久登留志《ホクトルシ》の弟として同家に居住と記されている。また戸番八のレアシは安政五年の記録ではコワシコロの弟となっている。こうしてみると血縁関係が確認されないのはシイマチケだけとなる。

もし血縁に連なるのならば彼らは何故「役介」とことさら記されたのだろうか。いわゆる「ウタレ＝従僕」などとはどう異なるのか、その性格についてここで詳しくふれることはできないが、病気そのほかの事由で独立の生計を営むことが困難であったものたちがこの名を冠されるようになったらしい。

これらの「厄介」「ウタレ」「合宿」などという存在は、コタン構造の中で正確に位置づけるためにも同居している家のものとの血縁関係があるかどうかをまず確認し、次いで彼らが労働に耐えうる健康な状態にあるかどうかをみながら、性格づけをしていかなければなるまい。

この辺で家内構成に目を向ける必要があろう。

ただ家内構成についてはその相互の関係が明確ではない場合もある。例えば戸番一二のサリンホの家は安政五年時は

| | | |
|---|---|---|
| | アンニイ | 七八才 |
| 悴 | サリンホ | 四四才 |
| 二男 | ランケテキ | 三九才 |
| 三男 | アコンリ | 三二才 |
| 妻 | カラン | 二九才 |
| 孫 | 仁助 | 八才 |
| 孫 | セカチ | 四才 |

右のように記される。この記載からカランが誰の妻であるかは弁別しがたい(三男の妻とも読める)。ところが明治四年にはサリンホが戸主となっており、その家内は、

平土人　サリンホ　未五八才

| | | |
|---|---|---|
| 妻 | カアラン | 未四二才 |
| 養男 | ランケテキ | 未四九才 |
| 悴 | カムヱリキ | 未二一才 |
| 娘 | トルヱムコ | 未一三才 |
| 次男 | セカチ壱人 | 未　八才 |

となっている。これによるとカアランは明確にサリンホの妻である。ところが五年の『反別調書』には

| | | |
|---|---|---|
| | 佐理牟保 | 壬申年五七 |
| 弟 | 良武計天喜 | 同年　五〇 |
| 弟妻 | 加安良舞 | 同年　四二 |
| 長男甥 | 加武伊理義 | 同年　二二 |
| 姪 | 登留伊武古 | 同年　一四 |
| 二男甥 | 喜蔵 | 同年　八 |

とあり、前年と構成はかわらないものの、カアラン以下子供たちはランケテキに係っている。これはどのように考えるべきなのか理解に苦しむところである。調査する側の被調査者に対する安易な考えが底流にあり、不正確な情報を生み出したものとしか思えない。

こうした不正確さはサリンホの家に限ったことではなく、表8をみればいくつか目につく。顕著な例では明治四年の戸番一一カムイシトには配偶者セイミがおり養男シノトクと悴シュツヌサとで住む基本形態による家内構成を呈しているが、五年のそれをみるとセイミはカムイシトの悴でありシノトクはその妻となっている。またシュツヌサの名はみえない。和人の作成したアイヌの人びとの人別帳はこうした矛盾点を有するものが少なくな

いから、単年度のそれを使用する場合、細心の配慮を要することはいうまでもない。

## 三　家内構成の変遷

### (1)　セタバケ家内

次に家内構成の変遷についてふれてみる。安政三年以来一五年間の変化は同居人の数において顕著だがその例を乙名セタバケ(戸番一)にみる。

まず安政三年には家内は六人であったが、五年には一人増えている。即ち、上図のような構成を示している。一人増の理由は、この図からみる限り、ヱナヲヱケあたりが出稼ぎから帰ってきたためとも思える。

セタバケは万延元(一八六〇)年までは確実にレブンゲの乙名であった。しかし明治四年の戸主はチクフリキンと記されているのでこの間にセタバケは死亡していることがわかる。

〈安政五年の家内構成〉

〈明治四年の家内構成〉

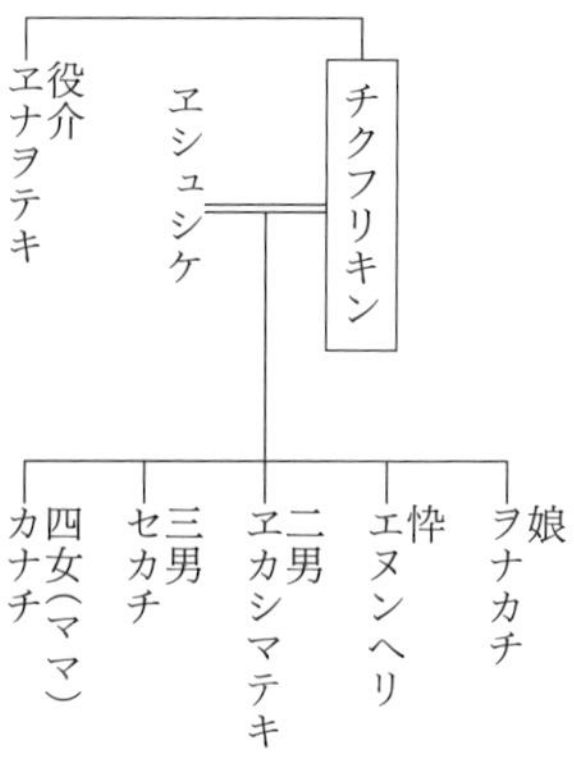


〈明治五年の家内構成〉

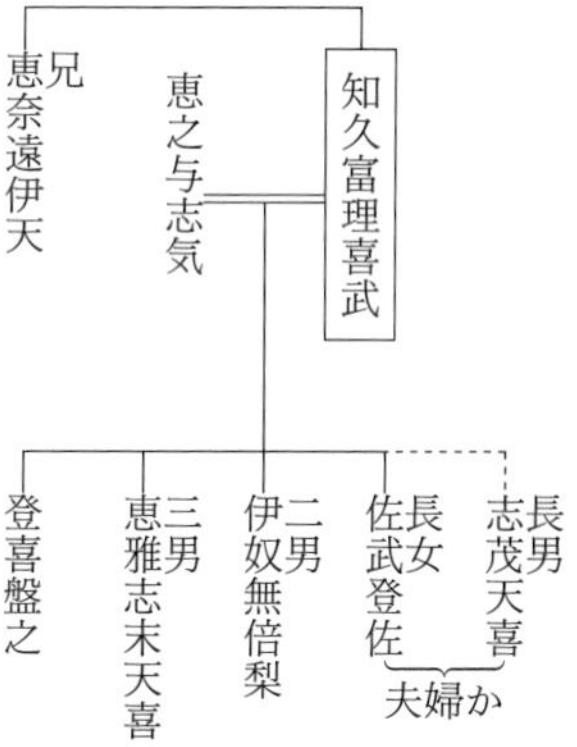


明治四年になると、悴のチクフリキンは平蝦夷(戸番七)に降格しており、かわって小使カムヱコチャが乙名となっている。このことは、役蝦夷が必ずしも世襲制ではない[19]ことを例示している。

明治四年になると、「夫婦＋子」の基本形が核になり同居人が含まれるという形態に変化する。子供が二人増えて五人になるが、それぞれ名前の表記が異なっている。どう対応するかを考えると、

あき(一六)→　　　　　　　　　　佐武登佐(三二)？
なつ(一二)→　ヲナカチ(二五)
重吉(　八)→　ヱヌンヘリ(二一)→　伊奴無倍梨(二二)
　　　　　　　ヱカシマテキ(一三)→　恵雅志末天喜(一四)
　　　　　　　セカチ(　六)→　登喜盤之(　七)
　　　　　　　カナチ(　三)

〔(　)内は年齢〕

以上のようになろうか。「あき」は安政五年時の年齢からみて、明治五年の佐武登佐と同一人と考えられる。

また「なつ」のヲナカチは明治四年中には結婚したらしい。ところで長男と記された志茂天喜であるが、彼の名は安政五年以来、アブタ場所のどのコタンにも見い出せない。明治四年にはいなかった佐武登佐が五年には戻っていることから推してこの二人は夫婦ではないかとも思える。となると二世代同居という拡大された形態となろう。「セカチ」は七歳になってトキハシという名が与えられたが、カナチは死亡したか養女に出されたかして翌年にはみえない。

ちなみにセカチは男の子、カナチは女の子をいう普通名詞で、アイヌの人びとはある年齢に達するまで命名しなかったことを史料の上からも裏づけている。

ところでこの一二年間の家内構成をみると、ヱナヲテキ(この読みはヱナヲイテが正しいようだ)は当初チクフリキンの弟(セタバケの二男)と記されていながら役介となり、次いで兄と記されるなど、その内容が異なることが目につく。この中で兄の記載は明らかに誤りである。彼が役介と記されるのは戸主がかわって後のこととなる。安政三年以後、彼が出稼ぎから戻ったらしいことはふれたが、やはり怪我ないしは病気のため働らくことのできない状態にあったと考えるべきであろう。恐らく生活のすべてをチクフリキンに依存していたのであり、彼は文字どおり兄に「厄介」になっていたのであろう。前述したように、ほかの役介のものたちも血縁関係が推定されることからヱナヲテキと同様の事情があったと思われる。

なお、チクフリキンの悴ヱヌンペリは後に八雲(ユウラップ)出身の娘と結婚し、その家系は今日まで続いており、礼文華に居住している。

## (2)　トメアン家内ほか

松浦武四郎の名著『近世蝦夷人物誌』参編には「窮民トミアンテ」[20]と題してレブンゲの住人トメアン(安政五年戸番二〇)について記している。それによると彼は五八歳、妻ヘツマツは三九歳で六太郎という一三歳の子がいる。夫婦とも多病で既に四人もの子を病死させており、釣竿一本しかもたない極貧の生活をおくっていた。公命で種痘の医師が派遣されたおり、長萬部までのアイヌは誰一人それをうけようとしなかったが、彼は息子を連れてシツカリに赴き、進んで第一番に種痘をうけた。これを契機として蝦夷地各場所でもその施術をうけるものが増えたという。

このトメアンの家は、武四郎が述べているように病弱・極貧であったためか、明治四年まで親子三人の生活が続いているが、翌五年になると悴の六太郎(アイヌ名アチャエフ)が二七歳で嫁のトネマチを迎えている。この年トメアンは未だ健在であった。

『蝦夷人物誌』にはもう一人のレブンゲの人間を載せる。即ち後の乙名カムヱコチャである。彼の家もトメアンのところのように動きが少ないのでここで紹介するまでもなかろうと思う。

この一五年間の家内の変遷はさまざまな形を呈している。婚姻や出産によって人数が増える例もあればその逆もある。中には安政五年の戸番九のヱタテシュの家内六人の母子は、明治五年には戸番一〇トプセクロの同居人として記されているような変化の例さえある。今その逐一を記すことはできないが、表5～7により変遷の様子をみることは可能だろう。これらの表を援用しながらアイヌの人びとがレブンゲという小さい集落の中でいかに生きていたか、その僅かでも知ることができればと思う。

# むすび

主に人別帳などを通してレブンゲ・コタンについてみてきた。この作業の中で、レブンゲのコタンは三つの単位コタンから形成されていたと考えられることを指摘したほか、一五年という短かい期間内ではあるが、一八戸の核となる家の存在についてもふれておいた。このことはレブンゲ・コタンの成立を考える上で大きな要素となろう。

さらに、表5〜7の作成を通して気づいた二つの事項があった。一つは性急な改俗策への反動とも思えるアイヌ語による命名の復活(明治四年)であり[21]、今一つは従来説明されていたアイヌの人びとの相続慣行例との齟齬である(即ち、いわゆる末子相続は確認できなかった)。

これらのことは単にレブンゲのみの事例に止まるのか、あるいは一八六〇年代の慣行として一般化しうるのか、今後の成果に俟つところが大きい。

レブンゲ・コタン誌は今後生活誌をはじめ和人交渉・場所内コタン間の交渉など、なお考えなければいけない課題は少なくなく、細緻な分析を通してコタンでの人びとの生活や文化について考察する必要があろう。

なお、札幌大会における報告は「レパとレパ・アイヌ」であったが、その際の主題でもあった「おっとせい猟」に関しては別途発表の機会が得られた[22]ので、今回はその母体となったコタンについてふれることとした。御寛恕をえたい。

［註］

（1）こうした事情は高倉新一郎「アイヌ部落の変遷」（『アイヌ研究』所収　昭和四一年　北大生協）に詳しい。

（2）高倉前掲書　一四三頁。

（3）『津軽一統志』巻第一〇に

一　れふんけ　狄おとなツヤシヤイン持分　家二軒

とあり、則田安右衛門『寛文拾年狄蜂起集書』にも同様の記載がある。

（4）アブタ場所内のコタンは図1に示したが、筆者の前稿「強制コタンの変遷と構造について——とくにアブタ・コタンを中心に——」（『法政史学』三〇　昭和五一年　法政大学史学会）中においてベンベ・コタンの位置を貫気別川沿いとしたが正しくは弁辺川沿いにあった。訂正しておく。

（5）「地所引渡目録」（『レブンゲ場所引継書類』盛岡市中央公民館保管）には

一　レブンゲ領　但 子ツヌシヤ𛀁ヲフケシ迄 海岸五里七町八間道程六里四町余

但

一　ヤマコシナイ領ヲシャマンへ境は海岸子ツヌシヤ境杭𛀁子ツヌシャ山峯通りトイタナイ　イトコ山までレブンゲヲシャマンへ境

一　アブタ　レブンゲ分界は海岸ヲフケシ川により水元ルーチシ山ニ到りカシユップ枝川通りカシユップ川落合よりコンフ川通り　シリヲホント山麓シリベツ川落合迠何れも川筋中央境。夫よりヱバノマシュブト西岳の峯〻見通シ同山よりシユブト川　ホリカシユブト、ケベルベ両川落合二股𛀁ウタサイ山夫𛀁ヲシヤマンへ境トイタナイ、イトマ山江見通し分界之積

但山奥川〻アブタ　レブンゲ土人漁場入會之積

とある。

さらに

一　レフンケ

此處海岸。會所壹ヶ所并土人小家有之。ヲフケシ迠山道壹里三町。

一　ヲフケシ

此處海岸。土人小家有之、ヲフケシ川橋渡。小休所有之。
とある。(「レフンケ場所東西境并壹里塚ケ所書」『レフンケ場所引継書類』)。

(6) 幣由雄氏の教示による。又、礼文華川のイチャン(鮭の産卵場)も複数あったという。

(7) 『東亜民族要誌資料』第二輯　五七―六〇頁、昭和一九年　帝国学士院。

(8) 例えば児玉作左衛門氏は、同じ噴火湾岸のユウラップ・コタン(かつての山越内場所。現在の山越郡八雲町内の遊楽部川筋にあった)がピスン・コタン、シンノシケ・コタン、マクン・コタンと支流トイタウシナイにあったペックスナウン・コタンとから成っていたことを報告しておられる(「八雲遊楽部に於けるアイヌ墳墓遺跡の発掘に就て」『北海道帝国大学医学部解剖学教室研究報告』第一輯、昭和一一年、北海道帝大医学部解剖学教室)し、また泉靖一氏も沙流川筋のピラトリ・コタンはかつてパンケピラトリ(上のピラトリ)、ペンケピラトリ(下のピラトリ)の二つに分かれていたと報告されている(「沙流アイヌの地縁集団におけるＩＷＯＲ」『民族学研究』16―三・四　昭和二七年　日本民族学協会)。

(9) 例えば田草川伝次郎『西蝦夷地日記』(原本文化四年稿。昭和一九年　石原求龍堂)、松浦武四郎『廻浦日記』(原本安政四年稿。『竹四郎廻浦日記』昭和五三年　北海道出版企画センター)等に詳しい。

(10) 『安政三年野帳』辰八＝アフタ、ヤムクシナイ、落部、ワシノ木、大野。(「松浦家文書」国立史料館寄託)。

(11) 「按東扈従」巻三〇『竹四郎廻浦日記』下五八三～五八四頁。

(12) 『午年アブタ人別帳・巳年ウス人別帳』(「松浦家文書」国立史料館寄託)。11丁からアブタ人別帳となる。

(13) 『虻田場所引継書類』所収(北海道総務部行政資料課保管)。

(14) 注(13)に同じ。

(15) 注(5)参照。

(16) こうした記載形式は先に海保洋子氏が紹介された北蝦夷地の人別帳雛形にみるそれとほぼ一致する(「蝦夷地の戸籍史料について――その成立と性格をめぐって」『北海道史研究』22　昭和五五年四月、北海道史研究会)。松浦武四郎といえども、独自に人別帳を作成したわけではなく、恐らく会所(運上家)備付のそれを書写したものであろうから、かかる形式の人別帳作成は蝦夷地一円で行われていたと考えられる。

(17) 多くの場合、アイヌの人びとの住む家の形は同じようなもので、一戸一室で中心に炉がある。炉の周囲で家内のものの座は厳しく決められている。そういう形式の家に九～一〇人もの多人数が居住しうるのかどうか。あるいは血縁に連ならないものが居住する場合はどうなのか。いわゆるトゥンプ（小部屋）などを設けたりしたのであろうか。またユーカラにみえるように隣りに家を設け、寝る時だけそこに帰ったのだろうか。あるいは食事・労働などを一緒にしているものを「家内何人……」と表現したのだろうか。多人数の居住の方法については今少し明確ではない。

(18) 安政五年時の一〇戸四五人と大差がないことからヲプケシはほぼこの規模であったか。

(19) 役蝦夷が世襲ではない顕著な例はアブタ・コタンにおいてみられる。即ち安政五年の惣乙名カムヱサムシ（『近世蝦夷人物誌』にみえるカムイサム）にはヱカシレクツ、イタクリキンなど四人の子供が居たが、彼の死後惣乙名はアブタの脇乙名だったチマケシが襲っている。カムヱサムシの子ではイタクリキンが並小使になっただけでほかは平蝦夷である。また惣小使だったヱカスクン子、並小使だったホロヤンケは高齢のためでもあろうか平蝦夷に降り、かわって安政五年には平蝦夷であったラリキハシ、サノシケ、トニンハクロがそれぞれ惣乙名、惣小使、並小使となっている。

(20) 『日本庶民生活史料集成』第四巻所収本七九〇頁による。

(21) 和風の名は主として子供の名前において顕著であった。安政五年の武四郎の調査では一八例もあったが、明治四年にはほとんどなくなっている。

(22) 「噴火湾アイヌのおっとせい猟について」（『民族学研究』44―四　昭和五五年　日本民族学会）

［附記］　本稿を成すにあたって、幣由太郎氏、幣由雄氏御一家、豊浦町役場の方々にお世話になった。心からお礼を申しあげる。
なお本稿は昭和五五年度科学研究費補助金による成果の一部である。

# 九　近世アイヌの社会——ソウヤウンクルのコタンを中心に

# はじめに

『稚内市史』には「昭和三十六年八月十四日、七十二歳をもって亡くなった柏木ベンは文字どおり最後の宗谷アイヌだった……」という一節がある。(1)

両親ともにオランナイのコタンに生まれたといわれ、自からも宗谷に生まれ育った媼であるが、その没後、この地方のアイヌの人びとについての記録は絶えてしまっている。確実な数字では文化元(一八〇四)年に二八七二人を数えた宗谷場所のアイヌの人びとであるが、僅か一五〇年の間に零となってしまっている。(2)限られた地域であるとはいえ、一つの集団を形成し生活していた人びとが、その意志とは無関係に地上から姿を消し去ってしまう。しかも「最後の」と形容されるだけで、生活の痕跡をたどられることもなく、伝承が省みられることもない。やがては、その土地からアイヌの人びとについての記憶は完全に忘れられるに違いない。しかし、このことは宗谷場所においてのみの特異な事実ではない。西蝦夷地全般に普遍的にみられた現象といっていい。何故、西蝦夷地においてかかる悲惨な事態が生じたのであろうか。

全体に低調なアイヌの人びとの歴史研究にあって、わけて西蝦夷地は成果の蓄積に乏しい。好意的な目をもってすれば、西蝦夷地におけるアイヌの人びとの消耗(あえてこの語を用いる)のあまりの凄さゆえに、研究者は積極的に取り組む意欲を沮喪してしまったといえるのかもしれない。だが、私たちシャモは、自からの祖先の業から目をそむけるべきではない。

筆者への与題は「近世アイヌの社会」であった。ここで満足のいく解答を記すことは、史資料の制約もあって恐らくは困難であろう。しかし与題へのいくばくかの解答を西蝦夷地においてみいだしうる努力を傾けてみようと思う。ともすれば、類型化して語られがちなアイヌ社会にあって、その語られざる側面を僅かでも紹介できればとも思う。本稿は、将来の西蝦夷アイヌ研究にむけてのささやかな仮作業であることをいいそえておく。

## 一　ソウヤ場所内のコタン

ソウヤ場所は蝦夷地の北端に位し、宗谷海峡をはさんで北蝦夷(樺太)に対峙する。西蝦夷の留場所であり、日本海岸テシオ境からオホーツク海岸シレトコに至る、長い海岸線を有する広大な地域である。古来、樺太アイヌや山靼人との交易地として知られ、蝦夷錦はじめ虫巣玉・青玉などの珍奇な文物が入手できることから、松前藩主の手場所となり、貞享中には開設をみたといわれる古い場所でもある。[3]

この地域はかつての北見国で、現在の行政区画でみれば、北海道庁の宗谷支庁管内(宗谷地方)と網走支庁管内(網走・紋別地方)の沿岸部がほぼそれに該当する。このうち網走支庁管内は、寛政二年に分離したシャリ場所に相当する。

本稿では、狭義のソウヤ場所、すなわち現在の宗谷支庁管内(稚内市、宗谷郡猿払《さるふつ》村、枝幸《えさし》郡浜頓別町、同枝幸町および利尻・礼文両島)を主たる対象地域とするが、今回は、紙幅の制約もあるので、とくに稚内市域に限定して考察を進めていきたい。この地域に住んでいたアイヌの人びとが、いわゆる宗谷アイヌ(ソウヤウンクル)の中核となる存在である。

## 1　寛文期のコタン

ソウヤウンクルの存在を知る史料としては『津軽一統志』(4)をまずあげなければなるまい。同書巻十之下には「松前より上蝦夷地迄所付」に、

一　つるん(ママ)　狄有
一　のつしやむ　狄有
一　ゑさん　狄有
一　せうや　川有　間有　家三拾軒程　おとなしやくらけ

と記される。さらに、同じ巻中に上蝦夷の所付があり、前者とはやや記載が異なる。

一　ゑさしの鼻　沖にるいしんと云嶋有。狄家商場之数三百人程有　大将むねやかいん同もんやかいん
一　はつかいへ　□ニれふしりと云嶋有　是二も狄有、商場なり
一　□かふかな石(ちかまかな石)　間有
一　のつさつふ　同
一　そうや　有縁泊りと云間有。狄家有。商場。　大将志るうゑんてあいん、同かしもれい
一　三内　狄家有　商所。嶋さき也

この二つの史料は、その出所を異にすると思われる。前者は『寛文拾年狄蜂起集書』(5)とほぼ同様の記載であるが、後者はほかに例をみていない。しかも、ソウヤウンクルに関する情報は後者のほうが精度が高い。

文中「狄有」とあるのは、アイヌの人びとが居住している所、すなわちコタンを示す。

これらの地名を現在のそれに比定するのは難しいが、「のつしやむ」「のつさつふ」はノシャップ岬附近。「せうや」「そうや」は宗谷、「はつかへ」は抜海、「三内」は珊内に該当しよう。「ゑさん」「ゑさしの鼻」は、枝幸に比定できなくもないが不明。「つるん」は或いは「つかへ」の誤写である可能性も考えられる。(6)

この史料中の、とりわけ後者においては、ソウヤの位置が確定できることが注目される。ソウヤは元来が、サンナイにある海上の立岩に因んだ地名とされ、後にウェントマリに移されたものである。(7) 従来、その時期がいつころか明らかではなかったが、少なくとも、シャクシャインの戦争当時、「そうや」には有縁泊《うえんとまり》という澗があったこと、さらに「嶋さき」に三内が記されており、この時期のソウヤはウェントマリに移っていたことがわかる。すなわちソウヤの中心は寛文一〇年にはウェントマリであった。

さて、右の史料によれば、ソウヤには

おとな　しやくらけ

大将　しるうゑんてあいん

同　かしもれい

と、

の三人の乙名ないしは大将の名が記される。「しるうゑんてあいん」は別の箇所で「しるへたいん」と、「かしもれい」は「かゝもれい」とそれぞれ表記が異なる。(8) 後者は魯魚の誤りとすぐ知れるし、前者についても「シリ・ウェンテ・アイヌ」の転訛であることが理解される。しかし、「しやくらけ」は原音を知ることはできない。いずれにせよソウヤウンクルには三人の有力な首長がいたというべきか。

ソウヤウンクルのコタンは最少でも四カ所あったが、その規模については記されていない。僅かに「せうや家三拾軒」とみえる。この三〇軒の家数は、和人地を除く西蝦夷地では与市《よいち》の四〇軒に次ぐもので、この時期東西あわせても最大級のものとなる。これは、樺太やシャリ地方のアイヌの人びとの交易地という立地のよさによるものであろうが、或いはまた、ソウヤだけではなく、この地方全体のコタンを含めた数とも考えられる。

この史料は、シャクシャインの戦争前後のコタンの存在を漠然とみせるだけであって、実態は摑みにくい。「しるへたいん」ら三人の首長は、自然コタンの長であるコタンコロクルを含むとみておいたほうがいい。ソウヤウンクルの有名な首長には、豪勇と長髯で知られるチヨウケンがおり、[9] 興味ぶかいものがあるがここではとり上げない。

## 2　江戸時代後期のコタン

宝永三(一七〇六)年、宗谷場所は村山伝兵衛が請負人となる。当地方の商人支配が開始されるが、積極的な場所経営が行われるのは寛延三(一七五〇)年ころからであるといわれる。[10] この後シャモによるアイヌの人びとに対する干渉が強まり、その生活に大きな影響を与えることとなる。

この地方のコタンの実態が明らかになってくるのは、さらに後のことでソウヤ場所が三分割された(寛政二年)後の記録である『西蝦夷地分間』[11]には、テシホ境ヲ子トマフよりシャリ境ノトロまで七八里の間に、四七八戸一六六六人の戸口を数えており、役蝦夷として乙名レイテイレ、脇乙名ショウレレカレの名があげられる。「地名」として記されているのは三三カ所。うち現在の稚内市域に比定されるものは、ノツシヤフ、クツシヤフ、リヤコタン、小屋《しょうや》、マウシインルム、ヲンコマナイ(ロ脱カ)、ヌンルムイトコ、ヲキヌフヲマイ、トマリケシ、シヤンナイ、シルシ、チセトマイの一二カ所であるが、この大部分がコタンとみていい。

この時期(寛政四年)には、幕吏がソウヤにおいて御救交易を行っている。[12] その様子は串原正峯の『夷諺俗語』

に詳述されている。なお同書中には、右に記された乙名、脇乙名の名はみえない。

寛政一〇年、谷口青山『自高島至舎利沿岸二十三図』[13]には、いくつかのコタンについて言及があり、例えば「夷ヤ」の記載のあるものを以下に示すが、「バッカイ別」から「クッシャム崎」の間には「夷ヤ」の存在は記されておらず、僅かにバッカイ別に旅宿小屋があるだけとなっている。コタンの存在はなかったのであろうか。

クッシャム崎からの地名は、

クッシャム崎　夷ヤ二十
メクマ　夷ヤ四五
リヤコタン　夷ヤ十二三
ソウヤ(記載なし)
ヲンコロマナイ　夷ヤ九
ヱンルメイトコ　夷ヤ五
ヲキノコマナイ　夷ヤ二
トマリケシ　夷ヤ五
サンナイ　元ノソウヤ場所也　夷ヤ六七
シルシ　夷ヤ十四五
ヘモヤスベツ　夷ヤ四五
トキマイ川　夷ヤ一
チヱトマヱ　夷ヤ二十山中ニアリ

(略)

となっている。ソウヤの戸数が記されないのは残念であるが、この記録からみると、クッシャム(後にコイトヱとなる)とチヱトマイが二〇戸と比較的規模が大きく、戸数の上からみるとほかは自然コタンとしての一般的な大きさである。この中で注目されるのは、チヱトマイのコタンが山中にあることと、メクマにコタンがあるとされていることである。

ソウヤ場所におけるコタンの様子が、どうやら実態を伴ってくるようになるのは、文化四(一八〇六)年、田草川伝次郎の『西蝦夷日誌』[14]をまたねばならない。この紀行中にみられる記事の信頼性は高いとはいい難いが、東蝦夷地における「場所様子大概」[15]のような基本史料がほとんど伝わらない西蝦夷地にあっては重要な文献の一に属する。

当地方を一瞥してみる。

一　ヲ子トマプ　テシヲ宗谷境　此所川あり
　　此間二り余
一　ユウチ　此所川あり
　　此間壱り半余
一　バツカヱ
　　此間三リ余
一　ノツシヤブ　番家二軒 茅蔵二軒
　　此間廿丁余
一　トベナヱ　番家一軒 茅蔵二軒
　　此間二り余
一　ナヱポ　番家一軒 茅蔵一軒

此間十丁余

一　クシヤプ　此所大川あり
蝦夷家九軒男女二十九人
役夷　カ子カヱグル
代　カヱシユマテ
此間二り余

一　マスポポ　同大川あり
番家あり
此間十丁余

一　リヤコタン
蝦夷家十軒男女四十八人
役夷　ヱチチ
シウビタ
此間廿丁余

一　ソウヤ
蝦夷家十一軒男女七十三人
惣乙名　ヲダトモンクル
脇乙名　カスモヱレ
小使　ヲマヱカ

此間十丁程

一　ヲンコロマナヱ

蝦夷家六軒男女三十三人

同所小使　ウシヤモツテ

此間二り余

一　シルシ　蝦夷家八軒男女三十九人

同所乙名　リチヤンダ

此間四り程

一　チヱトマヱ　番家壱軒 茅蔵一軒

蝦夷家四軒男女十五人

と記している。ここには、バッカヱ、ノッシャブ、トベナヱ、ナヱポについてコタンの記載はみえない。田草川伝次郎が書きもらした可能性もあるが、それ以上に文化二年四月下旬から九月下旬にかけて疱瘡の大流行があり、多数の死者が出た。そのために廃村になっていたとも考えられる(16)。

田草川伝次郎の報告によれば、この地方のコタンは六カ所あるが、戸数はどれも一〇戸前後と比較的小規模といえる。ソウヤの一一戸七三人は戸口いずれかが誤りであるか、さもなければ、他所からの出稼を含めて数えたのかと思われる。

役蝦夷は、惣乙名ヲタトモンクル以下、脇乙名一、乙名二、小使二となっているほか、役夷とのみ書かれるのが四名ある(うち一名は代)。いうまでもないことだが、役蝦夷とはアイヌの人びとに古くからある首長ではない。漁場の労働力としてのアイヌの人びとを有効に機能させるために、シャモが与えた役職である。

原則として一つのコタンに乙名、もしくは小使を一人おき、複数のコタンの集合体である場所に、惣乙名、惣小使がおかれる。場所の広狭、コタンの多寡により複数の惣乙名がおかれる場合もある。[17]このほか、土産取という役もあるが、これは名誉職で恐らく、自然コタンの長であるコタンコロクルが、それに任じられたらしい。

さて、ソウヤウンクルのコタンが、きちんと記録されるのは、松浦武四郎の調査報告によってである。

## 二 ソウヤウンクルの社会

前節で、ソウヤウンクルのコタンの様子を垣間みてきたが、その実情を松浦武四郎の報告によって今少し詳しくながめてみることにしたい。

図1は、ソウヤウンクルの主たる居住地(稚内市域内)の概念図である。北に宗谷海峡をうけた海岸線は比較的単調である。山塊の表示はしなかったが、河川の流路からわかるように、東西の半島部は、岬の突端近くまで山塊が押し出している。いずれも低丘陵でありそこから流れ出す小河川(沢)の流路はみじかい。

ウェンノッ岬附近は、この地域の大河であるシペッ(声問《こいとい》川)とマスポポイ(増幌《ますほろ》川)とで形成される低湿地帯で、シュプントゥ(大沼)などの湖沼を有する。

ソウヤウンクルのコタンは、これらの河川が海岸と接する台地上に営まれていた。概ね他地域の沿岸コタンと同様である。図上の番号は、武四郎の調査に基づいてコタンの位置を比定したものである。これらのコタンの中で1バツカイと11シルスは川口に拠らないコタンである。このコタン名は、川名と一致しているが、6リヤコタンは現富磯川、7ソウヤは現在の宗谷川口にあった。

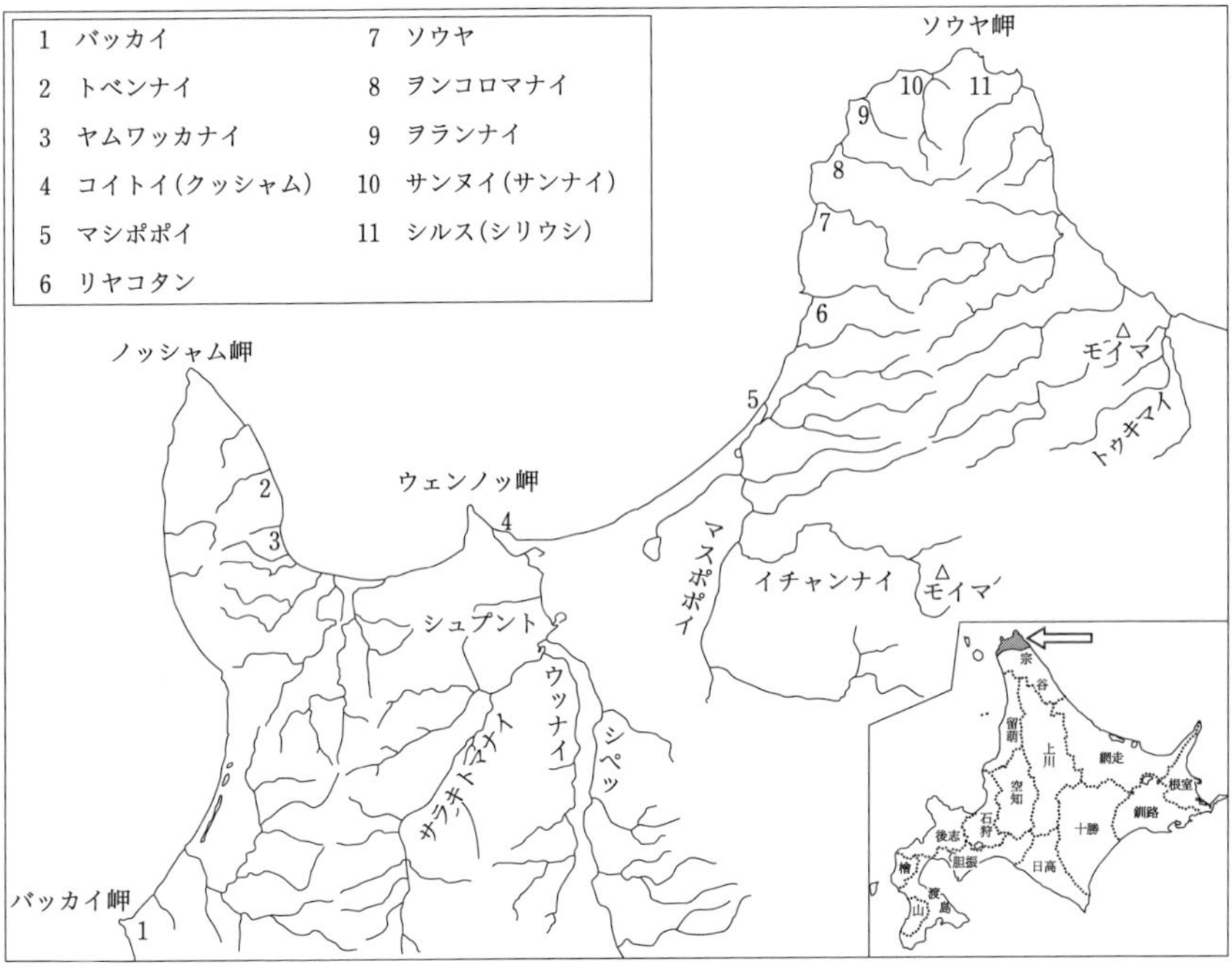

| 1 | バッカイ | 7 | ソウヤ |
| 2 | トベンナイ | 8 | ヲンコロマナイ |
| 3 | ヤムワッカナイ | 9 | ヲランナイ |
| 4 | コイトイ（クッシャム） | 10 | サンヌイ（サンナイ） |
| 5 | マシポポイ | 11 | シルス（シリウシ） |
| 6 | リヤコタン | | |

図1

## 1　『巳年人別帳』

これらのコタンに住む人びとについては、戸口を調査したものが、松浦武四郎によって伝えられている。それを一覧にしたのが表1である。この表は『松浦武四郎午第十番手記』所収の「巳年ソウヤ人別帳」により作成した。(18) この人別帳はソウヤの運上屋におかれたものを手写したと考えられるもので、原史料の形態は、

……
惣名主　景蔵　三十二才
妻　セマタ子ナ　三十八才
従姉　サンテ　四十才
〆
……
弐十三軒九十四人　四十一人 五十三人

というように記されている。この人別帳は安

政四年段階で、それぞれのコタンに居住しているものの名を記したものではなく、原籍がそこにあるアイヌの人びとを記しているにすぎない。

例えば、ヤムワッカナイの戸番1、四平治(『廻浦日記』には乙名四郎治と)の家には、妻シヨリウ、母ヱフヱカリ、従弟シヨロカキと四人住んでいることになっているが、同年六月七日現在、家にいるのは母だけで残りはリシリへとられている。

同様に2のヱシヨユレの家ではヱシヨユレがソウヤに、4のウキツの家ではヤヨロヌ、ケヌヤ、鍔五郎はリシリへとられて五、六年になるのにまだ帰っていないという。6ノテクシの家では弟リツクシ親子、合宿トルコハル親子がリシリへ、7セシカハヤの家ではハンケトシマ夫婦がソウヤへ、9チウケンルの家では、妻と子供以外はソウヤへとそれぞれとられている。

ヤムワッカナイに残ってはいるものの、5シユラノは女世帯であり、その娘ヤヱトリは番人の妾で、シタはその間に出来た子供である。同じく8ヒフトキの家では娘シカトル、合宿チシナイともに番人の妾で、聟もとれないという状態である。(19)

これはヤムワッカナイのみの例ではない。トベンナイやコイトヱなどの各コタンにおいてもみられるし、他場所でも同様のことがいえる。

したがって、この人別帳に拠って家内構成を分析してみても、現実にそこにいない人間が多いのであまり益のないことかも知れない。家族構成とは別に、この記録から今少し情報を拾っておきたい。

まずソウヤであるが、ここは運上家元であり、通行家、詰合役所などがおかれており、いうところの運上家元コタンである。先にみたように、ヤムワッカナイなどや、遠くシヤリ、モンベツからもアイヌの人びとが集められている。ソウヤウンクルは二四戸、九四人であるが、この周辺に居住するアイヌの人びとの数は多いと思われ

**表 1**　コタンの構成　名前の後の(　)は年令，また×は死亡を示す

バッカイ

| 戸番 | 役名 | 戸主 | 妻 | 男子 | 女子 | 孫男 | 孫女 | 合宿者 | その他 |
|---|---|---|---|---|---|---|---|---|---|
| 1 | 名主 | 直右衛門 (54)<br>(ナヱボ) | シヤハリ (61) | | アカツケ (31) | | | | |
| 2 | 土産取 | ムメルキ (41) | チシカクシ (29) | 蔵太郎 (22)<br>妻<br>スノツ (15) | | | | | |
| 3 | | ヘトチシ (33) | ホキメシケ (29) | ヒヤウシケ (5) | イチ (8) | | | | |
| 4 | | コヱナウ (44) | カヱライ (38) | ハチタ (5) | | | | ニケカリ (53)<br>娘<br>ユキ (7) | |

トベンナイ

| 戸番 | 役名 | 戸主 | 妻 | 男子 | 女子 | 孫男 | 孫女 | 合宿者 | その他 |
|---|---|---|---|---|---|---|---|---|---|
| 1 | 土産取 | トレウシ (37) | タシランケ (41) | | トラ (8) | | | | 従妹<br>ハウテシユラ (17) |
| 2 | | チウヱレ (48) | シノチリ (38) | チウキツ (9)<br>シンキツ (1) | シゲ (8) | | | | 甥<br>長助 (19) |
| 3 | | ヱナヲフシ (37) | ヱンカリ (29) | 為吉 (14) | ヱラニテ (12) | | | | 母<br>×マテキル (50) |
| 4 | | ヲタヌカ (66) | | | チヤロリクツ (33) | | モレ (5) | | |
| 5 | | ウタロクテ (67) | | 紙九郎 (32) | | シカリ (11)<br>トウサウ (9)<br>トラコツ (6) | | | |
| 6 | | ユワラム (60) | ヱキチヤ (66) | トレヒレ (29) | | | | | |
| 7 | | ヱントラシ (59) | シヨリハケ (37) | | | | | | |

ヤムワッカナイ

| 戸番 | 役名 | 戸主 | 妻 | 男子 | 女子 | 孫男 | 孫女 | 合宿者 | その他 |
|---|---|---|---|---|---|---|---|---|---|
| 1 | (乙名) | 四平治 (29) | シヨリウ (21) | | | | | | 母<br>ヱフヱカリ (51)<br>従弟<br>チヨロカキ (26) |
| 2 | 土産取 | ヱシヨユレ (40) | カニテ (36) | ソウイツ (9) | トキサンマツ (14)<br>ハル (11)<br>チ子 (7)<br>シガ (1) | | | | |
| 3 | | センロク (40) | カホケ (25) | シユシホ〻 (9) | | | | 男<br>アンツカマ (37)<br>女<br>セフチス (39)<br>女<br>ケヌヤ (37) | 母<br>シヤルンフヱ (70)<br>従兄<br>チヱホタパ (42)<br>弟<br>鍔五郎 (23) |
| 4 | | ウキツ (40) | ノヤタ (46) | ヱルトシ (11)<br>コンキツ (5) | ヤヨロヌ (16)<br>ホンシヨツカ (7) | | | | |
| 5 | | 女<br>シユラノ (71) | | | ヤヱトリ (32) | | シタ (14) | | |
| 6 | | ノテクシ (54) | マコ (56) | 周吉 (16) | | | | 男<br>トルコハル (40)<br>妻<br>ヱタカマ (43)<br>忰<br>ハンジウロウ (6)<br>娘<br>ヱマカ (10) | 弟<br>リツクシ (49)<br>妻<br>エペサンケ (27)<br>忰<br>ヱホノカ (8) |
| 7 | | セシカハヤ (40) | カヒキ (25) | | | | | 男<br>ハンケトシマ (34)<br>妻<br>コシユウフシマ (21) | |

| | | | | | | | | | |
|---|---|---|---|---|---|---|---|---|---|
| 8 | | 女<br>ヒフトキ (58) | | | シカトル (25) | | ヤシ (7) | 女<br>チシナイ (23)<br>弟<br>シヌム (16) | |
| 9 | | チウケンル (28) | シタニ (31) | 佐九郎 (16)<br>二男<br>マクヱト (12)<br>三男<br>サキツ (3) | サヨ (8) | | | 女<br>シユツミ (33)<br>娘<br>アツカホ (14) | |

コイトヱ

| 戸番 | 役名 | 戸主 | 妻 | 男子 | 女子 | 孫男 | 孫女 | 合宿者 | その他 |
|---|---|---|---|---|---|---|---|---|---|
| 1 | 乙名 | トミシヤツテ(51) | | リテレクン (15)<br>キナシヤハ (11)<br>イシロウ (7) | | | | | 妹<br>センタラケマツ(33) |
| 2 | 土産取 | シリホロイ (57) | フッコテ (51) | | シカンキルマツ (33)<br>ヤヱコサンマツ (21) | | | | 甥<br>ヤヱシヨコロ (33) |
| 3 | | ヨンケ (45) | シルヱテマツ(33) | 豊治 (11) | ハタシユマツ(13)<br>コト□ (3) | | | | 弟<br>シリテシユン (34)<br>妻<br>ヘウカ (29) |
| 4 | | (カ)<br>中蔵 (11) | | | | | | | 伯母<br>ヱヘコアン (40)<br>娘<br>みつ (7) |
| 5 | | 女<br>ラッケレ (50) | | | (カ)<br>シヨクラレマツ (21) | イチヤケレ (8)<br>モゴロウ (5) | 女子 (2) | | 姉<br>コカレベ (54) |

| | | | | | | | | | |
|---|---|---|---|---|---|---|---|---|---|
| 6 | | ヤヱコルク (58) | ヱコリ《ママ》 (25) | ヘケトウ (12) | | | | | |
| 7 | | ヲンナワ (51) | ビバ (56) | ニシホツケ (25)<br>妻<br>カンナタ (24)<br>二男<br>フクシケ (14) | 娘<br>ヒヤク (5) | フレロク (5) | 女子 (6) | | |

マシホ〻イ

| 戸番 | 役名 | 戸主 | 妻 | 男子 | 女子 | 孫男 | 孫女 | 合宿者 | その他 |
|---|---|---|---|---|---|---|---|---|---|
| 1 | | カニマイ (33)<br>× | コラヒタ (29) | | | | | | |
| 2 | | セノフクシ (59) | | □□吉 (17) | | | | | 従弟<br>シヨツケ (43) |

リヤコタン

| 戸番 | 役名 | 戸主 | 妻 | 男子 | 女子 | 孫男 | 孫女 | 合宿者 | その他 |
|---|---|---|---|---|---|---|---|---|---|
| 1 | 乙名 | トヱカウク (41) | ノヱタレマツ (30) | 悴<br>ケマルニ (33)<br>妻<br>ウヱンヌシヤ | アクカヌ (14) | | | | |
| 2 | 土産取 | トシヘハ (54) | ケシアニマツ (64) | 文平 (18)<br>ヤヱシヤラ (7) | ヲシヤロシケ (19)<br>キワトリ (10) | | | | 従婦<br>アヱヘ (54)<br>同人娘<br>ヲコイマ (9) |

ソウヤ

| 戸番 | 役名 | 戸主 | 妻 | 男子 | 女子 | 孫男 | 孫女 | 合宿者 | その他 |
|---|---|---|---|---|---|---|---|---|---|
| 1 | 惣乙名 | ×<br>センケ (48) | シカウンケマツ (44) | | ヲチシカリ (24)<br>チシトマ (16)<br>タテマツ (12) | シマタ (4) | | 女<br>ヱラリ (54) | |
| 2 | 惣名主 | 景蔵 (32) | セマタ子ナ (38) | | | | | | 従姉<br>サンテ (40) |
| 3 | 脇乙名 | アミトカリ (66) | | 仁吉 (24)<br>妻<br>コナシケマツ (12) | | | | | |
| 4 | 惣年寄 | 半五郎 (45) | セリコサシマツ (31) | 与市 (10)<br>ゼンツ (3) | アサ (5) | | | | |
| 5 | 惣年寄 | 米太郎 (34) | ×<br>セトキン (37) | 岡治 (10) | | | | | |
| 6 | 名　主 | 助五郎 (24) | アセトリ (20) | | ミノ (1) | | | | |
| 7 | 百姓代 | 志丹吉 (29) | ホソカリ (23) | | | | | | |
| 8 | 百姓代 | 三六 (28) | ラムクシテ (17) | | | | | | 弟<br>太郎 (23) |
| 9 | 土産取 | サレト (54) | ホカトマツ (44) | 皆吉 (16) | アツカレベン (9)<br>フサ (6) | | | □平 (20)<br>妻<br>かん (14) | |
| 10 | | フシコイ (36) | カンラチウ (31) | □吉 (12)<br>イツソウ (7)<br>セイサ (4) | ヲヤニイ (8)<br>フカ (1) | | | | |
| 11 | | ×<br>トハヱトシ (43) | ヨルコ (36) | 茂吉 (16) | | | | | 従弟<br>ユウサケ (35)<br>妻<br>アンヒヽ (19) |
| 12 | | 清五郎 (17) | ウヱンコラレ (16) | | | | | | 母<br>チヱセカ (37)<br>妹<br>ヤヱレンケマツ (15) |

| | | | | | | | | | |
|---|---|---|---|---|---|---|---|---|---|
| 13 | | 要治 (18) | シユレケチウ (32) | サンシチ (9) | シユン (5) | | | 男<br>□五郎 (36) | |
| 14 | | 酉作 (21) | | | | | | | 母<br>シシユレケ (55)<br>弟<br>ヱケフトヱ (16)<br>伯母<br>シヤウナイ (32)<br>同人娘<br>ツ子 (10)<br>サト (7) |
| 15 | | タレトリ (48) | ユウカリ (48) | | ハリキマツ (19) | | | | |
| 16 | | セレコ (21) | シカタ子マツ (21) | | | | | | 母<br>×カトヌシマツ (57) |
| 17 | | コンペ (31) | チヲルケ (15) | | チ子 (2) | | | | 母<br>ヱナウケレ (44)<br>同人姉<br>シヤレリマツ (18)<br>妹<br>カフラシマツ (12) |
| 18 | | 女<br>ヱコアシ (53) | | | シフンケ (14) | | | | |
| 19 | | セトイ (71) | | | シノコ (36) | | | | |
| 20 | | ホキチヤロ (49) | ロツラ (49) | 舌五郎 (25) | カフケサン (20) | | | | |
| 21 | | スタホ (39) | ヲシリコタク (44) | | | | | | 妹<br>テレケマツ (36) |
| 22 | | ×<br>ラチロクン (37) | ヱコトリ (29) | | | | | | |
| 23 | | ヌンハカ (37) | キヨタ (35) | 運八 (18) | ヱコサヱマツ (10) | | | | |
| 24 | | ウヱンホ (32) | チヱチシ (25) | | | | | | |

ヲンコロマナイ

| 戸番 | 役名 | 戸主 | 妻 | 男子 | 女子 | 孫男 | 孫女 | 合宿者 | その他 |
|---|---|---|---|---|---|---|---|---|---|
| 1 | | 嘉□治 (13) | | | | | | 厄介男<br>ホノクシヲ (50) | 母<br>ラフシユイマツ(51) |
| 2 | | タベラヌ (51) | アタイマツ (49) | 勢馬太郎 (14)<br>平シ (10) | ウサ (9) | | | | 従姉<br>ヤヱヘコロマツ(57) |
| 3 | | トフコチヤ (35) | | | | | | | 母<br>ホニセ (64)<br>従妹<br>クタシンケマツ(35) |
| 4 | | ヨボイ (50) | テタイヲシヨラ (58) | | | | | | |

ヲランナイ

| 戸番 | 役名 | 戸主 | 妻 | 男子 | 女子 | 孫男 | 孫女 | 合宿者 | その他 |
|---|---|---|---|---|---|---|---|---|---|
| 1 | 土産取 | ヱクニシケ (54) | セツラリマツ(35) | | | | | | 従妹<br>レウタンマツ (25) |
| 2 | | カンカン (42) | シルタンケマツ (32) | レタリケシ (9)<br>ヘツタンコロ (7)<br>イタロ (2) | ヲシヨロシ (4) | | | | |

サンヌイ(サンナイ)

| 戸番 | 役名 | 戸主 | 妻 | 男子 | 女子 | 孫男 | 孫女 | 合宿者 | その他 |
|---|---|---|---|---|---|---|---|---|---|
| 1 | 乙名 | サヱサンケ (60) | テケライ (55) | ムンシロ (36)<br>妻<br>ヱハレマツ (27)<br>二男<br>彫太郎 (21) | | | ムンシロ娘<br>サンケアレマツ (8)<br>ムイ (3)<br>彫太郎娘<br>ヘシタレ (8) | | |

| | | | | | | | | | |
|---|---|---|---|---|---|---|---|---|---|
| | | | | 妻<br>ハノ (27)<br>三男<br>市松 (15) | | | タラ (4) | | |
| 2 | | 辰兵衛 (14) | | | | | | 男<br>ウヱンキヽ (38) | 母<br>ハウケマツ (38)<br>弟<br>イヌシケ (8)<br>妹<br>ウヱンバコ (6) |
| 3 | 土産取 | セルシヤ (37)<br>× | フシユケ (48) | | ヱヌフサ (10) | | | | |
| 4 | | アンケル (73) | | ヘンケ (32)<br>妻<br>サセウシ (31) | | | | | |
| 5 | | ハツハリウ (81) | | ハツチレ (45)<br>×<br>シユルクル (51) | | | | | |
| 6 | | ヱトシテ (33) | シタニヨ (28) | | | | | | (カ)<br>従父<br>リニンタマ (73) |
| 7 | | シノタシヤ (39) | アツタ (33) | ハウヱラレ (7) | ツヘカヲホ (10) | | | 男<br>ホツタホ (38)<br>妻<br>コマベ (46)<br>忰<br>コウキツ (5) | 母<br>夕子サシ (55) |

シルス(シリウス)

| 戸番 | 役名 | 戸主 | 妻 | 男子 | 女子 | 孫男 | 孫女 | 合宿者 | その他 |
|---|---|---|---|---|---|---|---|---|---|
| 1 | 乙名 | ヱトイ (36) | ヘヌフツ (24) | | | | | | 母<br>シユルンホリ (56)<br>叔父<br>ヲナヱヲマ (49)<br>同忰<br>忠太郎 (18)<br>従兄<br>粂治 (38)<br>妻(カ)<br>や名 (30)<br>娘<br>アツカ (8)<br>弟<br>瀬戸吉 (20) |
| 2 | | 戍次郎 (30) | マツテク (42)<br>(カ) | | | | | | |
| 3 | | ホンテレキ (46) | こし (42) | 礼助 (12) | | | | | 従兄<br>ユホソレ (49) |
| 4 | | モノコテ (32) | トメ (29) | センラリ (10)<br>モンケロ (7) | トキ (5)<br>トモ (1) | | | 男<br>アヤム (29) | |
| 5 | | ウンヒシヒシ (47) | ホマシヤンケ (56) | 仁□太郎 (17)<br>嘉平次 (11)<br>アヱノヱケフ (8) | ソンキ (29)<br>カララ (23) | | | | |

る。

惣乙名センケ[20](巳年五月没)のほか、役蝦夷が多くおかれている。そのうちわけは、惣名主　一、脇乙名　一、惣年寄　二、名主　一、百姓代　二、土産取　一の総勢九名となっている。このほかの役蝦夷の配置は、

乙名＝ヤムワッカナイ、コイトイ、リヤコタン、サンナイ、シルス。

名主＝バツカイ

土産取＝バツカイ、トベンナイ、ヤムワッカナイ、コイトイ、リヤコタン、ヲランナイ、サンナイ

となっており(△印番家元)、この時期マシポポイとヲンコロマナイには役蝦夷はおかれていない。

惣名主、名主、惣年寄、百姓代の役名は、帰俗アイヌに対して与えられた呼称である。前掲のソウヤの惣名主景蔵は、ソウヤ詰合梨本弥五郎の命で、本邦初のストーヴ(カッペル)を作り出しており、その功により役蝦夷に取り立てられた。

なお『廻浦日記』には、ソウヤの役蝦夷は乙名センケ、脇乙名アシトカリ、惣小使ホロキムンクル、脇小使ヱクシタラケとのみ記されている。

この人別帳にはまた、「合宿者」なる存在がある。合宿者は

◎バツカイ

戸番四　コヱナウ内　ニケカリ(53)

娘ユキ(7)

◎ヤムワツカナイ

戸番三　センロク内　男アンツカマ(37)

女セフチス(39)

四　ウキツ内　女ケヌヤ(37)
六　ノテクシ内　男トルコハル(40)
妻ヱタカマ(43)
悴ハンジウロウ(6)
娘ヱマカ(10)
七　セシカハヤ内　男ハンケトシマ(34)
妻コシユウフシマ(21)
八　ヒフトキ内　女チシナイ(23)
弟シヌム(16)
九　チウケンル内　女シユツミ(33)
娘アツカホ(14)
◎ソウヤ
戸番一　センケ内　女ヱラリ(54)
九　サレト内　男□平(20)
妻かん(14)
十三　要治内　男□五郎(36)
◎ヲンコロマナイ
戸番一　嘉□治内　男厄介ホノクシヲ(50)
◎サンヌイ

戸番二　辰兵衛内　　男ウヱンキキ(38)
　七　シノタシヤ内　男ホツタホ(38)
　　　　　　　　　　妻コマベ(46)
　　　　　　　　　　忰コウキツ(5)

◎シルス

戸番四　モノコテ内　　男アヤム(29)

以上の一四例二五人となる。彼らと戸主の関係は明らかではないが、ごく親しい縁に連なっているとは思えない。ただ、家系を同じくするなどの関係は考えられよう。他コタン、他場所から連れてこられ、同一家系にあるものを住まわせ合宿としたか。

かつて、アブタのレブンゲ・コタンをみた時には「厄介」とあった。そちらはある程度の血縁は確認しえた。(21)ソウヤウンクルの合宿も性格は相似たものであるのかもしれない。

## 2　出稼アイヌ

人別帳をみながら、ヤムワッカナイやトベンナイにおいて、ソウヤまたリシリへ出稼として徴用されたアイヌの人びとについてふれておいた。ソウヤ場所において、とくに武四郎の一連の紀行を読むとき、その例が顕著にみられる。コタンに残っているのは病人と子供など弱者ばかりである。以下『廻浦日記』によって徴用の例をみておく。

◎チヱトマリ　一軒

シウニウ家内三人＝シウニウの忰盲目にて働が出来がたく……近年まで妹……一人残り居るが……仕事の助にもなるべき様に成り候処、当春より運上家元へ取られ……
◎ヲニシヘツ　一軒
イコンラム＝此者老人……長煩……子供もなく……母の連れ子娘一人有を育て置しが、其物を今は運上家に引揚遣ひ居るよし……
◎シヨナイ　二軒五人
……此内シユコト家等は不遠断絶すと……シユコトは相応の年配にして忰あれども運上家へ取られ久しく帰らざりし……
◎ヱサシ　二十六軒九十三人
……二年三年ソウヤへ取られ切に相成居候者の記すに暇なく、足腰達者は皆也……
◎ホロナイ　二軒十六人
シキウヱン＝盲目にて子供に養はれ居りしが、其忰を相応稼の出来候様に成たればソウヤに取られ、今は未だ幼き子供等と漸々其日を送りける……
◎サルブツ　三軒十三人
……相応働の出来候ものはみな運上家へ引上られ……
◎トンベツ　二軒十六人
シケシユイ＝母八十二才、弟(病気)、妹(盲目)、子供六人。

……其内十三と十五才なる両人……少々薪水の世話にても致……早今年は運上家へ取られたり……
◎トホシベツ　四軒二十一人

……相応稼出来候もの丈ケはソウヤに取られて極老病身のもののみ残り居る……

以上は、ソウヤ場所内ソウヤ領のコタンについてみたものであるが、同場所内モンベツ領についても、ソウヤへとられたものの数も多く悲惨な例も少なくないが、今、ここでその逐一をあげる余裕はない。

モンベツについて武四郎は「……此所は鮭・鱒・鯡共に多く有て、其手配さえ能致し備へなば、相応の漁事も有る処なるに、足腰の立稼働るゝ丈の者は皆ソウヤえ連行、リイシリ江遣し二年三年は稀疎也……如何にも如此様にては人の増事は以の外、人口の日々減損する事宜なり」と指摘している。(22)

このように、ソウヤへ連れてこられたアイヌの人びとの労働暦は

春鯡　三月上旬—五月入梅のころまで
夏鱒　五月上旬—六月上旬ころまで
煎海鼠《いりこ》引　五月中旬—七月上旬
秋鮭　二百十日—秋土用

となるが、鯡・鱒・鮭の三漁業がその中心であった。このほか、運上家、勤番所などの雑役、早駆などの定雇と臨時雇があった。そしてその報酬は、玄米八升入一俵で

春雇　上男十四俵、中男十二俵、下男十俵
　　　上女十二俵、中女十俵、下女八俵
煎海鼠引　男三俵＋手当米
夏雇(六月中旬—七月中旬)女三俵
秋雇(八月—九月中旬)男三俵、女二俵

が基本で、ほかに鮭一人当七〜十束が手当であった。(23)春鯡に関する作業がいかに大きかったかが理解される。

ソウヤ場所における出稼アイヌについては安政三年に限ってみても、利尻、礼文両島を含め一八〇人に達する。[24] そして、彼らが、古くからの住民であるソウヤウンクルとどう関わっていたかは現時点では不明である。

## むすび

与題に解答しえたというより単なる報告に終ってしまった感がある。

日本史で「近世」と括られている時期、アイヌの人びとはその意志とは関わりなく、シャモの支配下にあった。とりわけ、場所請負制が確立し、アイヌの人びとは単なる漁場の労働力にすぎなくなっていくと、彼らの文化の継承や社会構造に大きな変化が生じたはずである。実はそれを知ることが課題であった。強制コタンと役蝦夷の存在は、これまでのアイヌ社会とは異質なものであった。それがアイヌ的な「近世」の特徴的な形態といいうるのかもしれない。

本稿では、ソウヤウンクル(宗谷びと)についてみてきた。ソウヤの地は古くから他地域の人びとと交渉があり、そうした観点からは、他場所のアイヌの人びととは趣を異にする。

コタンについては、ノッシャム岬附近のそれとソウヤ周辺のそれとは同一次元でとらえうるか否かは言及しえなかった。恐らく前者のコタンは、さほど古くからの存在ではなく、漁期に移動した後者の枝村的な性格の、したがって社会的に相違があるという思いをもつが、今回の作業からは何も得られなかった。

ソウヤについては、出稼アイヌの問題がある。シャリやモンベツなどの遠方や、ノッシャム近傍から集められた人びとの存在を指摘したにすぎないが、もやは、コタンとはいうことのできない、雑居地域であった。ほかの西蝦夷地域との比較も必要であったろう。そして、もっとも大きな課題となっていたソウヤウンクルが地上から姿を消した事実についてはふれられず、さらに今後に重くのしかかってしまった。

多くの宿題を背負ってしまったが、北端のアイヌ社会の一部をのぞいたことで一応、稿を閉じておく。

［註］

(1)『稚内市史』一九七一年三月、七七頁。

(2)ソウヤ場所(ソウヤ領)のアイヌ人口は、

・寛政初年　四七八戸　一六六二人
・文政五年　一四九戸(ィ一二九)　七一九人
・天保九年　一五一戸　六六〇人
・安政元年　一二八戸　五八五人
・安政三年　一二五戸　四八四人
・明治二九年　八七戸　二九九人

というような変遷をみせている。

(3)海保嶺夫『日本北方史の論理』(雄山閣、昭和四九年)にこの時期について言及があり、ソウヤ商場の開設を寛文九年以前としている。

(4)『津軽一統志』第十之下(旧津軽家本、現東京国立博物館保管本)による。

(5)『日本庶民生活史料集成』第四巻所収。

(6)『新北海道史』第七巻では「つさん」と読む。東博本では「つさん」とは読めない。「つかへ」の誤写ならば「はつかへ」を指すかも知れない。

(7)上原熊次郎『蝦夷地名考幷里程記』、永田方正『北海道蝦夷語地名解』など参照。

(8)「しるうゑんてあいん」は Shir-wente ainu〈天気を、悪くさせる男〉と読める。アイヌは男称。シャクシャイン、コシャマインの「イン」も「アイン」も「アイヌ」の転訛。「かしもれい」は Kashmore〈表面を、静かにさせる〉と読める。

（9）『蠢動変態』に肖像が収められているほか諸書にみえる。
（10）白山友正『松前蝦夷地場所請負制度の研究』下、北海道経済史研究所、一九六一年、二三頁。
（11）函館図書館保管。
（12）クナシリ・メナシの蜂起後、公正な交易を目的として幕府が行った対アイヌ交易である。ソウヤでは海鼠《なまこ》について試みている。バッカイ、ルヱラン、ノッシャム、クッシャム、ソウヤ、シルスの六漁場で行った。
（13）函館図書館保管。
（14）石原求竜堂版による。
（15）『東夷窃々話』収載（『新北海道史』史料篇一所収）。西蝦夷地については「文化五辰スツヽ村鑑帳」が『視聴草』（六集）に採録されている。
（16）『北巡録』（『蝦夷地諸御用留 文化二年七月より』に合綴。早大図書館蔵）に「去丑五年四月下旬より九月中旬迄、疱瘡躰之熱病致流行於拾九ケ所……蝦夷共死失仕候……」報告がある。そのうち「ソウヤ場所之内トヘナイよりユウヘツ迄死失蝦夷人数之覚」があり、それを一覧する。

| コタン | 総数 | 男 | 女 | 男の子 | 女の子 |
|---|---|---|---|---|---|
| トヘナイ | 22 | 10 | 9 | 1 | 2 |
| ナヨホ、 | 13 | 6 | 5 | 1 | 1 |
| クツシヤフ | 60 | 26 | 26 | 3 | 5 |
| ヲンコロマナイ | 3 | 2 | 1 | 0 | 0 |
| ヱンルモヱトコ | 20 | 9 | 7 | 3 | 1 |
| トマリケシ | 12 | 6 | 5 | 0 | 1 |
| サンナイ | 14 | 7 | 5 | 0 | 2 |
| ヲキノコマナヱ | 5 | 1 | 3 | 1 | 0 |
| シルシ | 13 | 5 | 4 | 2 | 2 |
| シヨナイ | 15 | 5 | 6 | 2 | 2 |

| | | | | | |
|---|---|---|---|---|---|
| ソウヤ | 2 | 0 | 1 | 0 | 1 |
| リシリ | 70 | 34 | 27 | 3 | 6 |
| レブンシリ | 30 | 13 | 12 | 3 | 2 |

右の表でみると、クッシャプとリシリの死亡者が著しい。ナヨポㇵ(ナイポ)の近くには、トゥコタン(廃村)という地名があるが、あるいはこの時のものか。

(17) 東蝦夷地クスリ場所にその例がある。

(18) 国立史料館寄託松浦文書中にある。巳年は安政四年。

(19) 松浦武四郎『近世蝦夷人物志』には同様の話が数多く収められている。

(20) 前掲書参編に「酋長センケ」の条があり、それによれば「性質温順にして寡言、義有て下を憐れみ、上を敬し……」とあり、シャモの無理な帰俗策で百余人の髯を無理やり剃り落したところ、変死したものが数人出た。帰俗すれば死ぬという流言がとんだ時、センケは毎夜イナウを削り、山の神などに「帰俗の輩今病に就て有けるを早々快気なさしめ給へ……其代りは我が一命を山海の神霊に奉る……」と祈っていた。その志を神も聞いたか、帰俗アイヌの病気が愈えた代りに、五月の初旬に彼は死んでしまったと伝えている(『日本庶民生活史料集成』第四巻所収本による)。

(21) 拙稿「レブンゲ・コタン誌稿」(『蝦夷地・北海道——歴史と生活——』雄山閣、一九八一年一一月)。

(22) 『竹四郎廻浦日記』北海道出版企画センター版、一九七八年三月。

(23) 『網走市史』上巻、七三七頁、一九五八年五月。

(24) 前掲書　八三二頁。

[追記] 本稿をなすにあたり、市立函館博物館学芸員長谷部一弘氏、白老アイヌ民族博物館学芸課長岡田路明氏にお世話になった。心からお礼申しあげる。

# 一〇　蝦夷通詞について

# はじめに

よく知られているように、鎖国以後の日本において海外の文化を輸入する拠点となったのは長崎に限られたことではない。中国・台湾を控えた琉球、朝鮮に対する対馬、そして蝦夷地である。これら異民族・異文化との接点となった地域には、必ずといっていいほど、輸入文化の仲介を務めた言語技術者がいた。いうところの通詞である。

例えば、長崎には有名なオランダ通詞のほか、唐通詞や規模は小さいがシャムロ通詞、トンキン通詞、タカサゴ通詞などがあったし、対馬には朝鮮通詞がいた。しかも対馬の宗氏は釜山の草梁に倭館を作り、情報の収集などに努めていたが、これなども通詞の力なくしては不可能であったに違いない。

オランダや中国は通商の国であり、正式の国交を結んでいる唯一の国が朝鮮であったから、通詞の存在も公式のそれであり、当然のことながら職制の上でも整備されていた。なかでも長崎通詞は、通詞仲間の頭を筆頭に、通詞目付、大通詞、大通詞助役、小通詞、小通詞助役、小通詞並、小通詞末席、稽古通詞、稽古通詞見習、内通詞などの厳しい職階があった(1)。

ところがこうした、公式の積極的な文化の仲介者達とは別に、異民族・異文化と接触仲介するもの達がいた。蝦夷通詞とその派生形態である山旦通詞である。山旦通詞についてはその実態はまだ判然としていない。

蝦夷通詞も不明なところが少なくないが、それが発生した当初は交易の仲介者という存在にすぎなかったろうが、場所請負制が確立する頃はシャモによるアイヌ支配の第一線にあり、アイヌを収奪する当事者として、彼らの生殺与奪の力すら持っていたといえる。このことが長崎通詞などほかの通詞と基本的に異なる性格といっていい。

本報告では、山旦通詞をふくめた蝦夷通詞全体について論究する余裕はない。とりあえず加賀家文書などを通じて認められる、最末期の蝦夷通詞の姿を垣間見るにとどめておきたい。

## 一　蝦夷通詞

まず蝦夷通詞の概念を整理しておく。

『北海道郷土史事典』(2)には「通辞　通詞とも書きアイヌ人と和人の通釈者である」とみえ、また、『北海道大百科事典』(3)は浅井亨氏の解説で「通辞　通詞、通弁とも言われ通訳のこと。……北海道では武士階級の支配政策上アイヌが日本語を使用することを禁じていたので、奉行所や場所請負制の下での商人たちの雇った通訳が通辞と呼ばれていた」とある。

蝦夷地に関する史料中で「蝦夷通詞」の語が用いられる例は多くはなく、ほとんどが「通詞」または「通辞」そして稀に「通事」「訳人」である。本来通訳を指す言葉であるからそのどれを用いても差し支えないが、上述のオランダ通詞や唐通詞などとの混乱を避けるためにも「蝦夷」の語を冠して用いるのが好ましい。蝦夷地における通詞もしくは蝦夷語の通詞の謂である。いいかえれば蝦夷通詞とは「蝦夷地にあって、交易もしくは支配の目的で、アイヌとシャモとの間をアイヌ語を用いて通訳の業を行なうもの」ということになる。

以下本報告にあっては引用文など特別の場合を除いて、通詞もしくは蝦夷通詞の語を併用することとする。

# 二　松前と蝦夷通詞

年代的に蝦夷通詞について触れた最初の資料は『松前家記』で文禄二(一五九三)年の條である。[4] これは蠣崎慶広が豊臣秀吉に謁見して蝦夷島主の制書を受けて蝦夷地に帰り「……大ニ東西ノ夷人ヲ会シ、訳人ヲシテ遍ネク其旨ヲ暁サシム。夷人悦服諸部益靖シ」とあり、この「訳人」が蝦夷通詞であろう。但し、この書のもととなった『新羅之記録』[5]には「訳人」という言葉は出てこない。しかし「……召集東西之夷狄為披見御朱印為誦聆文言於狄語……」の表現の中には明らかに通詞の存在がある。

ついで『津軽一統志』[6]に通詞の存在が記される。いうまでもないことであるが、この書物の中には寛文九(一六六九)年のシャクシャインの蜂起に関する記載があり、通詞はその記事中に現われる。同書巻第十下に「五月松前殿より通路(通詞)の者佐兵衛山三郎と申者弐人、狄四、五人差添與市迄被遣候処、しりふかの狄共申候は、通し(通詞)にてもあれ、何にても殺可申由申所に、石狩狄大将ハフカセ申候は、去年も我々はしやも一人も殺不申候得共、松前殿我々をかたきに被成候間、通し殺申候義無用の由にて返申候由」(カッコ内は引用者、以下同じ)と松前側の通詞の存在がみえる。いま一つ、津軽側にも通詞が存在したものと考えられるが、具体的な役名としてはみえない。ただ彼らは、「領分の狄ども」を飛脚として利用しており、それに通詞の役割を果たさせている。同じ五月の廿一日の記事に「……狄の通し(通詞)候には宇鐵の四郎三郎　弥五郎犬」とあり、余市の惣大将八郎右衛門など「島の犬共」との交渉にあたらせている。

この蜂起の際、松前軍は例えば寛文九年八月四日のおしやまんべ出陣にあたり、第一陣蠣崎作左衛門以下一六

九人中に「通詞壱人」を含んでおり、以下第二陣、第三陣とも同様である。(7)

さらに、『御船快風丸』(8)は、元禄元(一六八八)年六月二十六、七日頃松前に着き、ここで「案内一人召抱(五両二人扶持)ツレ行……」が、その目的は「……右案内ハエゾ人ト通事ノタメに召抱候由」とある。この「通事」は快風丸が松前に帰り着いたとき「御暇被下……」れた。

松前藩あるいは藩士の記録における交易に関わる蝦夷通詞の初見は年代的には『松前主水広時日記』にみえる元禄五年六月二日条の記事と思われるが、(9)それによれば「そうや其外上濡え上乗新谷十郎兵衛被仰付。御舟頭忠兵衛、通路八十郎……」とある。宗谷をはじめとする蝦夷地北海岸への交易のため上乗、船頭と同行した通詞の存在がみられる。「通路」即ち通詞である。

同様の記録が『松前蝦夷記』(享保二)(10)にもある。「……為上乗志摩守家来侍一人ツヽ乗リ申候、夷言葉通詞壱人宛舟積置雇乗セ申候」とあり、商場に赴く交易船には上乗りとして松前志摩守の家臣一人、そして蝦夷通詞一人を雇って乗せているという。ここでいう「夷言葉通詞」というのが、即ち、蝦夷通詞を指している。そしてその雇い方についても、

一、通詞雇代之事

本船壱艘荷物商賣申うちハ雇切り給金拾四五両位之よし

右通詞松前町拾六人有之、多入申節者不足所を西東の在郷よりも出申よし

とみえる。(11)つまり、一回の交易の期間中雇い切りで一四、五両の代金が支払われたこと、通詞は松前の町で一六人おり、不足のときは西在、東在の近郊からも雇われていたことが判る。この一六人の「夷言葉通詞」達がそれを専らとしていた職能的な集団であったかどうかは不明である。ただ、アイヌ語に通じていた言語技術者達が存在しており、そして彼らがその技術を利用してなにがしかの収入を得ていたことなどが判る。

## 三　松前藩と蝦夷通詞

こうした蝦夷通詞の使われ方とは別に、松前藩の公的な行事であるウイマムなどの通訳を勤める通詞も存在していたが、彼が松前藩の職制にきちんと位置づけられていたかどうか定かではない。

ウイマムは元禄五年にはすでに行なわれており、その原初的な形態は年始の挨拶と同時に交易を行なうものであったが、やがて各地の首長たちが藩主へお目見えするという形になり、アイヌ支配の強化に利用していった。初期のウイマムの様子は小玉貞良の『蝦夷国風図絵』(とくに函館図書館本)などでみることができる。

これに関して、松前の唐津内町に小山重兵衛というものがいることが上原熊次郎によって記されている。[12]

相沼内

……此所、長夷の子孫、私領の節正月二日松前へ罷出、領主え年礼賀し候事古例なる由。是は昔時ヨイチ場所よりシマコマキ邊迄の蝦夷蜂起せし時領主え随身仕る訳を以てなす由。尤、右年礼取扱人、松前唐津内町小山重兵衛と申者いたし候事。

ここでいう正月年礼とはウイマムのことであるが、彼はアイヌマナイ・アイヌのウイマムに際しての世話役として名が上げられているが、当然通詞としての役割をも担っていたものと考えられる。しかし、彼がほかの地域のアイヌに対しても同様の世話をしていたのかどうかは定かではない。ところで、ウイマムに訪れるアイヌの首長たちはあらかじめ「其村々に船を立る運上屋支配人、又は通辞人、船頭などへ相頼み、其場所のかゝり城下の船問屋を頼……」むのだという。アイヌマナイにおけると同様に、それぞれの世話役が決っていたものと考えられる。

蝦夷通詞の中には、天文から天明にかけて「松前土人山田久右衛門といふ通詞[13]」がおり、彼は「……多年蝦夷え渡、東西海共夷地功者故に言語も通じ、サンタンの者共咄合[14]」うことさえできたというから、この当時の蝦夷通詞は思いのほか高い言語力をもつものもいたとみることができる。

上述のことからも判るように、松前、江差には通詞を業としていたもの達が存在していた。平秩東作は「松前には通詞を勤る者地方に多くあれば[15]」と述べ、また、最上徳内も「松前土人にて通詞役ありて……[16]」という。彼らは当初は交易船の上乗として臨時に雇われていたものが、やがて松前藩や特定の請負人と結び付くようになる。そうした経緯を上記の資料は示しているといえようか。

松前藩の家臣団の中で蝦夷通詞がどのように扱われていたかを知る史料はほとんどといっていいほど伝わっていない。『新北海道史』には松前藩の職制図が掲げられており、徒士衆のなかに足軽頭と同格で通詞がみえる。[17]また、嘉永六年『御扶持列席帳』にも「通辞」「通辞見習」が記されているから、藩の職制として存在していたことは確かであるが、いつごろから設けられており、どのような活動をしていたかは不明である。[18]

ただ、寛政元(一七八九)年のいわゆる「寛政蝦夷の乱」の折り、取調べのため派遣された新井田孫三郎の手先に「上通辞として東町支配三右衛門、同断菊治郎、下通辞博知名(石)町金治郎、馬形町重四郎、同町七郎兵衛[19]」が加えられている。この上通辞、下通辞の職制上の差や業務内容の違いなどは具体的に明らかにしえないが、『寛政蝦夷乱取調日記[20]』によれば「通辞、下通辞」と併記したり「召連候通辞不足に付」小者などを下通辞に申しつけている記事が随所にみえる。これらのことから考えて、孫三郎の命を受けてのイコトイらの乙名との正式な交渉事には通辞(上通辞)があたり、下交渉には下通辞が担当していたものと思われる。下通辞が不足したのもそうした理由によるのであろう。しかし、この下通辞が「通辞見習」と同義であるとは考えられず、松前藩にとってこれらはあくまでも臨時の職であったとみえ、管見の限りその後の史料にはみえない。

また、松前奉行所や箱館奉行所には職制としての蝦夷通詞を置いた形跡はみえないが、例えば松前奉行はアブタなどの場所の通詞、また支配人として活躍していた上原熊次郎を同心(のちに在住勤方)に召し抱えていることなどから、必ずしも通詞を必要としなかったわけではない。なおこの熊次郎は日本で最初の公式なロシア語通詞のひとりでもあった[21]。

## 四　場所請負制下の蝦夷通詞

職制としての蝦夷通詞が明確な形で現われるのは場所請負制の頃のことで、各場所におかれた運上屋の雇人として

一　支配(人)：運上屋の全責任を負うもの
二　通辞：蝦夷と和人との間の通訳にあたり、蝦夷との交渉を任とするもの
三　帳役：帳付け計算などにあたるもの
四　番人：場所内の漁場に設けられた番屋を管理し実際の漁業の指揮にあたるもの

の順がある[22]。また、白山友正氏は通辞の下に通辞手伝、仮通辞の存在を指摘されている[23]。が、このような存在が各場所に及んでいたのか、また、年代的にいつ頃から置かれていたのか、史料が示されていず、その存在も含めて確認することはできない。

蝦夷地ないしアイヌの歴史を叙述していく上で場所請負制の問題は看過できない。ここでそれを論じるのが目

的ではないし、既に先学に多くの成果がある。が、蝦夷通詞がその存在を大きく主張するのが、まさにこの時期なのであるが、しかし、その実態が明らかになっているとはいいがたい。そして、一般に理解されているそのイメージも決して明るいものではない。よく引用されている史料に『東遊記』の次のような記事がある。[24]「……通弁など云者は、松前の役人の様にいひなすものなれば、蝦夷人も敬ひ重んずるを、勝にのりていろいろの難題を言ひかけ、人中にても大地に引伏打擲し、踏にじりなどする躰、見るに忍び」ず、かつ「通詞共もとよりなき言葉をあらたに作りて、蝦夷人にさまざまの言葉を言懸、通ぜざれば此詞はふるくよりいふ詞なるを知らざるとてののしり辱む。蝦夷は詐りとはしらず、博聞なる人なりとて恐るる」状態であるという。

この体制での最も大きな弊害はアイヌが日本語を習得することができなかったことにある。これは松前藩の禁制でなかったことは指摘されているが、[25]現場の請負人とその使用者たちにとってアイヌが日本語を学ぶのは歓迎すべきことではなく、あえて愚民策をとっていた。蝦夷通詞はそれ故に必要であったのである。そうした観点かられば、アイヌにとってはウェン・トノ・トゥンチ(悪い・和人の・通詞)[26]にほかならなかったのであろう。彼らは基本的にはシャモの言い分をのみ伝えればいいのであり、そのためでもあろうか、彼らの作った辞書はすべてが日本語・アイヌ語体のものであって、その逆は管見の限り存在しない。[27]

通詞は支配が兼ねる場合も間々あった。日常的にアイヌと接する性格上、その任務は軽いものではなかったためもあって、支配兼帯となったものであろう。

年代的にはずっと下るが、通詞の居住地を記した資料がある。『(文化二年)十二月五日松前若狭守町奉行下代桜庭嘉右衛門御徒目付旅宿江差出西蝦夷地場所々請負人名前』というのがそれで、西蝦夷地各場所毎に知行主、請負人、場所役人の名が記され、請負人と通詞、支配人には居住地が併記されている。標題からわかるように松前藩が幕府に差しだした公文書の写しであるから、資料性は高い。

詳細は表1にゆずるが、通詞専業のものよりも支配兼帯のものが多く、中には「ふところ」の請負人根上屋吉三郎のように通詞・支配を兼ねるものもかなり存在する。請負人の支配兼帯はともかく、通詞まで兼ねるというのは、尋常ではない。ただ、請負人も蝦夷地には頻繁に訪れているから、片言のアイヌ語くらいは理解できたであろう。もし、憶測が許されるなら、ここでの通詞というのはオムシャの際の申渡書朗読のような公式の場合のみの存在ではなかったろうか。日常の雑事には番人などが対応していたのであろう。そしてこれはおそらくは言語技術者である通詞の絶対数とも関わりがあるものと思われる。

上記の吉三郎は『西蝦夷地日記』[28]には単に「請負支配人」とのみ記されるだけで通詞兼帯にはなっていないが、田草川伝次郎のこの記録は詳細さにおいて難がある。

支配兼帯を含めて各場所の会所元(運上屋元)には通詞がおり、番人にも言葉のできるものが少なからず存在していたから、不完全ながらシャモの意志を伝えることはできたし、通詞のなかにも名の知られるもの達も出てきた。

『番人圓吉蝦夷記』[29]は「……だんだん和人入込にしたかへ、蝦夷人の詞覚へし者多々出たり。尤、上原熊次郎、廣瀬三右衛門、佐藤善兵衛、安達太郎兵衛、杉のや平八、西田平兵衛、岩城文左衛門、宮内喜多右衛門その外名高き通辞かたおふおふ出たり。中にも上原熊次郎は藻汐草といふ書をあらわし、安達太郎兵衛は一字千金集といふ書をあらわし、近年、松浦氏稀代の書をあらわし、見べき書なり」と記しているが、このうち上原熊次郎を除く「名高き通辞かた」についてはよくわからないが、広瀬三右衛門は「寛政蝦夷の乱」の折りの上通辞として記された松前「東町支配三右衛門」の可能性が考えられ[30]、宮内喜多右衛門は松前藩の記録にその名がみえる[31]。

幕末の蝦夷地東部には、「番人圓吉」こと能登屋圓吉、加賀屋伝蔵、豊島三右衛門の三大通辞がいた。

またここにあげられた諸本のうち『藻汐草』は日本語アイヌ語辞書として知られ、版行されたものでは近世最

**表1　文化二年西蝦夷場所々請負人名前（『蝦夷地諸御用留　文化二年七月より』による）**

| 場所名 | 知行主 | 請負人 | 支配人ほか | その他 |
|---|---|---|---|---|
| うすべつ | 厚谷新下　直配 | | 通詞支配兼　唐津内町　松兵衛 | 番人　一人 |
| ふとろ | 和田郡司 | 通詞支配兼請負人　唐津内町　根上屋吉三郎 | | 番人　二人 |
| せたない | 谷梯巳六 | 江差村　三條屋仁左衛門 | 通詞支配兼　江差村　嘉平衛 | 番人　一人 |
| すつき | 手場所 | 通詞支配兼請負人　江差村　須田屋伝兵衛 | | 春より秋迄出漁所、番人極無 |
| しまこまき | 並川弥盛 | 中河原村　茶椀屋宗治 | 通詞支配兼　西館町　次郎兵衛 | 番人　三人 |
| すつつ | 鈴木紀三郎 | 小松前町　福嶋屋次郎七 | 通詞支配兼　唐津内町　西松 | 番人　二人 |
| おたすつ | 蠣崎将監 | 小松前町　栖原屋半助 | 通詞支配兼　東町　喜太郎 | 番人　四人 |
| いそや | 下国工馬 | 枝ヶ崎町　柳屋庄兵衛 | 通詞支配兼　枝ヶ崎町　治郎七 | 番人　四人 |
| いわない | 手場所 | 小松前町　熊野屋忠右衛門 | 通詞支配兼　神明町　与吉 | 番人　五人 |
| ふるう | 手場所 | 通詞支配兼請負人　唐津内町　兵藤屋徳三郎 | | 番人　二人 |
| しやこたん | 藤倉官吾 | 通詞支配兼請負人　泊川町　岩田屋金蔵 | | 番人　三人 |
| ひくに | 近藤惣左衛門 | 馬形町　佐々木屋徳右衛門 | 通詞支配兼　枝ヶ崎町　長四郎 | 番人　四人 |
| ふるひら | 新井田瀬兵衛 | 大松前町　恵美須屋新助 | 通詞支配兼　東町　五兵衛 | 番人　四人 |
| 上よいち | 手場所　直配 | | 通詞支配兼　東町　伝次郎 | 番人　二人 |
| 下よいち | 松前左膳　直配 | | 通詞支配兼　石崎町　惣右衛門 | 番人　二人 |
| もいれ | 右田栄七郎 | 小松前町　住吉屋　助治 | 通詞支配兼　西館町　与治兵衛 | 番人　五人 |
| しくつし | 蠣崎藤吾 | 右同人 | 通詞支配兼　川原町　喜右衛門 | 番人　四人 |
| おたるない | 氏家官右衛門 | 大松前町　恵美須屋新助 | 通詞支配兼　蔵町　佐次兵衛 | 番人　六人 |
| いしかり | 手場所 | 唐津内町　米屋孫兵衛 | 湯殿沢町　久右衛門 | 通詞　東町　善七、番人　三人 |
| いしかり　はつしやふ | 酒井伊兵衛 | 唐津内町　米屋孫兵衛 | 通詞支配兼　愛宕町　郡平 | 番人　一人 |
| いしかり　ないほう | 手場所 | 通詞支配兼請負人　湯殿沢町　梶浦屋吉平 | | 番人　一人 |
| いしかり　さつほろ | 兵衛南條郡平 | 枝ヶ崎町　浜屋清八 | 通詞支配兼　湯殿沢町　儀左衛門 | |
| いしかり　さつほろ | 目谷安次郎　直配 | | 通詞支配兼　東町　幸三郎 | 番人　二人 |
| いしかり　しのろ | 高橋壮八 | 通詞支配兼請負人　泊川町　筑前屋清左衛門 | | 番人　二人 |
| いしかり　ついしかり | 松前彦三郎 | 通詞支配兼請負人　博知石町　田付屋勘右衛門 | | 番人　二人 |

| 場所名 | 知行主 | 請負人 | 支配人ほか | その他 |
|---|---|---|---|---|
| いしかり ついしかり | 松崎多門 | 通詞支配兼請負人 博知石町 木崎屋久兵衛 | | 番人 二人 |
| いしかり 上かはた | 佐藤彦八 | 唐津内町 佐野屋伊兵衛 | 通詞支配兼 東町 富蔵 | 番人 四人 |
| いしかり 下かはた | 土屋高八 | 唐津内町 京屋勘次郎 | 通詞支配兼 東町 太兵衛 | 番人 一人 |
| いしかり ゆうはり | 松前鉄次郎 | 通詞支配兼請負人 河原町 宮本屋弥八 | | 番人 二人 |
| いしかり ゆうはり | 蠣崎左兵衛 | 通詞支配兼請負人 泊川町 近江屋利八 | | 番人 二人 |
| いしかり しまゝつふ | 下国 協 | 小松前町 秋田屋清兵衛 | 通詞支配兼 蔵町 喜右衛門 | 番人 三人 |
| あつた | 高橋又右衛門 | 枝か崎町 浜屋清八 | 通詞支配兼 神明町 甚右衛門 | 番人 五人 |
| ましけ | 下国豊前 | 唐津内町 伊達屋林右衛門 | 唐津内町 専右衛門 | 同町通詞清五郎、番人 二五人 |
| とまゝい | 手場所 | 小松前町 栖原屋半助 | 通詞支配兼 博知石町 文右衛門 | 番人 六人 |
| てしほ | 松前彦三郎 | 栖原屋半助 | 通詞支配兼 博知石町 福松 | 番人 五人 |
| りいしり れふんしり | 手場所 | 大松前町 恵美須屋新助 | 通詞支配兼 湯殿沢町 太右衛門 | 番人 七人 |
| そうや | 手場所 直配 | 差配人 村田佐次兵衛 | 通詞 唐津内町 藤右衛門 | 番人 一二人、稼方 一九人 |
| しやり | 右同断 同 | 差配人 田村宅右衛門 | 通詞 横町 谷兵衛 | 番人 一〇人、稼方 三人 |
| からふと | 右同断 同 | 差配人 柴田角兵衛 | 通詞 博知石町 平兵衛 | 番人 一〇人 |

大の語彙を誇る。この辞書は蝦夷地に関わりを持つものはもちろんであるが、最もよく利用したのが江戸の博物家たちであることは意外に知られていない。『一字千金集』はその存在を確認していないし、さらに「松浦氏稀代の書」とあるのは松浦武四郎の著作の一つを指しているのであろうが、版行されたものに辞書はないから、あるいは稿本の『蝦夷語』のことかも知れない。

## 五　蝦夷通詞のアイヌ語

さきにあげた『北海道大百科事典』で、浅井氏は「……実際には日本語が達者なアイヌも結構いて、形式的な場合は別として現実にどれほど通辞を必要としたか不明である。著名な通辞として文化年間に松前奉行所にいた上原熊次郎や山田久右衛門がいるが語学力には疑問がある。むしろ能登屋圓吉や根室会所で土地改良も手がけていた加賀屋伝蔵の方が評価できそうである」と続けている。浅井氏のこの指摘は重要である。熊次郎の語学力については、さきに田中聖子と共同で論考を試みているので(27)ここでは触れないが、通詞のアイヌ語について圓吉は「幕府のオムシヤ申渡の書付へ蝦夷詞にて脇書いたさせ候事あり。それを見るに、日の丸中黒御印立候弁ざい、とある処のヲシヨロの通辞は弁才をニマムと書てあり。シヤコタンの通辞は弁才をロクントと書てある。有時に網役申聞にはヲ正ロ、シヤコタン両場所の通辞は蝦夷詞に委し。その余の通辞は蝦夷詞をしらず。弁才の名を蝦夷詞てすらずと被仰たり。私申上候には、私共も弁才の名を蝦夷詞にてしらず、殿様には御存(知)有之哉の趣申上る。覚有と被申たり。何と申候哉と相窺ければ、被申聞候には、ロクントともまたはニマムとも被申たり。依之、私より申上候には夫ハ大に相違いたし居なり。ロクン(ト)とは異國の黒船なり。ニマムは丸木にて造りし船成。日本の弁才の名にはあらじと申あけし事あり。

また難破船有これ節、聊の品たりとも隠し置とあるところひアミラシハツクノと通弁いたし通辞衆あり。あまり念の入すきたることとなり。アミとは爪の事なり。ラシはソケといふ事なり。なんぞ爪のそけことときのもの弁才破船におよぶとも吟味あらんや。聊□品といふ語になんぞ爪そけといふ語あらんや。是聊の文字を蝦夷の詞にてしらぬゆへなり。すらぬ事を別名にていふ事は虚言なり。然らば恐れ多き事にあらずや、御上様より仰せ出されしは天下一統の大法なり。それをうそに申聞せるは何事ぞや」と批判している。[32] このことは先にも引用した『東遊記』の一節とも符合している。

オムシャの申渡書にアイヌ語を添え書きして、それを読み聞かせるのも通詞の大きな仕事の一つである。その際の単語のアイヌ語訳に誤りがあったというのである。帆に日の丸中黒の印をつけた弁財船の訳語として忍路の通詞はニマムとし、積丹の通詞はロクントとした。役人はこの言葉を知っている忍路・積丹の通詞はアイヌ語に詳しくて、そのほかの通詞はアイヌ語を知らないのだと決めつける。これに対して、圓吉はロクントにもニマムにも弁財船の意味はないのだという。また、「す(知)らぬ事を別名にていふ」ことは嘘をつくことであり、天下の大法を嘘に訳すことは「何事ぞ」と決めつけている。

彼はまた「蝦夷人の詞委しき事は東蝦夷地はユウフツ、サル、シツナイ、クスリ、トカチ辺山奥に住居蝦夷人ある処川上、山奥ひ数度越年いたし番人にあらざれば実の委しき事は覚ひかだかるべし」と述べ、[33] アイヌ語の習得には山奥の(古風を遺す)アイヌ・コタンで何年か越年し、生活を共にしたものでなければ、真のアイヌ語は覚えられないという。

アイヌ語の学び方や通詞の方法について圓吉同様に、加賀屋伝蔵も次のように述べている。「抑、蝦夷言の儀は全定無之者成。天地草木魚虫其名東西海濱山中所々皆別々なり。勿論、男女の言におゐてをや。皆異なる故ニ書記ニ不及。藻汐草と云先生の秘書ニも誤り間々見得候。かならすかならす自悟の心を發べからす。時宜ニ應し手真似足真似の者は笑ふ事なかれ。乍併、唯口先而已ニては三度が三度に言葉違ひまゝ出し故、世人のあざけるをもかひり見ず、任我氣ニ之ヲ書記申候」[34] といい、アイヌ語に方言差、男女差のあることをまず指摘しており、だから記録にはしにくいのであり、上原熊次郎の『藻汐草』にさえ間違いはあるのだから、心に留めて置くように。その時々に手真似足真似で話しているものを笑ってはいけないなどといい、口(記憶)だけでは話す度に言葉が違うこともあるので記録をすると述べる。ついで「扨、此内ニいろいろの申渡の真似なとを加ひし候得とも、第一申渡は大切之儀故、制札表之通諸人之見得安如く、いろは書ニて端々のもの迄も聞得る様ニ通弁肝要と御心得可被成く(35)」と通詞の心得を述べている。

同様のことであるが、通詞の家に生まれたものがアイヌ語を学ぶ心構えについては次のようにも述べている。

然は、右夷言太切の奥義ニ候間、能々内心ニ而口付け其場ニ及びて無滞様通弁の心得第一之。

扨、十二聲、カンナノ　大小遠近の上下を考ひ通詞べし。尤、夷言は六ヶ敷ものと思へば甚タ氣おぐれの事有なり。人中ニ而二三度も通詞れは夫より段々心得易成事、譬ハ玉子を破り出たる子鳥のことし。又、習といふ文字のよみかへしはマナブ、トブニヨシと有よふす。然を平日習わずして飛んとするゆへ義経と教経の違有とかや。其時至而下帯□直し内ニ何程の才智可出哉。彼是する内ニ其席エ至るははたして不覚をとることなり。

然共、初度通弁ハ勿論都テ云へ間違有□成れば、和夷どもニわらわるゝ格別恥と思ふべからず。此、即玉子破り出初りの今日と思ふべし。就夫も、日夜稽古あらまほしぐ候。……(略)……番人の家に生まるゝ若もの共は、夷通弁不覚なれは己れ斗りの恥辱にあらずと心得べし(36)。

と。

圓吉も伝蔵も代々の蝦夷通詞の家であり、したがってアイヌ語の習得は家の業としても重要なものであったから「番人の家に生まるゝ若もの共は、夷通弁不覚なれは己れ斗りの恥辱にあらずと心得べし」などという家訓を残したのであろう。そのアイヌ語を学ぶ心構えなどは現在の語学修得の方法と比べてなんら遜色がない。しかし、時既に遅く、圓吉も伝蔵もその語学力を充分に生かす機会を永遠に失うのである。

# むすび

きわめて雑な観察に終始したが、蝦夷通詞の一斑には触れることができたと思う。しかし、単に概観しただけであって問題の多くは見残したままである。その最も大きな問題は蝦夷通詞のアイヌ語は本当にアイヌに通じたのであろうかという問題であろう。確かに現在目にすることができるアイヌ語の文章資料は、オムシャのそれなどにみるように日本語にアイヌ語の単語を単純に当てはめたものであり、アイヌ語とは程遠いものであり、強いていえば通詞アイヌ語ともいうべきものであるが、しかし、それはあくまで公文書の文章であって、原文と大きく懸隔するものであってはならない。オムシャの申渡書のみをもって、蝦夷通詞の語学力を量るわけにはいかないであろう。

シャモが一番身近に接していた異民族がアイヌであることは言をまたないが、その人びととの接触が、日本人の文化向上に積極的につながらず、かえってシャモの行為の醜さを強調することになったのは悲劇である。近世のアイヌ語学が学問としての評価をうることがなく、関心を呼ぶこともなかったのはもはや自明のことであろう。蝦夷通詞は常にそうした暗い一面を持っているが故に、日本の言語学史でも正当な評価をうることができなかったといえる。とはいえ蝦夷通詞の研究はアイヌ史の上からも、日本言語学史の上からも、学芸史の上からも大きな課題を有しているのである。

なお、本稿を草するにあたり加賀実留男氏には大変お世話になった。心から御礼申し上げる。

[註]

（1） 杉本つとむ『長崎通詞　ことばと文化の翻訳者』一九八一、開拓社による。また、古代の通辞については例えば酒寄雅志に「渤海通事の研究」（『栃木史学2』一九八八、三　國學院栃木短大）という好論がある。通辞の研究は古代、中世、近世の各時代の特性を踏まえた上で積極的な共同作業が必要とされる時期がきていると考えている。

（2） 渡辺茂『北海道郷土史事典』一九六五、北書房

（3） 『北海道大百科事典』一九八三、北海道新聞社

（4） 「松前家記」『松前町史　史料編第一巻』（一九七四、第一印刷出版部）所収本による。

（5） 松前景広「新羅之記録」『新北海道史　第七巻史料一』（一九六九、北海道）所収本による。

（6） 「津軽一統志」『新北海道史　第七巻史料一』所収本による。

（7） 注（6）引用書による。

（8） 「御船快風丸」『北海道郷土研究史料第五　快風丸記事』（一九七九、北海道郷土史料研究会）所収本による。同書所収の「快風丸蝦夷聞書」には「蝦夷通辞（松前にて召抱五両二人扶持）ノ者蝦夷人参候ヘト触タルニ……」という記載もみえる。

（9） 「松前主水広時日記」『新北海道史　第七巻史料一』所収本による。

（10） 「松前蝦夷記」『松前町史　史料編第一巻』所収本による。

（11） 注（10）引用書による。

（12） 上原熊次郎「蝦夷地名考并里程記」『アイヌ語地名資料集成』（一九八八、草風館）所収本による。

（13） 最上徳内「蝦夷国風俗人情之沙汰」『日本庶民生活史料集成　第四巻』（一九六九、三一書房）による。

（14） 坂倉源次郎「北海随筆」『日本庶民生活史料集成　第四巻』（一九六九、三一書房）による。

（15） 平秩東作「東遊記」『日本庶民生活史料集成　第四巻』（一九六九、三一書房）による。

（16） 注（13）引用書による。

（17） 『新北海道史』

（18） 「御扶持家列席帳」『松前町史　史料編第一巻』所収本による。また、文政六年には下代席に通辞として佐々木佐源太、滝川周平の名をみる。この時点では役職としての通辞は存在していなかったか（『松前町史通説編第一巻下』）。

（19・20） 新井田孫三郎「寛政蝦夷乱取調日記」『日本庶民生活史料集成　第四巻』（一九六九、三一書房）による。

(21) 拙稿「上原熊次郎のこと」『どるめん』一九七五、ＪＩＣＣ出版局
(22) 高倉新一郎『新版アイヌ政策史』一九七二、三一書房
(23) 白山友正『松前蝦夷地場所請負制度の研究　上』一九六一、北海道経済史研究所
(24) 注(15)引用書による。
(25) 注(22)引用書による。
(26) 久保寺逸彦『アイヌ叙事詩神謡・聖伝の研究』(一九七七、岩波書店)所収の神謡92「人間の娘の自叙 AINU-MENOKO YAIEYUKAR」はシャモのところへ交易に出かけた「私」の兄たちが悪い和人の通辞 WEN-TONO TUNNCHI によって毒酒を飲まされて殺されてしまう話である。この神謡は場所請負制下の対シャモ交易をアイヌがどうみていたかを示す好史料である。
(27) 田中聖子・佐々木利和「近世アイヌ語資料　とくにもしほ草をめぐって」『松前藩と松前24』一九八五、松前町史編集室
(28) 田草川伝次郎『西蝦夷地日記』一九四四、石原求竜堂による。
(29) 能登屋圓吉「番人圓吉蝦夷記」『アイヌ語資料叢書』一九七二、国書刊行会による。
(30) 注(19)引用書による。また「寛政十年家中及扶持人列席帳」(『松前町史　史料編第一巻』所収)に鍵取格列四人の中に「御通辞　広瀬三右衛門」の名がみえる。鍵取格列は足軽分である。彼は文化四年松前藩の梁川転封の際「御暇被下」ている。
(31) 注(18)引用書に「通辞　宮内喜多右衛門、同見習　岩城亀吉」とある。ちなみに嘉永二年時の扶持は

　　通辞
　　切米弐人扶持
　　此金四両
　　金十両　三月半金　九月半金渡

である。
(32・33) 注(29)引用書
(34・35) 加賀家文書二十四
(36) 加賀家文書三十二

# 一一　蝦夷通詞・上原熊次郎のこと

# 一

故久保寺逸彦博士は、アイヌ民族の伝承文学や信仰の研究者として著名であったが、博士が半生を傾けられた研究の集大成が『アイヌ叙事詩　神謡・聖伝の研究』として近く刊行される。

その中にも収載されている神謡《カムイ・ユーカラ》に次のような一節がある。

日本人と交易に出かけようと舟を漕ぎ出したアイヌ人の三人兄妹の頭上に鳥の群れが飛んできて、その先頭にいた鳥の落す涙が大雨のように滴り、羽ばたく音が言葉の調をなして、こう聞こえた——

アオカ　ネヤッカ（俺も）
ウイマム　アン　クス（交易しようと）
パイエ　アン　ルウェ（出かけて）
ネ　ロク　アワ（いったのだが）
ウェン　トノ　トゥンチ（悪い和人の通辞が）
シュルク　サケ（毒の入った酒を）
イクレ　エコイキ（私に呑ませて殺し）
キ　ロク　アィネ（たので）
ライ　アン　ワ　タプタプ（俺は死んでしまった）
アライラマチ（俺の死魂が）

ホシッパ　シリネナ（帰るところなのだ）
イテキ　パイェ　ヤン（決してお前たちもいくな）
ヘタク　ホシッパ　ヤン（急いで帰れ）
ヘタク　ホシッパ　ヤン（急いで帰れ）

この忠告を聞かなかった三人は、交易に出かけ、結局悪い和人の通辞によって兄たち二人が殺される。妹は危く難を逃れ、自分の村へ帰って泣き暮している。――という悲惨なストーリーである。

久保寺家のご好意で、未発表資料の一部を借用させていただいた。この神謡は日高の沙流《さる》地方、荷菜《にな》という部落に住んでいられた平目カレピア氏が、昭和一一年に久保寺博士に伝えたものであるが、もちろんカレピア氏自身の創作ではなくその原型は、日本史にいう近世にまで求められるであろう。

カレピア氏がウェン・トノ・トゥンチと語ったトゥンチとは、蝦夷通詞、すなわちアイヌ語通訳のことである。蝦夷通詞とは、耳になじまない名称かも知れない。確かに長崎におかれたオランダ通詞などに比して、これまでほとんど歴史の表面にはあらわれなかったといっていい。

もとより性格的にいって進取の意気に富むというものではない。その設置されたはじめは、対等に交易を進めた日本人とアイヌ人と相互の交渉を円滑にするための存在であったろう。しかし、アイヌ人が漁場の労働力にすぎなくなると、蝦夷通詞は支配者の意志を伝えるだけか、時には支配者そのものであったと思われる。

白山友正博士は、著作『松前蝦夷地場所請負制度の研究』において蝦夷通詞についてふれ「通辞は和夷の意志疎通の媒介をなす重要な地位にあり、学識もあり、教養もあったので余り批難の声を聞かない」（上・一五〇頁）と述べているが、程度問題であろう。

一体、日本人をアイヌ語で呼称するに「シャモ」とするのは周知のことと思う。この語は一般には「シ・サム

〈自分・のそば→隣国、隣国人〉」の転訛省略形とみられる。シサムは日本人ばかりを指すのではないが、『渡島筆記』に説明されているように「シャモと斗つきはなしていふは日本人にかぎる」のである。

いつの頃から「シャモ」が用いられたかは定かではない。宝永七（一七一〇）年に松宮観山が著した『蝦夷談筆記』には「しゃも日本人之事」と記されているところから考えて一八世紀初頭には用いられていた。

さらに、この言葉は前掲の『渡島筆記』がいう「推あがむる心ある詞にて、其已か国俗の賎陋なることはよく辨知てあれば上国の人といはん趣に聞ふる」というのではなく、逆に怨嗟と侮蔑の情すら含まれた語とみるべきであろう。シャモという言葉からは隣人の意や隣国人の義を汲みとることは困難だからである。

日本人がアイヌ人にとってシサムでありえたのは、両者が対等な交渉を保ちつづけた時期――シャクシャインの戦い〈寛文九（一六六九）年〉の前後くらい――までであろう。

場所請負という名の商業資本の導入はその戦争と前後し、確実にアイヌ人を日本人の下に隷属させるにいたる。先に述べた「ウェン・トノ・トゥンチ」は正に日本人が「シャモ」と呼ばれ始めた、その時代において発生した言葉とみていい。神謡《カムイ・ユーカラ》にはしばしば「トゥンチ」の語があらわれる。そしてその多くは神《カムイ》と人《アイヌ》との仲立ちをするものとして人《アイヌ》の意識の代弁者となり、決して一方的に神の命令を伝える存在ではないのである。

蝦夷通詞も本来はそうしたもので、日本人とアイヌ人との相互交流を図る存在であるべきなのだが、つまりは日本人の意志を押しつけるだけであった。平秩《へづつ》東作《とうさく》は天明四（一七八四）年の著作の中で、

通詞など云ものは、松前の役人のやうに云なすものなれば、蝦夷人も敬ひ重んずるを、勝に乗りてさま〲の難題を云かけ、人中にて大地に引伏せ、打擲、ふみにじりなどする體、見るに忍びずといへり。かくすれ共蝦夷人曾て手出もせず……　（『東遊記』）

と報告しており、さらにでたらめな言葉を並べたて「通らざれば此詞は古へよりの言詞なるを知らざる迚詈り恥

かし」めたりもした。

高倉新一郎博士は一九六六年の著書『蝦夷地』中で「蝦夷は非分の事があるとチャランケ(談判)をつけ、非分の方から償いをとる慣習があり、往々にして悪用されていたが、蝦夷の事情をよく知る通詞などはよくこれを利用して蝦夷から宝物を奪ったらしい」と述べているが、そうした非道な通詞(ウェン・トノ・トゥンチ)の存在は少なくなかったようだ。しかも、アイヌ人が日本語を学ぶことを禁ずるという松前藩の政策などがあって、アイヌ人の側の利益を代弁する日本語通詞の存在はなかった。

蝦夷通詞は、このように日本人がシャモといわれるようになる時期から収奪者の立場に立っていた日本人――ウェン・シャモの一人であった。

この存在は日本人とアイヌ人との交渉を考える上で看過さるべきではないが、これまでにまとまった報告はない。いずれ蝦夷通詞については綿密な研究が必要であろう。

## 二

蝦夷通詞といわれた人はその数を知らないが、例えば慶応四(一八六八)年に紋部津(現紋別市附近)の番人圓吉が著した稿本『番人圓吉蝦夷記』に「……だん〳〵和人入込にしたかへ《ママ》蝦夷人の詞を覚へし者多く〳〵出たり。尤、上原熊二《ママ》郎、廣瀬三右ェ門、佐藤善兵衛、安達太郎兵衛、杉のや平八、西田平兵衛、岩城文右衛門、宮内喜多右衛門その外名高き通辞かたおふ〳〵出たり」と蝦夷通詞の名をあげている。さらにまた「中にも上原熊次郎は藻汐草といふ書をあらわし、安達太郎兵衛は一字千金集といふ書をあらわし……」と述べている。

上原熊次郎以外の蝦夷通詞については現在知るところではない。本稿においては、この上原熊次郎について少し考えてみることとしたい。

上原熊次郎という人物に初めてスポットライトをあてたのは金田一京助博士で、博士は自らが学ぶアイヌ語学の先達に対して、終始暖かい目を注ぎ、その人物像を描き出した。

名だたる通詞であるとはいっても、身分的には、江戸時代末期、北方からの脅威に対蹠するため遠国奉行に急拠加えられた、松前奉行所の下級吏員に止まっていたにすぎず、従って彼に関する資料はないに等しい。

こうした困難な中でまとめあげられたのが「蝦夷語学の鼻祖上原熊次郎先生逸事」(『アイヌの研究』所収　一九二五)で、そのほか部分的な研究では黒田源次博士の「シーボルト先生のアイヌ語学」(『シーボルト研究』所収　一九一三)、私が、上原熊次郎に関する新資料の紹介を『北海道新聞』(一九七四・四・二三)紙上で試みたものがあるだけにすぎない。

上原熊次郎に対する研究が必要な理由として、前節でみた日本人とアイヌ人との交渉史における蝦夷通詞の占める位置に関してだけではなく、幕末の北辺の一介の地方役人でしかないものが、実は日本の言語学史を考える上で無視しえない業績を残しているからなのである。職務上、それはアイヌ語学が中心となっているが、ロシア語学の上でも大きな役割を果している。

熊次郎が世に遺した著作には、次のようなものがある。

(1)『蝦夷方言藻汐草』寛政四(一七九二)
　百科全書体の日本語アイヌ語辞書。
(2)『蝦夷語集』成立年未詳　四巻

近世アイヌ語の集大成。イロハ引の日本語アイヌ語辞書。

(3)『蝦夷地名考幷里程記』文政七(一八二四)

アイヌ語地名の解釈書だが、熊次郎の文法の知識をも知る好資料。

(4)『蝦夷語箋』安政二(一八五五)

熊次郎の自筆原稿に基づくかどうか、疑問点がある。ロシア語の単語も収録してある語彙集。

これらは、文字言語を伴なわなかったアイヌ語にあって、近世におけるそれをうかがうのに欠くことのできない資料として高い価値をもつものである。

熊次郎の著作のうち、最も多く読まれたのは(1)で、その書がもたらした役割は無視できないし、また(3)は新資料でもある。これらの両著については後述したいと思う。

## 三

上原熊次郎の生没年については、今にいたるも判然としない。ただ、その生地はしばしば引用する『渡島筆記』に

同心に上原熊次郎といふもの、松前に生まれて幼より番人となりてゐぞにて人となりし……

とあり、また安政三(一八五六)年に窪田子蔵が著した『協和私役』には

松前産の蝦夷言に通じたればとて御召構《ママ》になりし上原熊次郎……

と記されていることから、熊次郎は蝦夷地松前に生をうけたと考えられる。

彼の年齢を推定させる資料には、ロシア人ワシリー・ゴロウニンの手記『日本幽囚記』(馬場佐十郎らの訳が『遭厄日本紀事』)に

新たにわれわれに配属されたクリール語の通詞で五十前の男……(原註　あとで知ったが、この通詞は上原《ウエハラ》・熊次郎《クマヂエロ》といふ名であった)

とみえ、また『遭厄日本紀事』は「五十歳ばかり」と訳出している。この年齢推定はあくまでもゴロウニンの印象にすぎず、格別の根拠があるわけではないが、おおよその年代は知れよう。

ワシリー・ミハイロヴィッチ・ゴロウニン(1811〜1813年，日本で捕囚となった)(露艦「ヂャーナ」号艦長ガローウニン日本幽囚實記，海軍文庫，1894より)

その没年についても、全く資料を見い出せないが、少なくとも文政七(一八二四)年には存命であったことが『蝦夷地名考并里程記』の跋の年記から確実である。

さて、熊次郎に関する最も古い記事は木村謙次の『蝦夷日記』で、寛政八(一七九六)年八月七日の条に

エトロフへ渡海致候もの誰々に候や、御答聢と不承候所三四年前、工藤庄左衛門、通詞熊次郎渡海仕候……

とある。寛政四・五年頃であろう。このあたりの事情を皆川新作氏は、『最上徳内』の中で

「……これより先ラックスマンの船エカテリー

ナはニシベツ沖より移って九月五日ネムロ港に入って越年の準備をしているところに松前家来工藤庄左衛門、通詞熊次郎が同月廿二日午後五時同港に着いた。この二人はさきに東蝦夷地異国境までも見届べき命を受けて五月エトロフに渡り(略)幸太夫及び主なるロシア人四人に対面し(略)詳細な報告を携へて十一月七日頃松前に帰った。」と記している。寛政四年のことである。

この通詞熊次郎は、上原熊次郎とみていいようだ。

ところで、この熊次郎は寛政三年には、クスリ場所(現釧路市附近)の通詞であったことが『東蝦夷地道中記』によって知られる。また『蝦夷方言藻汐草』に収録されている語彙は、東部方言が比較的多くみられること、さらにアイヌ語の例文に「其側の川ハ　クスリの川程もあるか」「東蝦夷の者ども此たび強くとり合が」出来たなどとあるほか「東蝦夷地戸勝にて……」と伝承地の記された掛合の言葉がみられることから、寛政四年以前にクスリ場所の近辺に勤めていたであろうことは察しがつく。ところで蝦夷地東部について、坂倉源次郎は元文四(一七三九)年の著『北海随筆』中で

惣して東蝦夷は剛強にしてややもすれば松前の命を蔑せり。キイタップ、アッケシ、クスリ辺は別而六ヵ敷……

とあるように、独立性が強い地域であった。寛政元(一七八九)年には日本人の横暴、苛政に抗し起ち上っている。この時の日本人の犠牲者は併せて七一人に及んでいる。その後、蜂起したアイヌは同胞の説得によって投降し、首たる者三七人が斬られ、松前藩の正規軍と一戦も交えずして鎮められた。

この事件は全く日本人《ウエン・シャモ》によって惹き起されたといえるのだが、寛政元年前後、上原熊次郎もクスリ近辺にいた可能性が強いようだ。クスリ場所の通詞となったのは寛政二年、もしくは三年の早い頃であろう。事件に直接責任を持った場所請負人飛騨屋久兵衛が罷免され、村山伝兵衛、大黒屋茂右衛門と請負人が変っている。飛騨屋

罷免の際、その使用人たちも同時に変えられ、対アイヌ交渉の困難さもあって、アイヌ語に長じた熊次郎などが改めてクスリ場所の蝦夷通詞となったものと思われる。

この後、暫らく上原熊次郎に関する記録は見いだせない。

寛政一〇(一七九八)年には近藤重蔵・最上徳内らの蝦夷地見分があったが、この時の報告書などにはアブタ(現虻田町附近)の支配・通詞として熊次郎の名がみえる(皆川氏による)。

松田伝十郎の著した『北夷談』第一によればアブタ場所はアイヌの「人別男女五百人餘にて大場所なり」と記される。寛政一二年二月中旬の条である。熊次郎は通詞とある。南部藩調『蝦夷地御用雑書』の同年六月九日の条には「阿武田　御會所支配人熊治郎」ともみえるので、アブタ場所における熊次郎は、支配人兼通詞であったものと思われる。

この場所は、アイヌ人対策の上でも、経済上からも重要な地区で、従って支配人・通詞の職掌もかなり重いものであった。

熊次郎のアブタ勤務は文化四(一八〇七)年頃まででであったらしい。というのは『渡島筆記』につぎのような一節がみえるからである。

シコツといふ所のマウケシャンといふもの去年此事を熊次郎に語りしぞ……

『渡島筆記』の成立は文化五年だから、ここの去年というのは当然文化四年である。

また『山崎半蔵日記』文化四年五月一七日の記録に

ヤマクシュナイ宿。途中落部ノ名主次郎兵衛曰、アフタノ支配人熊次郎地役被仰付、深山宇平太様召連レ、ソウヤヘ御向ノ由

とある。

羽太安芸守正養像(谷文晁筆，東京国立博物館蔵)

文化四年は蝦夷地全域が幕府直轄地となり、松前氏の奥州移封に伴ない、箱館奉行を廃し松前奉行所を設けている。松前奉行所がアイヌに対して同化策を進めるために、また羽太正養が記しているように「当御用取締の眼目は全く蝦夷人伏従の事」(『休明光記』巻之四)につき彼らを撫育するために、アイヌ語に通じた人材を必要とした。熊次郎が召し出された理由であろう。

松前奉行支配下同心として士分に取り立てられた熊次郎であるが、彼のアイヌ語は従前と同様に、日本人の側の意志を伝達するために主として用いられたらしい。

通詞としての熊次郎が、どのような態度でアイヌ人に接していたか明らかではない。ただ『渡島筆記』には熊次郎の話としてアイヌの逸話をいくつか伝えている上に、「……通辨《ママ》の事に心を用いること篤かりし故に渠のみよく聞わかち、己又よくこれをかたる」とあり、ユーカラの一部を訳出している。ユーカラについて同書はまた「しばしば夷地に往来して大低通辯なるほどの者にても、たしかに聞かぬるゆへは、比うたひものに限りて平日いふ所と殊なる言葉多しとぞ。おもふに極めて古辞雅語を専に用る」と説いている。ユーカラ語が日常語と異なることは金田一博士の研究に明確であるが、それを理解するにはやはり、深くアイヌ人の懐ろに入りこまなくてはえられない。

シャモとして搾取する側の人間ではあるが友人としてアイヌの人びとと接しえた、数少ない日本人の一人だったようである。このことに関連して彼らの交友を示す挿話に熊次郎とアイヌ人との間にかわされたユーモラスな会話が『渡島筆記』にみえる。

　上原熊次郎か夷人に事を問て的拠なきことに、汝輩ものかくすべをしらぬこそ歎はしといへば、されば我々も先祖はよみかきするわざをもわきまへたれど、ホウガンどのに其巻物をとられてより初めて字を作ることをしらざるもの成たり

これなども、熊次郎のアイヌ人観の一面を示していると思われる。

上原熊次郎がその生涯において、最も華やかな活動を行なったのは、文化八（一八一一）年から一〇年にかけての、いわゆる「ゴロウニン事件」において、通訳としてその任にあたった頃ではなかろうか。

ゴロウニン事件というのは、文化八年に千島を測量の目的で来航したロシア軍艦ディアナ船長ワシリー・ゴロウニン以下七名をクナシリ島で捕縛し、二年にわたって松前に幽囚した事件である。この事件の顛末は『日本幽囚記』（井上満訳　岩波文庫）に詳しく、また前出の金田一論考によって、この間の熊次郎の行動は詳述されているのでここでは述べない。

ゴロウニンの著作には、熊次郎の性格に関する描写がいくつかみられるが、ゴロウニンの観察に基づいてその性格をうかがうと、熊の胆の見分け方がうまく、またユーモラスなところもある反面、下級役人としての小心さも併せもつ、人の好さそうな憎めない人物であったようだ。

ゴロウニン事件の落着が近い文化一〇年の前半に熊次郎は在住勤方に進む。翌一一年五月松前奉行服部備後守の江戸帰府に従い、松田伝十郎らと随行。青盛、越後、信州路、中山道を通って江戸に向う。到着は六月であった。熊次郎がいつ頃まで江戸に滞在したか、現在のところは不明である。備後守は翌一二年四月に松前に帰任しており、熊次郎も或いは一年くらいは滞留していたかも知れない。

同年一二月から文化一四年にかけて、熊次郎はクナシリ詰を命ぜられていることが『原始謾筆風土年表』から

知られる。

文化一四年以後の熊次郎に関する記録は今のところ見い出せない。

文政四(一八二一)年一二月には、蝦夷地全域が松前氏に還付されている。この時点で熊次郎はどのような行動をとったのか。或いは松前藩に仕えたか、それとも完全に職を辞したかいずれかと考えられるが、遺憾ながら資料がない。

『従伊屋迄明細下書 文久元年改下』という書物があり、その中に

上原熊次郎二男
　吉田 和右衛門 養子出生松前
文政五年十一月七日新組足軽江御奉行
同九戌年十一月七日離縁
跡式仲間一同へ御預け

の記載がある。熊次郎は娘一人を嫁がせていることが『日本幽囚記』によって判るから少なくとも三人の子供がいたことになる。この記事から和右衛門が離縁された理由は知れない。臆測が許されるなら、家督を継ぐべき長子が文政五年以後に死んでおり、次男の和右衛門が上原家を継ぐことになったのであろう。ならば、熊次郎が没したのは文政九年の一一月のころではなかったろうか。

# 四

『魯文法規範』というロシア語の文法書がある。その表題および序文に「日本訳家諸君ノ為ニ」とあるようにゴロウニンが日本人のために認めたもので、馬場佐十郎が訳出した。巻之六には次のような例文がある(和訳のみを示す)。

　貞助、馬場、佐内、上原等ノ諸君ハ数年間魯西亜ニアルナラハ彼等ハ魯西亜語ヲ悉ク知ルナラン

村上貞助や馬場佐十郎の語学力についてはゴロウニンをして感嘆せしめるものがあったが、熊次郎のロシア語力については厳しい批評を行なっている。

熊次郎は千島アイヌのアレキセイを介してアイヌ語からロシア語へという通訳の方法をとったために微妙なニュアンスの表現は困難であった。もとより、アイヌ語の日常語彙では西欧の文明国の高度な話題を飜訳するには語彙が不足である。そうした言葉の問題で、幽囚の初期は意思を通ずるのに困難をきわめた。ゴロウニンの熊次郎に対する印象の悪さはそのあたりにも起因するらしい。

熊次郎がロシア語を学んだことはゴロウニンの手記にも記され、また『魯文法規範』の記事や、その表題に「馬場貞由訳述、足立信顕参考、上原有次校閲」と記されていることからも判る。

熊次郎のロシア語力を知るには、彼が一人で訳出した公文と、貞助らが関与した公文とを比較してみればいいように思われる。例えば固有名詞の表記法に若干の違いがあるようだ。熊次郎の語学は、佐十郎や足立佐内らがヨーロッパ語を母胎としたのと違い、あくまでもアイヌ語をベースにしており、さらに年齢的にも新しい言葉の

学習に煩わしさを感ずる世代に属しているので、ゴロウニンの批判は厳しすぎるといわねばなるまい。

谷沢尚一氏は私に多くの資料を提示された先学であるが、氏の教示された文献に、高橋三平が近藤重蔵に宛てた手紙がある。


……彼赤蝦夷一件も何ニ茂相変儀無御座候。御存し之熊次郎去年以来ラソワを以通弁いたし覚此節ニ至候而ハ萬端無差支直ニ通弁相成申候。きやつはとふしても夷弁ニは妙を得たるやつと被存候（文政九年七月廿四日付）（『北海道史研究・五』所収）

高橋三平は後に松前奉行を勤めた人物であるが、当時は同奉行所吟味役（奉行に次ぐ高官）であったから、この書簡での見解はそのまま松前奉行所の熊次郎に対する評価とみていいであろう。

## 五

このあたりで、熊次郎の著作を瞥見する。

『蝦夷方言藻汐草』については金田一論考に詳しく、つけ加えることとてもないが、その成立に関して一言ふれておく。この書は熊次郎の著作の中で最も広く読まれており、例えば大内餘庵は『東蝦夷夜話』（安政七年刊）の中に、

上原氏の藻鹽草にも蝦夷上古の人をクルミセといふ……


とあるなど、この種の引用がしばしばみえる。

ところで、この「藻塩草」は『蝦夷方言藻汐草』のことで、これには二冊本と一冊本とがあり、一冊本が初板

ですなわち『藻汐草』(『もしほ草』)であるというのが金田一博士の論考にみえるが、実際は一冊本(初板)にも『藻汐草』と『蝦夷方言藻塩草』と二種類ある。一冊本、二冊本には「文化元子年　白虹斎撰」の年記をもつ序文がある。この白虹斎は最上徳内である。一冊本ではさらに「寛政四年五月四日　通辞上原熊次郎、支配阿部長三郎」の年記の跋がある。金田一博士はこの書は寛政四年頃完成、文化元年頃刊行とみている(黒田博士は、もっと明確にその説を述べている)。しかし、享和元(一八〇一)年に成立した滕知文(根岸典則)の『東夷周覧』には「(アイヌ語地名は)通詞阿部長三郎、上原熊次郎ニ由テ正ス」とみえる。これは一冊本の跋を踏まえたものである。とすれば根岸典則は白虹斎序文のない書物に拠った可能性が考えられる。そして『蝦夷方言藻汐草』の序・跋・目次の各所にみえる「蝦夷方言」の文字は、それが成立当初の書名であったことを示しているようだ。つまりこの書物は寛政四年と文化元年とさらにその後の三度、印刷に付されたものと思われる。三度目に跋が削られているのは、白虹斎の名の持つ重さの故であろう。例えば弘化年間の写本である『夷言藻汐草』は白虹斎主人の序文と寛政四年五月という年記を記しながら、熊次郎ほかの名と跋とを削除していることからもうなづける。

アイヌ文化の特異な研究分野に、北海道の各地に残されたアイヌ語地名を分析してアイヌ人の考え方に迫ろうとする方法がある。山田秀三氏の方法がその好例である。金田一京助博士、知里真志保博士もそのアイヌ語学を踏まえてアプローチしているが、山田氏の業績には及ばない。

古くは永田方正、松浦武四郎、村上島之允にも地名解釈の書があるが、それらの先駆的業績として評価しうるのが『蝦夷地名考幷里程記』である。だがこの書物は私が紹介するまで(前掲報告)全く世に知られなかった。

本書に附された二種の跋から、その成立が文政七(一八二四)年であり、また公刊の意図もあったことがうかがえる。二種の跋はまた一方が上原熊次郎、一方が上原有次と同一の手で記されており、「熊次郎」と「有次」が同一人物であることを明確に物語る資料ともなっている。

地名の解釈書であると述べた。アイヌ語の地名解釈は生なかな語学力ではこなしきれるものではない。熊次郎の語釈も、現在の文法知識を基に考えた場合、例えば接辞などの扱いに不充分な面があり、その意味では完全なものとはいえない。仮に馬場佐十郎などのように諸外国語に通じていれば、熊次郎の語釈もまた別な観方ができたかも知れないが、熊次郎はアイヌ語の中に育った人間であった。しかし、彼の語釈は、そのまま江戸時代末におけるアイヌ語の最高水準であることに疑いはない。この書物のアイヌ語解釈を分析的に研究することにより近世の「アイヌ語学」なるものをも浮彫りにすることは可能である。

なお『蝦夷語集』については、先年国学院大学より『和愛辞典』として飜刻刊行されたことがあり、また知里博士の『分類アイヌ語辞典』第二巻によってもその片隣をうかがうことができる。『蝦夷語箋』に関して私は、熊次郎の直接原稿に基づくかどうか疑わしいと述べた。『蝦夷語集』などの大著をものにした人物の手になったにしては欠陥が多い。その書物は安政元(一八五四)年の公刊であり、また「上原先生著」として名前がないのもおかしい。もし、熊次郎が文政九年に没したとしたら、出版はできないはずである。この書物は上原家の家督を継いだ人物(例えば次男の和右衛門)が、残された原稿などをもとに出版したと考えることはできないだろうか。



## 六

これまで、蝦夷通詞としての熊次郎を中心にみてきたつもりである。彼がアイヌ人にとってウェン・トノ・トゥンチであったかどうかは判らないが、ひいき目も伴なってだが少なくともアイヌ人の友人となりえたシャモであった。高所からアイヌ人に接した人間と異なり、彼のその前半生はアイヌ人と共にあり、そしてアイヌ人の文化を後世に生のかたちで遺した人物であった。

彼の記録したアイヌ人の言語文化は、いずれ適当な形で公刊する必要があると思う。

［附記］　本稿を記すにあたって、赤羽栄一、谷沢尚一、布田正氏から多くの示教をえた。心からお礼申し上げる。

なお、本稿中「アイヌ人」に対置する語として「日本人」を用いた。一般に用いられている和人と同概念である。

# 一二　近世アイヌ語資料について――とくに『もしほ草』をめぐって

田中聖子
佐々木利和

# はじめに

近世の蝦夷地にあって、他所と関りをもつことなく独自の発展をみた学問にアイヌ語学がある。いな、学問というべきではないかもしれない。これはアイヌの人びととの長い交渉の過程で、自ずと身につけた技術であって、学問として正則な発展をした訳ではない。この技術者を蝦夷通詞と称しているが、その実態は知られない(1)。彼らは和蘭通詞や唐通詞のような組織化された高度な技術者集団とはいえなかったし、学問や技術の輸入者という華やかさも勿論もちあわせてはいない。

ひたすら交易のため(後には収奪のため)だけに、一方的に和人の意向のみを伝えるのが彼らの主たる職務であったし、多くの場合、商人の使用人にすぎなかったのである。

そうした蝦夷通詞の中にも、後世に残る仕事をしていた者も少なからず存在していた。

中でも傑出していたのが上原熊次郎であり、なかんずくその一連の著作であった。

本稿では、近世アイヌ語資料研究の第一歩として、彼の著作と目されている『もしほ草』に着目し、その成立の事情と評価とを書誌学的に、またアイヌ語学の上から考察してみることを目的としている。

もとより些細な問題を論ずるにすぎないのであるが、日本の言語研究史という視点からすれば、北辺の少数民族の言語を最初に整理したものであり、かつ、金田一京助氏により「……約四千の語彙と数多くの会話及び古文辞・詞曲の例を集めた極めて貴重なもの(2)……」という評価が与えられている書物に対して、考察を加えてみるのは、文化史的にもアイヌ文化研究の上でも、益ないことではあるまいと思う。

# 一　上原熊次郎と『もしほ草』

## 1　上原熊次郎という人

上原熊次郎。名は有次という。生没年とも未詳。一説に松前に生まれ、蝦夷地において人となる。(3)「……名高き通辞方……」(4)の一人として知られ、また、「蝦夷語学の鼻祖」(5)とも評されているが、その閲歴はもちろん、彼の業績も充分な紹介がなされたことはないに等しい。彼の生涯の簡単な叙述は断簡零墨を拾い、佐々木がかつて試みたことがあるので、(6)ここではくり返さない。

この上原熊次郎は、寛政期から文政期にかけて活躍した蝦夷通詞である。(7)場所請負人の一使用人として、アイヌの人びとを相手に、地味な生活をおくっていた彼が、下輩とはいえ幕府の役人に成り上り、上原熊次郎殿などと敬称さえつけられるようになるのは、蝦夷地の当時の情況を割引いても、破格の立身といわねばなるまい。その主たる要因には、当代一のアイヌ語通詞という評価があった。(8)いわば技術者として登用されたもので、かかる意味からすれば、間宮林蔵などとも性格を同じくするのかもしれない。北辺に住む一介のアイヌ語通詞を、世におくりだすことになったのは、いわば時代の要求でもあった。

熊次郎がクスリ、アブタなどの諸場所の支配を経て松前奉行所の地役雇となったのが文化四(一八〇七)年。以後、同心を経て、文化一〇年には在住勤方に進み、やがて松前藩の復領を迎える。(9)

奉行所在勤中は、文化八～一〇年のゴロウニン事件で公式通訳を勤めたほか、文政二(一八一九)年には、石狩詰の長川仲右衛門とともに、千歳川筋のイサリ川、ムイサリ川におけるウライ騒動の調停に尽力している。[10]そして、クナシリ詰などを経て、文政五年の復領事務引継に際しては、その事務の一班を荷っている。[11]

## 2　上原熊次郎の著作

ところで、上原熊次郎が今日、より重要な存在意識が論じられるのは、右のような観点からではない。いうまでもなく、その語学を駆使した、彼の諸著作においてである。

彼の著作としては、現在までのところ以下の四本があげられる。

㈠　もしほ草
㈡　蝦夷地名考并里程記
㈢　蝦夷語集
㈣　蝦夷語箋

このうち、板行されたものは、㈠㈣の二本。但し、㈠㈣は彼自身の著作と扱うべきか否か疑問がある。

これらの中で、㈡㈢はあまり知られることのない資料であるが、㈡は、近年、その利用が高まっており、公刊を望む声も多い。㈡㈢㈣について簡単な解題をしておく。

㈡　蝦夷地名考并里程記(東京国立博物館保管)

外題・内題とも『松前并東西蝦夷地場所々地名荒増和解　休泊里数山道行程等大概書』とある。上記の「蝦夷地名考并里程記」は、外題に付された略称(異筆と思われる)である。

松前から東蝦夷地シレトコまでと、ルシャから西蝦夷地ソウヤを経て西在立石野までの沿岸六八カ所の地名解を試みている。この書は、地名解として最も重要であるばかりか、熊次郎のアイヌ語文法に関する理解度を知る好資料でもある。

文政七年一一月の跋二種を有する。彼の自筆稿本。「求己堂記」ほかの蔵書印があり、高橋景保ら愛書家の手を経たことを知る。[12]

㈢　蝦夷語集(国立公文書館保管)

外題・内題とも『蝦夷語集』とある(一部に「蝦夷語」)。六巻四冊。バチラー以前、最大の語彙数を誇る。イロハ引の日本語アイヌ語辞書で、各部それぞれ、天地・居所・時候など一二項目に部類立てされている。語彙のほかには、序跋年記もなく、成立の事情は定かではない。㈡と同様自筆稿本。「昌平坂」の印記をもつ。詳しい検討は別に譲るが、成立時期は㈡と同様に文政七年とみるのが妥当であろう。

㈣　蝦夷語箋

内題・外題とも『蝦夷語箋』。嘉永七年豊雲楼蔵版。扉に「上原先生著」とある。竪長本。三丁ウに「東西蝦夷人男女之圖」を附す。また後印本には「附録魯西亜言語」(四丁)が同図の後につく。

内容の詳しい検討は金田一京助氏に譲るが内容からみて熊次郎の関与はなかったと思われる。なお、「上原先生」の名誉のために、敢えて附言すれば「……藻汐草の新工夫のㇷ゚という文字は一つ残らず語箋ではヅとなっている」[13]という、金田一氏の指摘は正しくない。きちんとㇷ゚が用いられているし、ヅがあってもその数は少ない(但し同氏が拠られたのが異版ならば別かもしれないが……)。

## 3　『もしほ草』の書誌

さて、本稿の主題である『もしほ草』に目を転じてみたい。

この辞書は日本語アイヌ語体で、語彙を天地・人物・支體・口鼻耳目心・器財・鳥獣・草木・助辞・熟語の各部に分け、さらに熟語部には成句などのほか、「和歌を蝦夷言に譯す」「チヤーラケ　切口上なり」「東蝦夷地戸勝にて騒優ニ(ママ)およびし時の初の掛合」「右答の言」「ユーガリ　浄瑠理の事」といった長文も収載されている。

文章を除く日本語およそ二〇〇〇語、アイヌ語およそ二六〇〇語となっている（表参照）。

アイヌ語辞書として、あまりにも有名な本書に、一冊本と二冊本があることは周知のことである。そして、金田一氏が、一冊本は初板であると断定されたこともよく知られている。(14) しかし、それは厳密にいえば正しくはない。

『もしほ草』。一般には『蝦夷方言藻汐草』として流布した二冊本の書名の方が通りがいい。が、本稿では一冊本の題簽によって『もしほ草』の書名を用いる。

『もしほ草』は、縦およそ一三センチ、横およそ一八センチの横長本。題簽は『もしほ草』、序題は『藻汐草』、目録題、後題ともに『蝦夷方言』、柱は『藻塩草』。白虹斎の文化元年序、上原熊次郎・阿部長三郎の寛政四年跋を有する。整版一〇三丁（稀に遊紙の入った一〇四丁本もある）。

表紙の色から、黄表紙本、青表紙本、茶表紙本などがある。

書物の形態からいえば如上のとおりであるが、内容の面からも、甲乙二種に分ちうる。それが一冊本即初板といえない理由につながってくる。その主要な差異をあげておく。

○二五丁ウ七行目
甲　赤く染る　フーレカ
乙　赤く染る　フー⅃カ　（レの文字が逆に彫られている）
○二八丁一二行目
甲　互いに得心　アンラムオチユウヱ
乙　互いに得心　アンラムオチユウヱ　（傍線が附される）
○三〇丁ウ一五行
甲　入れてしまふ　ヲマレアノキタ
乙　入れてしまふ　[redacted]　（アイヌ語を削り埋木）
○三五丁ウ二行目以降
甲　白
乙　黒く全体を埋木

右にあげたような異同が認められる。このほか、シの一画を欠くとか匡郭の一部を損なうなどの点もあげられるから、一冊本の中にも、初印本と後印本の別があるといえる。

流布本である二冊本は、管見の限り、系統的には甲本の流れにあるようだ。従って二冊本は再板本というよりも、改装本とみておいた方がいい。

くり返すが二冊本の書名が『蝦夷方言藻汐草』となっている。金田一氏は「……出来上ったのは寛政四年頃で、その頃には蝦夷方言という標題が案になっていたらしい」とし、『もしほ草』では「……ちょっと見になにを書いた本だか分りにくい弊を改めて……跋文の標題なる蝦夷方言の四字を頭に加えた……」のだといわれる。[15]

しかし、目録題や後題に「蝦夷方言」とあり、しかも白虹斎の序文に「……今閲蝦夷方言書[16]……」とあり、彼が序文を草した時期までは、明らかに『蝦夷方言』という名称の書であった。
だが、それが稿本であったか、板本であったかについては判断の材料をもっていない。ただ、享和元(一八〇一)年に滕知文が用いたのは『蝦夷方言』という書であったはずである。[17]
『もしほ草』という雅名は、白虹斎序を附加した時に与えられた。そして、それは跋の「……旁午の遑を忍むで方言を書あつめたれど……」を取り、「書きあつめ」からの連想で『もしほ草』[18]としたもので、ゆえのない改題ではない。

## 4　『もしほ草』の著者

『もしほ草』の跋は

蝦夷方言跋
蝦夷地東西の諸嶋を巡るあいだ、旁午の遑を忍むで方言を書あつめたれども、里人の音韻を聞得さることも少なからず。且、記すに倭字を用ゆる、軌に當らざることも多し。極めて誤あるべし。訂さんと欲すれども東西千里再問すること甚難し。後来同志の友、是を正さんことを願ふのミ。
寛政四年五月四日
通詞　上原熊治郎
支配　阿部長三郎

と記されている。この跋の文章から金田一氏は「……著者上原熊次郎といふ人はまづ寛政四年には相當の年齢の人であって、それまでに既に蝦夷地の東西を跋渉し、蝦夷語に達してゐて通辭となって」いたと推定され、さらにこの頃には「……既に或る一定の箇所に落ち着いて居」るとみておられる。[19]

だが、熊次郎に関していえば「一定の箇所に落ち着いて」いるどころか、この年は先にみたように、彼の華やかな生涯が開始される時期であって、隠退など思いもよらない。

金田一氏は何故か、長三郎について言及されていないが、金田一氏の指摘ゆえにこの文は熊次郎が書いたのではなく、支配として併記されている阿部長三郎の手になるものと考えた方がよさそうである。

跋の文章からうける印象は、正に金田一氏が指摘されている「相当の年齢の人」のものであって、だから「東西千里再問」し難いのである。

この阿部長三郎は『夷諺俗語』に多々みえる村山長三郎と同一人物とみていい。[20]

彼は阿部屋村山伝兵衛の手代として、西蝦夷地各場所の支配人や通詞を勤めており、寛政四年はソウヤの支配人で通詞兼であった。しかも串原右仲は、長三郎のことを「數十年夷地に参るもの[21]……」と述べており、この当時かなりの年輩であったことがうかがえる。

とすれば跋文はソウヤで認められたもので、クスリの熊次郎に届けられたのであろう。

さて、長三郎は、『もしほ草』作成にどの程度関与したのであろうか。この本を開くと、例えば「雪杳　ケリからふと嶋キロ」「柳皮　ニカウナイ▲メロマイソーャ辺の言」とか、西地・東地・シャリ・ソウヤ・ノトロなど方言を指摘している箇所がある。これらソウヤを中心とした西蝦夷地の語彙が長三郎の採録したものと思われる。[22]

また「令山方之者ともリイシリ嶋の山へ登り見分いたし候様申渡差遣シ候処蝦夷ども申聞候訳」などの文も長三郎によるものであろう。

このようにみてくると『もしほ草』編纂の主体は熊次郎であったが長三郎もある程度協力していたと思われる

から、この本はやはり二人の共著としておいた方がよさそうである。

熊次郎と長三郎との関係を徴すべき資料は現在知るところではないが、同じ場所に勤務したことがあったかもしれないし、それ以上に長三郎は、熊次郎のアイヌ語の師であった可能性も考えられる。

## 5 『もしほ草』成立の背景

板行されたか否かはとも角、[23]『もしほ草』は寛政四年には成稿をみたことだけは疑いない。では、何故、この時期に前代未聞の大辞書が編まれたのであろうか。

筆者らは、この切掛となったのが、いわゆる「クナシリ・メナシの蜂起」であったと考えている。事件そのものは、ここで詳述する必要もないが、蜂起の主たる原因は、飛騨屋がアイヌの人びとに対して行なった非道さにあった。[24]

飛騨屋の跡をうけ、実質的な請負となった阿部屋にとって、交易を順調におこなうためにも、前者の轍を踏まないことこそ、最大の課題であった。

とくにメナシクルは、剛強で独立の気概も強いところに加えて、事件の傷痕が未だ癒えていない時である。しかも、イコトイ、ションコアイヌなどの有力な指導者もなお存命している。

阿部屋が秀れた支配や通詞を求め、良質の辞書を欲したのは当然のことといえよう。

『もしほ草』はそうした和人の側の(厳密には阿部屋の)強い要請で編まれたものであるということができる。ただし、それは和人とアイヌの意思の疎通をはかるという性格のものとはなりえなかった。和人の側に便なるものではあるが、その逆、即ちアイヌの人びとの言を理解するためのものではなかったということが、この辞書の形態から推し測ることができるのである。

## 二　アイヌ語資料としての『もしほ草』

### 1　アイヌ語研究史上における位置

学問としてのアイヌ語研究は二〇世紀に入ってから始まったが、語彙の記録は既に一七世紀からおこなわれていた。

江戸時代のアイヌ語の語彙記録の状況を一覧すると、次頁の表の通りである。[25]

この表をもとに諸書と比較してみると、『もしほ草』は次のような点に特色がみられる。

第一に、辞書[26]としての体裁を整えて編まれた最初のものであること。『もしほ草』以前のアイヌ語資料は、蝦夷地を巡検・調査したり、見聞したりした幕吏や旅行家が、蝦夷通詞から聞きかじったアイヌ語を、地理誌・風俗誌・紀行などの中に記述の一つとして採録しただけのものや、場所ごとに通詞が日常使うアイヌ語を小冊子にまとめた程度のものであった。[27]

第二に、蝦夷通詞として活躍した熊次郎が中心となって編んでいるため、その記録がアイヌの人びとからの直接の聞き取りに基づいている可能性が大きいこと。

第三に、アイヌ語の表記が几帳面におこなわれ、正確さを期してそれなりの工夫がなされていること。[28]

| 文献名 | 成立年 | 作者 | アイヌ語の呼称 | 対訳形式 | 分類 | 収録 | 日本語数 | アイヌ語数 |
|---|---|---|---|---|---|---|---|---|
| ○松前の言 | 寛永年間(1630～40) | 未詳 | ゑそことは | 蝦和 | (分類) | 単語・句 | 117 | 117 |
| 蝦夷談筆記 | 宝永7年(1710) | 松宮観山 | 蝦夷言葉 | 蝦和 | (分類) | 単語 | 121 | 121 |
| 倭漢三才図会 | 正徳3年(1713) | 寺島良安 | 蝦夷国語 | 和蝦 | (分類) | 単語 | 54 | 54 |
| 蝦夷地風俗書上 | 正徳5年(1715) | 松前志摩守 | 蝦夷人言辞 | 和蝦 | (分類) | 単語 | 111 | 111 |
| 津軽一統志 | 享保16年(1731) | 津軽藩士某 | 狄詞 | 蝦和 | ナシ | 単語 | 7 | 7 |
| 北海随筆 | 元文4年(1739) | 坂倉源次郎 | 夷言 | 和蝦 | (分類) | 単語 | 241 | 238 |
| 蝦夷拾遺 | 天明6年(1786) | 佐藤玄六郎 | 蝦夷言葉 | 和蝦 | 8部 | 単語 | 693～707 | 711～721 |
| 蝦夷風土記 | 寛政元年(1789) | 新山質 | —— | 蝦和 | 19部 | 単語・句 | 346 | 350 |
| 蝦夷草紙 | 寛政2年(1790) | 最上徳内 | 蝦夷言葉 | 和蝦 | ナシ | 句・単語 | 144 | 144 |
| ○もしほ草 | 寛政4年(1792) | 上原熊次郎 | 蝦夷方言 | 和蝦 | 10(＋1)部 | 単語(＋文章) | 2,000 | 2,740 |
| 蝦夷地里程数書 | 文化7年(1810) | 根諸勤番某 | 夷言 | 蝦和 | ナシ | 単語・句・文 | 324 | 324 |
| ○蝦夷語集 | 文政7年(1810) | 上原熊次郎 | 蝦夷語 | 和蝦 | 和イロハ44部各部12門 | 単語(＋文章) | 6,600 | 9,380 |
| 蝦夷ヶ島言語 | 文政年間 | 最上徳内 | —— | 蝦和 | 蝦イロハ43部 | 単語 | 300～400 | 300～450 |
| ○蝦夷語箋 | 嘉永7年(1854) | 上原熊次郎 | 蝦夷語 | 和蝦 | 10(＋1)部 | 単語(＋文章) | 1,820 | 1,820 |
| ○蝦夷語集録 | 文久4年(1864) | 能登屋圓吉 | —— | 和蝦 | 17部(含蝦イロハ39部) | 単語・句 | 2,280 | 2,960 |
| ○番人圓吉蝦夷記 | 慶応4年(1868)以降 | 能登屋圓吉 | 蝦夷人の詞 | 和蝦 | 20(＋6)部(含蝦イロハ38部) | 単語・句(＋文章) | 2,450 | 3,200 |

第四に、語彙が多いこと。従来記録されたものの四倍近くの語彙が集められている。

第五に、語彙だけでなく、文章資料も幾種類か収録されていること。

第六に、板本として流布したこと。次節で述べるように、後続のアイヌ語辞書の多くがこれを範として編まれることになった。

短時日の間にこのような大型の辞書が出来るわけはなく、かなりの準備期間があったと思われ、また何か参考となる資料もあったはずである。し

かし、当時の辞書の中で、『もしほ草』が参考にしたと思われるものは見当たらない。(29)

## 2 『もしほ草』と類本

『もしほ草』は、板本として流布したほか、流布本に基づいた写本や類本が多く作られた。

写本は数多くあるが、代表的な善本としては加賀屋本がある。東蝦夷地の通詞加賀屋伝蔵の手になるもので、弘化二年の年記をもつ某氏本と、加賀家本の二本がある。加賀家本は、上下二巻を意図したらしく『もしほ草』の写しを上とし、下に当たる部分に『もしほ草』の冒頭二〇丁程までの語彙の解釈と、「根室国境區域」の地名解釈を収める。『もしほ草』は、乙本系統を写したものらしく「入れてしまふ」に対応するアイヌ語を欠く(本稿二〇ページ参照)。写しは、若干見落とした語彙もあるが、比較的しっかりしている。板本での欠画や誤りを修正したり、新しく語彙をつけ加えているところもある。また、伝蔵自身の書き癖によって、ヅをトに、チをツに、二重母音のソに当たるイをヱに直したり、長音符号を省いたりなどの訂正もなされている。なお、跋の上原熊治郎らの前にロ□手加賀伝蔵の名が加えられている。

類本としては、西蝦夷地の蝦夷通詞、能登屋圓吉の『番人圓吉蝦夷記』がある。これはその序文にもある通り『もしほ草』を範としているが、独自に工夫して編まれたもので、語彙の中には『もしほ草』にはないものが収められていたり、より適確な訳語が当てられているものもある。(30) また、文章資料も、『もしほ草』からの引用が多いものの、「蝦夷人ナゾ之写」など、ほかの書から引用したと思われるさまざまな資料が収められている。

これら写本、類本と『もしほ草』との関係の詳しい検討も今後の課題である。

## 3　アイヌ語資料としての価値

今日のアイヌ語研究からみると『もしほ草』には、アイヌ語表記、文法理解等の点などで批判すべき箇所は少なくない。もっとも『もしほ草』に限らず、当時のアイヌ語関係資料ではアイヌ語は日本語の一方言と考えられていた一面があり[31]、従って、日本語を聞く耳でアイヌ語を聞き、日本語を書く感覚でそれを記した[32]。しかも、そこには統一された一定の正書法もなかった。そのため、日本語には存在しない閉音節は聞き落されたり、勝手に母音を加えて開音節としたり、促音表記にするなどということがおこなわれた。また、通詞自身が造語した和製アイヌ語などもあったらしく、そこからアイヌ語の実態をひき出すことは容易ではなく、その片仮名を読んでもアイヌ語にならない場合が殆どである。

しかし、そうした批判は批判として実際に『もしほ草』をアイヌ語資料として利用する上で必要なことは、この書で、アイヌ語のどういう事実がいかに記述されているかを知ることである。以下にみていこう。

記録されているアイヌ語は後述するように、北海道のアイヌ語が主である。これには五個の母音と一二個の子音がある[33]。

### (1)　母音　a・i・u・e・o

ア、イ、ウ、ヱ、ヲと書いてある。エ、オをヱ、ヲと表記するのは、『もしほ草』に限らず、江戸時代のアイヌ語資料全般に見られ、同時に当時の日本語辞書の特色でもある[34]。

例　箭　アイ　ay　《矢》　44オ

幣束　イナウ　inaw　《木幣》　44ウ
闘論　ウコイキ　ukoyki　《喧嘩する》　36ウ
花　ヱブイ　epuy　《花》　64オ
砂　ヲタ　ota　《砂》　6ウ

但し、『もしほ草』では、eはヱよりイで書かれることが多い。

例　祖父　イカシ　ekasi　《おじいさん》　13オ

## (2) 破裂音 p、t、k

有声無声の対立はなく、語頭では無声で、母音間や鼻音の後で有声に発音される傾向がある。それぞれ、パ〜バ行、タ〜ダ行、カ〜ガ行の仮名で書いてある。但し、無声であっても有声として表記されることもある。

例　重い　パセ　pase　《重い》　73ウ
今日　タント　tanto　《今日》　9ウ
肉　カム　kam　《肉》　51ウ
涙　ヌベ　nupe　《涙》　17ウ
春　バイカル　paykar　《春》　8ウ

なお、tuに関しては、金田一京助氏の指摘にある通り、ツ゚の仮名が用いられる。但し徹底されているわけでなく、ツ、トも併用される。

例　姥百合　ツ゚レプ　turep　《ウバユリの鱗茎》　66オ
鼻　ヱツ゚ー　etu　《鼻》　15ウ

遠い　トイマ　tuyma　《遠い》　4オ

音節末のp、t、kは破裂がなく、一般に聞き取りにくい。『もしほ草』では、これを①母音を加えて開音節として、②破裂音として、③促音として（右に傍線を付すこともある）表記する。

例①鎗　ヲプ　op　《槍》　50オ
　熱　セヽク　sesek　《暑い》　8オ
②鳥　チカツプ　cikap　《鳥》　59ウ
③葡萄　ハツ　hat　《ヤマブドウの実》　62ウ
　来い　イツ　ek　《来る》　24ウ

⑶　破擦音　c

ca、ci、cu、coはチヤ、チ、チユ、チヨと書いてある。鼻音の後で有声に傾くため、ciがヂ〜ジに表記されることもある。ceはセと書く。

例　翁　チヤ〱　caca　《おじいさん》　13ウ
　夜　アンチカラ　ancikar　《夜》　9ウ
　帽　コンジ　konci　《頭巾》　49オ
　秋　チユク　cuk　《秋》　8ウ
　蕨　ゼフマキナ　cepmakina　《ワラビの新葉》　65オ
　射る　チヨツチヤ　cotca　《矢を射て当てる》　32オ

### (4) 摩擦音 s

口蓋化を伴い、サ行子音とシャ行子音の中間の音である。sa、si、su、se、soはシャ〜サ、シ、シュ、セ、シヨ[35]と書いてある。スの表記もあるが、いずれも誤記でsuを表さない。

例 夏 シヤク sak 《夏》 8ウ
座興 シノツ sinot 《遊ぶ》 27オ
毒 シユルク surku 《毒》 37オ
脊 セツ゚ル setur 《背中》 15ウ
瀧 シヨー so 《滝》 7オ

音節末のsはシの子音だが、siと区別なくシと書いてある。

例 雲 ニシ nis 《雲》 3オ
昔 フシコ husko 《昔》 8ウ

### (5) 流音 r

ra、ri、ru、re、roは、ラ行の仮名で書いてある。

例 死 ライ ray 《死ぬ》 19オ
しめる リカン rikan 《湿る》 74オ
運ふ ルラ rura 《運ぶ》 25オ
舎る レウシ rewsi 《泊る》 24オ

| | | | | |
|---|---|---|---|---|
| 窓　横 | ロルンブヤラ | rorunpuyar | 《東窓》 | 42ウ |

音節末のrは軽いはじき音で、直前の母音を響かせる。『もしほ草』では、①直前の母音と同じ母音、②直前の母音以外の母音、をつけたラ行の仮名で、③ルで書いてある。

| | | | | |
|---|---|---|---|---|
| 例①嶋 | モシリ | mosir | 《島》 | 3ウ |
| ②曇る | ニシクリ | niskur | 《雲》 | 6ウ |
| ③持つ | コル | kor | 《持つ》 | 30ウ |

### (6)　鼻音 m、n

音節の頭では、それぞれマ行、ナ行の仮名で、音節末では、ム、ンで表記されている。

| | | | | |
|---|---|---|---|---|
| 例　冬 | マタ | mata | 《冬》 | 8ウ |
| 沢 | ナイ | nay | 《沢》 | 4オ |
| 冷 | ヤム | yam | 《冷たい》 | 8オ |
| 小 | ポン | pon | 《小さい》 | 70オ |

### (7)　w、y

wa、we、woは、ワ、ウヱ、ウヲ〜ヲ、ya、yu、ye、yoはヤ、ユ、イ〜ヱ、ヨと書いてある。

| | | | | |
|---|---|---|---|---|
| 例　岩 | ワタラ | watara | 《岩》 | 4オ |
| 悪 | ウヱン | wen | 《悪い》 | 70オ |
| 軍談浄瑠理 | ユーガリ | yúkar | 《英雄詞曲》 | 33ウ |

行く　バイ　paye　《行く》　24ウ

噦　ヨムゴリ　yomkor　《しゃっくり》　18オ

音節末のw、yは、それぞれウ、イ〜ヱと書いてある。

例　あられ　カウ〱　kawkaw　《あられ》　4オ

土　トイ　toy　《土》　3オ

### (8)　h

ハ行の仮名で書いてある。

例　葉　ハム　ham　《葉》　64ウ

匂ひ　フーラ　hûra　《におい》　37ウ

若いもの　ヘカチ　hekaci　《子供》　13ウ

夫　ホク　hok　《夫》　13オ

### (9)　アクセント

アクセント核のある音節が、長音符号「ー」や母音の仮名を付けて示される場合がある。長めに発音される開音節の一音節語に多い。

例　沼　トー　tô　《沼》　4オ

高　リイ　rí　《高い》　6オ

待　テイレ　têre　《待つ》　24オ

アイヌ語の音素は、『もしほ草』ではおおよそ以上の通りに表記されている。[36]

その他に、目立った点を挙げると、日本語一語に対して、▲の印で区切って複数のアイヌ語を列挙する場合があるが、その列挙されたアイヌ語同士の関係はさまざまで、次の通りである。

⑽　方言差

例　星　ノチウ▲リコツプ▲ケダ　3オ

nociw　《星》　八雲・幌別・沙流・帯広・旭川・名寄

rikop　《星》　美幌

keta　《星》　宗谷・樺太・千島

口　チヤロ▲バル　16ウ

caro　《口》　帯広・美幌・名寄・宗谷

par　《口》　八雲・幌別・沙流・旭川

『もしほ草』が、このように方言的な差異をとらえ、記録していることは、それ以前のアイヌ語資料には見られなかったことである。但し、残念なことにその話がどこの方言かは記されていない。次のように採録した地域を記しているのは稀で、全体で二二例あるだけ。[37]

例　椴　トヽロツプシラヌイ▲イヒタフシヤリ　63オ

鹿の如き異獣　ヅナカイカラフト嶋　51オ

一八世紀のアイヌ語の方言分布の状況はわからないが、北海道のアイヌ語が中心になって採られているようである。その語がどこの方言に属するか、現代の辞書などから調べることができる場合もある。

(11) 概念形と所属形

アイヌ語の名詞の中には、単に物そのものをさす概念形とそれが特定の誰かまたは何かに密接に所属していることを表す所属形とをもつものがある。『もしほ草』では、この両形を列記したものが数例みられる。もっとも、そういう違いがあると理解した上で記録したわけではなく、語が二つあると思っていたのかもしれない。なお、一方しか書いていない場合は、それが所属形であることが多いようである。

例　血　ケム▲ケミ　17ウ
　kem《血》　kemi(hi)　《の血》
　眼　シキ　15ウ
　sik《目》　siki(hi)　《の目》

(12) 意味の違い

意味の違いをどの程度詳しく知っていたかはわからないが、意味の近いものを二つ三つ列挙している。アイヌ語が複数挙げられている場合は、このタイプが最も多い。

例　昼　トノヽシケ▲トーガプ　9ウ
　tononoski《正午》　tōkap　《昼間》
　辛い　バルカル▲ルンノ　37オ
　parkar《辛い》　runnu　《塩からい》

⒀　その他

例は極めて少ないが、人称接辞がついた形（人称形）とついていない形を列記する場合がある。

例　聞く　ヌー▲クヌー　38オ

nu《聞く》　ku-nu　《私（が）・聞く》

但し、日本語にはない、こうした人称変化は殆ど理解されていなかったらしく、次のように人称接辞と人称代名詞は同レベルにとらえられている。

例　吾《われ》　ク▲クアニ▲カニ　12ウ

汝　イ▲イアニ▲ヤニ　12ウ

動詞が人称形で採られている例がいくつか見られるが、そこでは人称形自体が、動詞のもとの形と思われていたようである。

例　煖かす　アセヽカ　27オ

a-sesekka　《私達（が）・熱くする》

遣ハそふ　イチコレ　23オ

eci-kore　《私があなたに・与える》

呉れろ　ヱニコレ▲　23オ

en-kore　《私に・くれる》

また、アイヌ語の動詞の中には単数・複数の区別のあるものが若干あるが、これを列記するものがある。

例　立てる　壱本ハ　アシ　24オ

数本ハ　ロシキ

asi《一本立てる》　roski《数本立てる》

行く　ヲマン▲バイ　24ウ

oman《一人が行く》　paye《数人が行く》

なお、一方しか書いていない場合、語によって単数形であったり複数形であったりして一定ではない。

例　来《コ》い　イツ　ek　《一人来る》　24ウ

来《ク》る　アリキ　arki　《数人来る》　24ウ

有る　アン　an　《一人いる／一つある》　75ウ

居《イ》る　ヲガイ　okay　《数人いる／数個ある》　33ウ

殺す　ロンノ　ronnu　《数人を殺す》　20オ

最後に、『もしほ草』の仮名表記で注意しなければならない点として、彫りの際の読み違え、刷りの際に生じる欠画などがある。片仮名で画数が簡略である分、ちょっとした誤りが大きく影響する。濁点、半濁点が落とされることもしばしばあったであろう。

例　力《ラ》　ツシユル　20ウ

tumkor《力が強い》シはミ、ユはコの誤り

不審　ヲヤモリテ　39オ

oyamokte《いぶかる》リはクの誤り

以上、『もしほ草』のアイヌ語の表記を見てきたが、文法や訳語、収録内容等も含めて、『もしほ草』一巻を全体としてどのようにとらえるべきか、これを利用するうえでの注意点をおりまぜながら、まとめてみよう。

(1)　アイヌ語の仮名表記は、これをそのまま発音しても、アイヌの人びとが話すアイヌ語にはならないし、一八世紀末に話されたアイヌ語そのものでもない。既に見たように、『もしほ草』一巻には、その表記のくせというものがある。このくせに熟知し、それに従って読みかえなければならない。

(2)　アイヌ語の対訳として出ている日本語は必ずしも適当ではない。知識不足ゆえに間違っているのもあれば、何を意味するのかよくわからないものもある。

(3)　収録されている語彙は一定の原則に基づいて集められたものではない。(1)、(2)ともに、他の辞典や文献[38]にあたって実際のアイヌ語の語形やその意味を確めることが必要である。方言もさまざまなものが採られているし、動詞についていえば、他動詞はあるが自動詞は出ていないとか、単数、複数の区別のある動詞で一方しか出ていないとか、非常に不統一である。これは語彙の少なさとも関係していよう。

(4)　意義分類をとる辞書であるため、検索に不便である。[39]

(5)　用例がついていない。確かに巻末に日常会話文や談判の折の問答文、さらにはユーカラの詩句まで記されているが[40]、これらは語彙の部に収められている単語だけでは理解し得ない、文法構造を知らなくては読むことができないものである。それに語彙の部に収められていない単語もたくさんある。文章資料は間違いが多く、語彙以上に注意して扱わなければならない。

ともあれ一八世紀末のアイヌ語の語彙や文章をこれだけ多く集めた文献は他になく、後世へ及ぼした影響を考えるとき、『もしほ草』がアイヌ語研究史上に占める位置は大きいといえる。

## むすび

これまでにおいて『もしほ草』は、クナシリ・メナシの蜂起を切掛として成立したこと、また、阿部長三郎・上原熊次郎の共著として取扱うべきものであることなどを指摘しておいた。

アイヌ語の資料としては、今日の語学研究からは当然批判はでるものの、概して正確度が高いといえる。ただし、それは、充分なアイヌ語力をもってはじめて使いこなせるという程度の正確さであって、記述そのものを鵜呑みにすることは危険であるといわざるを得ない。

だが、板行された辞書としては、質量ともに近世最大のものであり、後世に与えた影響力は無視することはできない。『もしほ草』は近世における蝦夷通詞たちの技術の一つの到達点とみることができ、上原熊次郎の後年の大著『蝦夷語集』と比較し併せ読む時、その価値は倍加するといえる。

本稿において、筆者らは時間的な制約などから今後に持ちこした問題が少なくないのを恥じる。

例えば、ユーカラなど文章部については殆ど未検討であり、また、日本辞書作製史における位置や『もしほ草』の日本語彙の典拠などといった問題には一言もしていない。さらに蝦夷通詞や彼らのアイヌ語辞書と『もしほ草』との関連についても充分な指摘をなしえなかった。

これらについては何れ他日を期すつもりであるが、近世アイヌ語研究の第一歩を記したということのみで、今回は筆を収めておこうと思う。

［註］

（1）蝦夷通詞に言及した論考はかつてなく、従ってその性格なども不明なものが多い。享保二年の『松前蝦夷記』（『松前町史』史料編第一巻所収）には「通詞代之事」とする一条があり、

本船壱艘荷物商賣申うちハ雇切給金拾四五両位之由
右通詞松前町に拾六人有之、多入申節者不足所を西東の在郷よりも出申よし

とみえ、専らとする集団があったことは理解される。また上通詞、下通詞などの呼び方も散見するが、やはりその性格は明らかではない。

（2）金田一京助「蝦夷語學の鼻祖上原熊次郎先生逸事」『アイヌの研究』大正一四年二月　内外書房。

（3）『渡島筆記』に「同心に上原熊次郎といふもの、松前に生まれて幼より番人と成てゐぞにて人と成しほどの者なるうへ、通辨の事に心を用ること篤かりし」とある。

（4）『番人圓吉蝦夷記』序

（5）金田一前掲書

（6）「蝦夷通詞・上原熊次郎のこと」『どるめん』6　昭和五〇年六月　ジック出版局。その折は勿論、本稿を記すにあたっても谷澤尚一氏より貴重な資料の提示をうけている。心から御礼申しあげる。

（7）寛政三年にはクスリ場所の通詞であり（『木村子虚筆記』）、以後、文政四年までアブタ場所の支配兼通詞であった（『北夷談』など）。

（8）例えば高橋三平の評価がある（谷澤尚一「高橋重賢書簡」『北海道史研究』5　昭和四九年一二月　みやま書房）。

（9）註6参照。

（10）『土人由來記』また高倉新一郎「アイヌの漁猟権について」『アイヌ研究』昭和四一年一一月　北大生協。

（11）『御本國日記』（『松前町史』史料編第一巻所収）。

（12）㈡に「求己堂記」、㈢に「昌平坂」とあるのは暗示的である。傍証もなく推測にすぎないのであるが、文政七年に両書が脱稿した時に、出版を意図して、高橋三平なり、深山宇平太を通じて天文方で御書物奉行を兼ねていた高橋景保の許へ持ちこまれた。景保は、蝦夷地図作成の資料として㈢を手許におき、地図には直接役に立たない㈣を昌平黌へ送ったのではないか。景保の失脚に伴ない㈢は市井に流れたが、㈣はそのまま昌平坂に留まっていたと考えられる。

(13)・(14)・(15)　金田一前掲書。

(16)　白虹斎の序文は「上令下達、乃治國之首也。辨物通情、乃執政之要也。今閲蝦夷方言書。是亦係于臨民之機。豈譯家之玩而已哉。況垂徳化、開大業之時也。乎是所以上木矣。文化元子年　白虹斉《(ママ)》撰」とある。

(17)　滕知文『東夷周覧』に「……通詞阿部長三郎、上原熊次郎ニ由テ正ス」とみえる。享和元年の成立である。

(18)　古来、この語を冠した書物は多い。例えば古筆手鑑の『藻塩草』は有名であるが、全て「も塩を焼く海草を掻き集める」に由来している。

(19)　金田一前掲書。

(20)　串原右仲『夷諺俗語』には、ソウヤの通詞村山長三郎の聞き書きが頻出する。阿部長三郎と村山長三郎とが同一人であると記した資料は現在えられない。ただ、阿部屋は村山氏であるから、共通点はある。その場合、読みは「あぶ」であったかもしれない。

(21)　註(20)掲載書。

(22)　これらの地域は殆どが、阿部屋の請負場所内か阿部屋に関係のあった地域であるから、長三郎や熊次郎が阿部屋の通詞から聞き書きしていた可能性も考えられる。

(23)　黒田源次氏は『もしほ草』の板行に関して「……上原氏の著述が徳内の慫慂によって成り、出版も亦全く徳内の意志で、彼が其筐底にあった草稿を梓に上した……」と考えておられ、さらに割註で「さすれば寛政四年から文化元年に至るまで此稿は最上氏の手にありしか、藻汐草といふのも最上氏白虹斎の命名であるかも知れない」といわれる(「シーボルト先生のアイヌ語研究」『シーボルト研究』昭和一三年六月　岩波書店)。

　また島谷良吉氏は『最上徳内』(昭和五二年八月　吉川弘文館)の中で「上原・阿部の両人が過ぐる寛政四年五月に『蝦夷藻汐草』というアイノ語彙蒐収の書を出版した……実のところその原書の題言は内容の明示ではなかったので『蝦夷方言藻汐草』と改題させたらしい……」と述べている。島谷氏は『蝦夷藻汐草』なる一書を本当にみておられるのか、いささか疑問である。

　黒田氏の指摘は重要な意味を有しているが、今日、最上徳内と『もしほ草』板行の関係について新しい事実は得られていないし、森銑三氏の疑点についても解決すべき資料はない。ただ、確実にいえるのは、板行について、徳内がかなり強い影響力を有していたという一点だけである。

ところで、最上徳内の著述が、『もしほ草』と関わりをもつと思われる要素がある、寛政二(一七九〇)年に成立した『蝦夷草紙』「言語の事」の条に、「日用の蝦夷言葉を綴りて爰に録す」として、144項の句、単語が日本語―アイヌ語の順で記されている。これを、アイヌ語の表記のしかた、訳語のあて方等に注意してみると、その半数以上が『もしほ草』の所収語と一致を見せる。また、他の条に散見されるアイヌ語にも同様の一致が少なくない。

(24)　例えば『新北海道史』第二巻、『松前町史』通説編第一巻上等に詳しい。また高倉新一郎『アイヌ政策史』にも詳述されている。

(25)　田中が昭和五五年に発表したもの(『早稲田大学語学教育研究所紀要』20号、一〇二ページ)に一部修正加筆した。『松前の言』『もしほ草』『蝦夷語箋』『蝦夷語集録』『番人圓吉蝦夷記』は国書刊行会影印本、『蝦夷地里程数書』は市立函館図書館蔵本、そのほかは内閣文庫保管本を用いた。なお、ほかに二、三の文献を加えた形のものが、成田修一氏により報告されている(『言語』14巻2号　昭和六〇年　大修館)。
**表のよみ方**　文献名で○印のあるものは語彙集・辞書の類で、ほかはその記述の一つとしてアイヌ語の単語等を集めた項を含む地理誌・風俗誌の類。対訳形式で蝦和とあるのは、日本語を見出しとして、その下や右に対応するアイヌ語を付した形のもので、和蝦はその逆。分類は、『蝦夷語集』が日本語イロハ分類に意義分類を併用している(つまり、日本語を語頭の音節によってイロハに分類し、さらに各部を意義分類している)ほかは殆ど意義分類で、部立のあるものはその数を記し、部立がなくても一応の分類・配列が認められるものは(分類)とした。アイヌ語数は、句・文については単語に分析せず、句・文の数を記した。なお能登屋圓吉の二つの著書では、部の一つにアイヌ語をイロハに分類したものが立てられているが、そのうち三百語近くが意義分類に出ている語と重複している。

(26)　辞書といっても、今日から見れば簡単な対訳を示しただけの語彙集とでもいうべきものであり、しかも巻末には文章資料も収めているかなり自由な形のものである。

(27)　地理誌等については22頁の表参照。場所ごとに編まれた小冊子としては、同表中の『松前の言』、そのほか『イロハ番付阿異野事葉』(『北海道の文化』35　昭和五一年八月に翻刻されている)などがある。

(28)　第3節で詳しく述べるが、日本語にはないtuの音を表すのに「ツ゜」という字を用いるなど。註13参照。

(29)　『もしほ草』に見出しとしてあがっている日本語には単語ばかりでなく句もある。単語は、これを『和名類聚抄』『類聚名義抄』『下学集』『節用集』といった一連の辞書にある和訓と比較してみても、一致するものは少なく、こうした辞書との関連性や共通性は今のところ見出せない。句については、日本語では耳慣れないが、その下に示されているアイヌ語の対訳としては妥当なものがある。

例　シューク　美服をする　34オ　siyuk　《盛装する》
　　ベウタケ　嘆息して嗽《ケサ》ぶ又哭声　36ウ
　　pewtanke　《危急の叫び》

こうした例が少なくないことは、和語を基準にしてその対応するアイヌ語を記したのか、その逆だったのかという編纂方法を推定していくうえで参考になる。

(30) アイヌ語の表記には、熊次郎とは違った圓吉独自の書き癖が見られる。例えば、tuを「ト」の仮名で表す。また圓吉にはiとeの区別がなく、iを「ヱ」で表記することが多い。また、『もしほ草』にある語でも圓吉の本にはなかったり(例 am《爪》、sanpe《心臓》、kiraw《角》など)、逆に『もしほ草』にない語で圓吉の本には収めてあるものもある(例 attus《厚司》、meman《涼しい》、upas《雪》など)。

(31) 谷元旦の『蝦夷紀行』や松浦武四郎の一連の著作などで、アイヌ語を日本語で解釈しようとしている記述が見られる。また村上島之允や最上徳内もこの立場である。

(32) アイヌ語は、『もしほ草』も含め多くの書で片仮名で表記される。時に平仮名で、稀に人名などが万葉仮名で書かれることがあった。さらに地名の漢字表記も後には現れるようになる。

(33) アイヌ語の音素に関する解説は、田村すず子「アイヌ語」(北村甫編　講座言語6巻『世界の言語』昭和五六年　大修館)、ローマ字のアイヌ語とその訳語は、主に『アイヌ語方言辞典』(服部四郎編　昭和三九年　岩波書店)に拠った。下の数字は、その語が出ている『もしほ草』中の丁数で、オは表、ウは裏。

(34) 北恭昭「日本語の辞書(1)」(岩波講座『日本語9』語彙と意味　昭和五二年　岩波書店)に、『節用集』について「……部立はいろはの四七から四四という各種がある。これは「ゐをい」に、「おをを」に、「ゑをえ」にまとめてあるか否かによって異なる」とある。

(35) 例えば「濁る　スプキ　29ウ」はnupki《濁る》で、スはヌの誤りである。

(36) 喉頭破裂音/'/は省いた。以上に述べてきた表記はおおよそのところで、例外もたくさんある。例は紙数の関係上、最小限にとどめた。また、わかりやすくするため、長い音節の語を避け、語頭や語末にその該当する表記がくるものを選んだ。

（37）　註22参照。
（38）　アイヌ語の基本参考文献については、『言語』14巻2号（昭和六〇年　大修館）の「アイヌ語文献目録」を参照していただきたい。
（39）　成田修一『近世の蝦夷語彙――もしほ草篇』（昭和五二年私家版）があるが、これは仮名書きのアイヌ語をアイウエオ順に配列した索引で、やはり表記のくせに熟知していないと使いにくい。
（40）　今回は、こうした文章資料について詳しく検討することができなかったが、気付いたことを一、二つけ加えておく。
『もしほ草』の巻末のユーカラについては、金田一京助氏（『アイヌ叙事詩ユーカラの研究』巻一　昭和六年　東洋文庫）、浅井亨氏（「加賀屋文書の中のチャコルベ」『北方文化研究』6号　昭和四八年）の言及があるが、不正確、難解であるという印象が述べられているにすぎない。しかし、実際に読んでみると、確かに不完全ではあるが、ユーカラの詩句が所々見出され、孤児として育った少年が神々しい勇者の訪問を受けるという発端、もののしい戦闘の場面、美しい女性を妻として幸せに暮らしたという結末を大まかにつかむことができる。これは、当時の他の文献の資料と比べて、かなりしっかりした筆録であると言える。
文章資料は、こうしたアイヌの人びとが語ったものの記録だけでなく、蝦夷通詞が行った幕府の通達文のアイヌ語訳という、当時の蝦夷通詞の語学力を知るのに好適な資料もある。『もしほ草』には一篇あるだけだが、同じ内容のものが『番人圓吉蝦夷記』にもあり、比べると表現が異なっている箇所がかなりある。

本稿の作成にあたり、資料の所蔵者各位にはお世話になった。就中、加賀屋文書については加賀実留男氏にご高配いただいた。また榎森進・澤田宣康の各氏にもご迷惑をかけた。心からお礼とおわびを申しあげる。

# 一三　アイヌイタク　エラム　アナ

## はじめに

与えられた課題は、「異文化接触における言語の役割」の中で特にシャモとアイヌ語について述べよというものであった。この困難な課題に解答を与える準備が筆者にできているわけではないし、言語それ自身が歴史学の対象(言語史ではなく)となりうるのかという疑問もある。しかし、日本列島において、ともに接触しているいくつかの民族がどのような手段で意思の疎通をはかり、かつ情報を交換しあったかを知ることは重要である。

ここでは「アイヌとシャモは語りあえたか」を念頭におきながら、蝦夷地でのアイヌ語理解について考えてみることにする。

## 一　異言語との出会い

互いに相手の言葉を理解しえない人間どうしがはじめて出会ったとき、どのような行動にでるかは、現在の自分自身の体験からある程度の認識はできる。そしてその行動内容は近世においても少なからず一致しているといえようか。

例えば近世の旅行家菅江真澄は、その経験を今日に伝える数少ないひとりで、その著『えぞのてぶり』につぎのように語っている。(1)

八十あまりのア井ノの髪も髭もしらけて、若きメノコふたりが中にカナチをかいなで居るが、とにみなさし出て、きのふエトモのコタンより漁(レパ)にとてのり来つるといふことのみしられて、シャモの詞はつゆもしらぬア井ノらにて、又このあないもア井ノ詞しらざれば、いひ通はさんすべなう、ア井ノもシャモも、みなしゞまに、たゞ、口なしのそのに入身のおもひせられて、ものいはざれども、手と眼の行ふるまひを見て、その事としられて、しばしは、かたらふおもひして休らふ。

寛政三(一七九一)年、砂原(現在の砂原町)でのできごとである。海岸に仮小屋を見つけた真澄一行がそこを訪れ、アイヌの老翁に出会った。エトモ(現在の室蘭市)からレパ(沖漁)に来たアイヌであることはわかったが、そのアイヌの人たちは「シャモの詞」(日本語)ができないし、真澄たちもアイヌの詞がわからないので会話にならない。しかし、互いの手と眼の動きをみて理解することができたというのである。

この「手と眼の行ふるまひを見て……かたらふおもひ」がするというのが、接触の最初のごく基本的な、そして普遍的な行動様式であるといっていい。

## 二　カムイトクイという言葉

意思の疎通をはかる初歩の行動様式は、いうところのボディ・ランゲージであるが、細部にわたるコミュニケーションには言語理解が必須であることはいうまでもない。この言語理解がアイヌとシャモのあいだでどのように進められたのであろうか。

最古のアイヌ語彙は、類似点が認められる六国史中の語彙と『諏訪大明神畫詞』所載の地名を除けば『新羅之記録』(2)（正保三〈一六四六〉年奥書）にみえるいくつかであろうか。やはり地名人名を除いて探してみると

乙孩（オッカイ＝男）、劘刀（マキリ＝小刀）、者某（シャモ＝和人）、侑多利（ウタリ＝親類、仲間）、妻奴（メノコシ＝女）、神位得意（カムイトクイ）、獺虎（ラッコ＝らっこ）

などといった語彙を拾うことができる。かっこ内の片仮名部分が『新羅之記録』の翻刻での読みで、語義は筆者がつけたものである。

この翻刻の読み方が正しいとして、「神位得意」を除くほかは、現在のアイヌ語でも用いられている語彙であるといっていい。ただし、メノコシはメノコに変化し、またシャモは厳密にはアイヌ語とはいえない。さらに一言すれば、人名の胡奢魔犬（コシャマイン）、波志多犬（ハシタイン）などにみられる「犬」もしくは「阿犬」は、男称に用いられるアイヌ（男、彦）を蔑視して写音したものである。(3)ちなみにこのとき夷役に伴って定められた西夷、東夷の「尹」もアイヌと読むものと考えられる。(4)

ところで、「神位得意」である。この語は天文一九（一五五〇）年条のなかでつぎのように一回使われているだけである。(5)

季広朝臣支度置夷狄之翫好之宝物数、依令畀之悏懇切、夷狄悉称神位得意、深為恭敬条、国内静謐也。

これより先、天文五（一五三六）年六月二三日条に(6)

令和睦多離困那云狄成得意、一日行酒……

とあり、タリコナというアイヌと蛎崎良広とが和睦し「得意」となり、酒を酌み交わしたあとで良広がタリコナ夫婦を討ったと記されている。またくだって元和元（一六一五）年条に、(7)

螺邏稀阿犬之云、夷之中而前代未聞之皮也。而不令見公広者、彼夷之云、欲渡大得意、雖持来、被上洛条不

及是非、而渡景広……

ニシラケアインが長さ七尺もあるラッコの皮を持ってきて「大得意」に渡したいといったとある。

『新羅之記録』にみえる「得意」は良広であり、「神位得意」は季広、「大得意」は公広である。この「得意」とはどのような言葉なのか。

正徳元(一七一一)年の『エトロフ島漂着記』[8]には「日本人をば　とくい」という記載があり、この時期には南千島で用いられていたことはわかる。現代アイヌ語でもトクイはバチラー氏、金田一氏、知里氏らによって「友人」「親しい友達」などと訳されており、沙流や名寄でも採録されている語である。[9]

しかしまた、得意は日本語でも「親友、ひいきにすること」などの語義を有しており、『源氏物語』や『枕草子』にみられるという。現代アイヌ語の語義はこちらに近く、また例えば「ふだん取り引きする相手、常に買ってくれる客」という意味での得意は西鶴の『好色一代男』[10]にみられるというから、時期的には『新羅之記録』における用例はむしろこちらに近いといっていいだろう。いずれにせよ日本語からの借用と考えられている。

『新羅之記録』の文脈からは「償」(つぐない)と同じく、「得意」をアイヌ語であるとも、日本語であるとも決めることはできない。ただし、のちには明らかにアイヌ語として通行するようになる。しかし「大得意」という表現は日本語であろう。

さて、「神位得意」であるが、前述のように夷狄(ここではアイヌ)がことごとく「神位得意」と称えたというのだから、これはアイヌ語であるといいたくなる。『新羅之記録』が著された段階で、「得意」はアイヌ語的に使用されている語彙といって誤りではない。だが、「神位得意」という形はどうだろう。神位がカムイと読めるとすると、翻刻のように「カムイ・トクイ」となり、これは「神のごとき・友人」という意味になる。[11]しかし、前述のように「カムイトクイ」という用例は現代アイヌ語まで通観してみても、現在のところわずかこの一例あるのみであり、これをもって「親愛な隣人という感情がこめられている」[12]アイヌ語表現とみるわけにはいかない。『新羅之記録』の性格上、蛎崎氏代々を美化する筆法がとられており、神位得意もその文脈で理解していかなければならない。しかも蝦夷との講和を達成し国内に静謐をもたらした季広の事績である。「夷狄」からも歓迎されていた政策であるから、ここは「夷狄」のことばらしいもので賛を記したものと考えたほうがいい。カムイトクイはおそらくはシャモによって作り出されたアイヌ語的表現であって、この後頻出する和製アイヌ語の嚆矢ともいえるものであろう。

ウイマムという交易形態が活発化するに従って、アイヌ語の中に多くの日本語が借用されていったことは疑いない。「神位得意」の語が記された天文一九年は「夷狄之商舶往還之法度」や「夷役」が定められ、以来蝦夷地交易がさかんになっていった。

金田一京助氏が指摘しているように「アイヌ語になった国語」[13]も少なくなく、カムタチ、タンパク、コソンテ、パスイなどの物質名称のほか、場所におけるシャモとの社会的関係によってアイヌ語となったツクナイ、クンチ、ヤク、ミヤンケ、ウイマムなどはこの時期を中心にアイヌ語の中に取り入れられたと考えられる。トクイももちろんその中に含まれる語彙のひとつである。

また「得意」がトクイとしてアイヌ語化していったのと時期を同じくして、アイヌの側からは侮蔑のニュアンスがある「シャモ」が「日本人」を意味する語としてシャモの中に定着していったことは興味深い。

## 三　アイヌと日本語

アイヌが日本語を話すことを松前藩は禁止していたといわれているが、高倉氏の記されているとおり「松前氏の法度」として公布された事実はないようである[14]。しかし、場所単位においてはかなりきびしく制限されていたことは各種の史料の指摘するところである。例えば寛政一一(一七九九)年には江戸幕府の蝦夷地取締の眼目として、

夷人共日本詞遣ひ候事制禁之由ニ候得共、此度御用之地内は、其禁を相止メ、専ら和語を遣ひ候様申教へ、往々和人ニ変化いたし候様教育可致事。

但、此方之人蝦夷詞遣ひ候儀決而不致、ひたすら夷人ニ和語を遣ハセ候儀第一ニ可心懸候。

〈『休明光記附録』巻之一(十)〉

という一項をあげている[15]。このなかで「夷人共日本詞遣ひ候事制禁之由」といい、場所請負制下の蝦夷地にあって、事実上の松前藩の法度としてアイヌが日本語を習得することを禁じているようすが看取される。なお、余談であるが、アイヌが日本語を学ぶことばかりではなく、漂着朝鮮人や「異国流船之者」がアイヌ語を学ぶことをも禁じている[16]。

上記史料から、幕府(＝松前奉行)はアイヌ文化の改俗策の一環として、日本語をアイヌ語に取って替えようとする意志のあったことがわかる。しかし、改俗策は結果的に破綻し、言語も含めてアイヌは自らの文化を維持していく。

文政四(一八二一)年の松前氏復領後、アイヌが日本語を習得することは前例のごとくであったとみえ、安政五(一八五八)年に「蝦夷人漸々ニ内地之衣服言語を用ひ、外国人民と」まぎれないようにと出された施策につぎのようなものがある。

御国の言葉をつかひ候儀勝手次第たるべし。幼年のものへも為習候様可致候事。
(『蝦夷地御開拓諸御書付諸伺書類』十二)[17]

これは先年の松前奉行の施策でもあったが、「御戻地已来又々相禁じ」[18]ていたので改めて取り計らったものであるという。ただ、その成果があり、日本語を粗々覚えていたり、片仮名を書けるもののいる場所もあるので、すぐに日本語に改まるだろうと楽観視している。[19]

松前藩が、アイヌが日本語を習得することを事実上禁じていたのは、ひとつには和夷混交を避けるためであり、「夷は夷次第」という方針があったことは否めない。しかし、結果的に愚民策を推進し、箱館奉行の指摘するように「言語不通ニ候へば、支配人等奸悪之取扱有之候共、可訴出様」がなく、したがって「生涯苛虐ニ使役」することが可能であった。[20]

ところで、アイヌがまったく日本語を知らなかったかというとそうでもなく、例えば天明六(一七八六)年、佐藤玄六郎が田沼意次に差しだした報告は、[21]

年「年」商人共入込候場所の蝦夷は此方の詞をも少々宛は聞先「覚」罷在候得共、此方の詞をシャムコトと唱、右シャムコトを申候得はツクナイを申付由
「此度見分中も、蝦夷共儀松前のもの等罷在候所には決てシャムコトを遣ひ不申、私共計りにて何角相尋候得は、随分少々宛はシャムコトを遣ひ申候蝦夷も御座候」
(「　」内は朱書)

という非常に興味ぶかい内容のものがある。文中「シャムコト」は「シャム(シャモ)言」でシサム・イタク(日本人の・言葉)からきた日本語的アイヌ語である。

日本語のできるアイヌには最上徳内も出会っており、彼に文字を教えて松前藩の不興をかっているし[22]、ややくだって串原正峯も「蝦夷人とも集り百万篇をくるよし。ウスはシャモ地へ近き故、夷共日本言葉を覚へたるもの多し。念仏も唱へ、回向など云にも日本言葉にていふなり」(『夷諺俗話』)と述べている[23]。松浦武四郎も『近世蝦夷人物誌』に「豪勇金太郎」の章をもうけ、彼はイコトイの孫で、先祖の事績を日本語で流暢に語ったといい、彼は「番人等には内証して和語の稽古し、片仮名、平仮名等を習居たり」と記す[24]。武四郎はほかに栄助というアイヌが書いた書を『蝦夷屏風』[25]中に残している。

## 四　シャモとアイヌ語

シャモはアイヌ語をどの程度理解していたのか、あるいはどの程度理解しようとしていたのか。現在の史料の中からこの解答を引き出すのはかなりむずかしい。ひとつにはアイヌ語記録のほとんどが語彙集であること。しかもその中には仏のようにアイヌの伝統的な文化には存在しない語彙も含まれ、さらに日本語的アイヌ語としてシャモ(多くの場合蝦夷通詞)によって作り出されたものも少なくないからである。

ここで日本語的アイヌ語の例を掲出してみる。これは数少ないアイヌ語の文書史料であると同時に、アッケシのオトナであるイコトイが佐藤玄六郎の宿舎へきてもたらした赤蝦夷の情報をアイヌ語で記したという史料性をもつものである。

タンツクオロハ「当秋より」ヱントカムイニシバ「江戸御役人」フウレイシャムコト「赤人の事」ウナラアンチキ「尋有之候得共」マトマヱニシバ「松前役人」ウンジヤウタシイシヤム「運上屋のもの」イタクムヱホツバ「申付置候は」ヱンドフニシバニ「江戸の衆に」フウレイシイシヤムコト「赤人の事」イテキイタク「申間敷き」イタクオツタ「申候おゐては」リクツツヱハツチリ「首を伐り殺し」ベンザイシヨモアルキ「船をも不差遣と申」シノイラシンカイニ「至て叱り候故」タネバクシヨモイタク「今迄不申聞」フウレイシヤム「赤人」ケシバケシバウルツフムシクバクアルキ「毎年毎年ウルツク島迄来り」ヒリカシヤランベ「美敷絹錦の類」ヒリカセンガキ「美敷さらさ木綿の類」シヤトウ「砂糖」クシユリ「薬種」シンナイモシヨモシヨ「其外数々」ユルアルキイホク「持来り商ふ」サツキネアルキリヤタンバ「去年来年を越当年」シヤクバクリウシヲカイハ「夏迄滞留いたし居候」タンシヤク「当夏」ウルツフタ「ウルツフ島え」ヲテン「参り」フレイシヤムヌカル「赤人に出会」シヤランベ「錦類を」アマゝニイ「米に」タシヤレ「とり替」ユルアルキタンバ「持来候処当年」ヱントウニシパ「江戸の衆」アルキヌカルシノ「来り見候に付至て」ウエンレンカイニ「不宣故に」イホクコチヤシコチヤシ「商ひ無用の」ウンシヤウタ「運上屋」ヲヤカタシエイツンジマトマヱシイシヤム「支配人幷通詞松前のもの」ヲヒツタ「不残」イタタレンガイニ「申候故に」チヨカイチセイニ「我家に」シカシマアン「隠置」ハボコル「母が持し」シヤランベシノヒリカ「錦至て美敷候」

（『蝦夷地一件』二）

この史料は『新北海道史』史料一に翻刻されているものを利用した（おそらくは原文に忠実に起こしたつもりなのであろうが、ク・リ・タ、シ・ン・レ、エ・ユ・コなどの誤りやアイヌ語の知識がない故の誤読などの技術的な欠陥があるが、ここでは訂正しない）。

まずアイヌ語に忠実に日本語訳を傍註(本稿ではアイヌ語のつぎに「　」でくくった)しているかにみえる。だが、実際は日本語にアイヌ語を当てただけのものといっていい。仔細に検討する余裕はないが、例えばフウレイシヤムコトまたはフウレイシイシヤムコトの訳はいずれも「赤人の事」であり、これはフレ・シサム(赤い・隣人＝ロシア人)に日本語の「事」をつけたもの、またエンドフニシバニ、アマヽニイなどのニは日本語の「に」である。もっとも「アマヽニイ　タシヤレ」は「アマヽニ　イタシヤレ」となる(このような文の切り方の誤りも多くある)。

これはイコトイの言葉をまず邦訳し、さらに人称接辞などの文法を無視して逐語的にアイヌ語を付したものと思われる。上記史料は江戸時代においてみられるアイヌ語文書の一般的な形態であり、おそらくアイヌには通じなかったしろもので、もってシャモのアイヌ語観をそこにみることができる。(27)

## むすび

シャモとアイヌは語りあえたのだろうか。おそらくアイヌはシャモと語りあおうとしていた。そのことは三節であげたわずかの事例からも理解できよう。しかしシャモの側はそうではなかった。一部を除き積極的にアイヌ語を理解しようとする努力はもちろん、アイヌの言い分を聞こうとする心がけもなかった。シャモにとってアイヌ語は、アイヌを従属させるためだけの道具にすぎなかったといって過言ではない。

シャモとアイヌは語りあえなかったのである。

註

（1）『菅江真澄全集』第二巻（未来社、一九七一年）所収。また、文化八年のゴロウニン事件のときにも、日・露語間の通訳をアイヌ語を媒介に行なったことがある（『日本幽囚記』岩波文庫）。
（2）『新北海道史』第七巻史料一所収（北海道、一九六九年）。
（3）この問題に関しては「犬祖説話と和夷同祖論の展開」と題して弘前シンポジウムで論じた。なお、『北からの日本史』2（三省堂、一九九〇年刊予定）に収載予定。
（4）アイヌの語義は「ひと、人間」「男」が一般的であるが、「長者」など尊敬の意味があることを金田一京助氏が指摘している（「国語学論考」『金田一京助選集』3　三省堂、一九六二年）。この場合も尊敬語として用いられたと思われる。
（5）〜（7）『新北海道史』第七巻史料一所収。
（8）『日本庶民生活史料集成』第四巻（三一書房、一九六九年）所収。
（9）『アイヌ語方言辞典』など。
（10）『岩波古語辞典』（岩波書店、一九七四年）。
（11）カムイは西洋のgodと同一概念ではなく、「魔」の意味もある。また『渡島筆記』に「……鬼神、高貴の人崇尊すべき畏懼すへき物みなしかいふ」とある。明確な説明である。
（12）菊池勇夫「近世アイヌの日本人観」（『歴史学研究』五九五号、一九八九年）。同氏の卓論は傾聴に値するが、しかし、失礼を承知でいえばアイヌ語を史料として引用するための最低の準備はしておいて欲しい。ユーカラを史料として使う場合も同様である。日本語訳の部分だけを利用するという方法は外国史ならば許されるだろうか。アイヌの歴史だからとの安易な考え方がそこに潜んではいないか。アイヌ語史料を使う人びとには是非一考をおねがいしたい。
（13）「国語学論考」（『金田一京助選集』3　三省堂、一九六二年）一六世紀を中心に種々の物質名称が入っていったとすれば、当然その品物も移入されている。アイヌ文化を基本的に変えた漆器類もこの時期の流入と考えられるとすれば、アイヌ文化成立と一五・一六世紀を新たな視点でみなおす必要がある。
（14）高倉新一郎『新版アイヌ政策史』（三一書房、一九七二年）。
（15）『新撰北海道史』第五巻史料一（北海道庁、一九三七年）所収。
（16）「福山秘府　朝鮮漂人部」（『新撰北海道史』第五巻史料一所収）。

(17)〜(20)『新撰北海道史』第五巻史料一所収。
(21)「蝦夷地一件」(『新北海道史』第七巻史料一所収)。
(22)「蝦夷国風俗人情之沙汰」(『日本庶民生活史料集成』第四巻所収)。
(23)〜(24)『日本庶民生活史料集成』第四巻所収。
(25)三重県松浦清氏蔵『蝦夷屏風』の裏面に貼り込み。
(26)『新北海道史』第七巻史料一所収。
(27)オムシャ時の申し渡し書の文面などにこの例をみる。

〔追記〕本稿を草するにあたって中川裕、田中聖子の両氏からは種々のご教示をえた。心からお礼申し上げる。なお、表題は「アイヌの言葉がわかりますか」という意味を込めて日本語的アイヌ語(通詞アイヌ語)ふうに作文してみた。

# 一四　少年たちのまなざし——一枚のアイヌ絵から

図1　俵物計量の図(平沢屏山『蝦夷島奇観』大英博物館日本部蔵より)

## 一　一枚の絵

まず一枚の絵を見ていただきましょう。

いつどこで、いかなる状況を描いた絵だと思われますか。ちょんまげ姿の町人がいますから、日本ではあります。しかし、中央と画面下部にはいささか風体を異にする人びとが見えるので、六十余州のうちではないことは想像がつくでしょう。まん中、そして左下にいる異体の人物は、そもそもどういった人びとなのでしょう。そして棹秤《さおばかり》で目方を量られているものは何でしょうか。

まず異体の人物たちを見ます。ひげ面でさんばら髪はいわずとしれた成人の男であり、ひげがなく、荷物を負っているのは成人の女性で、棹秤を覗きこんでいるのは少年のようです。四人とも襟《えり》、袖《そで》、裾《すそ》、背などに文様を施された着物を着ています。町人たちの方は花色木綿の着物を着ているのが見てとれますが、この四人はそれとも違う黄色っぽい色の着物です。顔の内側から下がる赤い裂は耳飾のようです(見えないかな?)。

日本で異文化、異体の人物と身近に接することができる場はそう多くはありません。三人は長崎のオランダ人ではないし、中国人でもない。朝鮮の風俗とも違うし、琉球でもなさそうです。

そう、ここは蝦夷地《えぞち》。かれらはアイヌの人びとなのです。時は幕末。アイヌの人びとがもってきた海草(これらを俵物という)を、町人たちが計量しているところです。その町人たちに伍してアイヌの少年が棹秤を覗きこんでいます。

では、この町人たちは誰なのか? かれらは蝦夷地で対アイヌ交易を請け負っている商人の使用人たちで、帳面をつけているのが帳役《ちょうやく》、それ以外が番人たちです。少年も番人たちもにこやかにしています。その場の会話さえ聞こえてきそうです。少年は秤の水平を読んでいるようです。番人たちはおまえに読めるのかと囃していて、帳役はにこやかに、そして時には感心しながら帳面をつけている……。この少年はもしかすると目盛も読めるかも知れません。

ともすれば、アイヌとシャモ(日本語びと)とのあいだには絶えず緊張感や差別感が伴っていたとされますから、こんな和やかな雰囲気があることなど考えられないことでしょう。だから、アイヌとシャモの関係を知らない絵描きの創作だろう、絵空事に違いないというひとが出てくるかもしれません。

この絵を描いたのは平沢屛山《びょうざん》さんという、南部大迫《おおはさま》出身の絵師で、弘化(一八四四―四八年)のころ蝦夷地箱館に渡り絵馬を描いて口を糊していました。のちにはアイヌの人びとの中で暮らし、その人びとの生活や文化などさまざまな部分に筆管をふるったひとです。ですから、アイヌの人びとと友人であったこの絵師の観察は、信頼性が高いと評価されているのです。屛山さんは蝦夷地で確かにこのような光景を目の当たりにしたのでしょう。それをかれは絵にしたのです。アイヌとシャモとのあいだには、このような和やかな関係もあったのだと後世に告げるかのように。

## 二　シャモとアイヌ

ところで、なぜ蝦夷地にこんな連中(シャモ)がいるのでしょうか。

そもそも蝦夷地とはアイヌの人びとの天地でした。国とはいえないまでも、地域にはそこを代表する「おさ」たちがいました。おさたちは血縁の長であると同時に、宗教上の権威であり、対外的な代表者でもありました。そうしたおさのもとで、人びとは聚落を形成していたのです。それがコタンとよばれるものです。コタンを中心にアイヌの人びとはみずからの文化を育み、同族意識を醸成させてきたのでした。

そのコタンがいくつか地域的にあるいは血縁的なつながりをもち、言語的な共通性や文化的同一性のもとでもうすこし大きな紐帯をもつようになると、スムンクル(sum-un kur＝西の衆)、メナスンクル(menas-un kur＝東の衆)、ウソルンクル(usor-un kur＝湾岸の衆)などとよばれる人びとの集団となります。スムンクルを構成するコタンの人びとはその地名をとってシラオイウンクル(siraoi-un kur＝白老びと)とかポロペトゥンクル(poropet-un kur＝幌別びと)とか呼ばれていました。

「シャクシャインらの戦争」(一七八九年)当時は、かなりの大勢力をまとめることができたアイヌの人びとでしたが、戦いに敗れて以後は、スムンクルやメナスンクルなどすべてのアイヌの人びとを結集する権力はついに現れることはありませんでした。

蝦夷地に成立した松前藩は、アイヌの人びとのこうした社会関係を巧みに利用したといえるでしょう。シャモ地といわれる渡島《おしま》半島の小地域のみがその正式版図であったかれらシャモにとっては、アイヌとの交易による収入こそが藩成立の大きな要件でした。相手にはメナスンクルなど大勢力を擁した覇者がいないのですから、かれらの交渉相手はシラオイウンクル(白老びと)などの小勢力のおさ(＝オッテナ、つまりは有力な豪勇たち、せいぜい数コタンの統御者)ということになります。松前藩としては、藩主みずからが交渉に及ぶ必要はありませんでした(かつてはウイマムという直接交易制度がありました)。藩主は、豪勇たちとの交渉権を上級藩士層に与え、かれら自身に交易をおこなわせたのでした。石高制を藩政の基礎としない松前藩にあっては、交易による利益がかれらの知行となったのです。そしてさらに、それら知行主はこの交易権を商人にゆだねるようになり、商人は知行主に運上金を上納するという仕組みができたのです。これが蝦夷地の近世を特徴づける場所請負制であることは、いうまでもないことです。

思えば、アイヌの人びとの社会組織は非常にうまくシャモたちの利害と一致した(させられた)といえるでしょう。シャモたちは支配地のコタンを再編し、船掛りのいいコタンに人びとを集中させ、オッテナなどの役職をシャモの任命制とするなど、みずからの利害が損なわれないような配慮をおこたらなかったのでした。

蝦夷地はアイヌの人びとの天地ではなくなっていたのです。

## 三　シャモという日本語びと

さて、場所請負人の使用人たちである人びとを、わたくしは「シャモ」とよびました。アイヌの人びとに対応する呼称でいえば「日本人」となります。確かに「日本人」ではあるのですが、いったいその「日本人」という自称はいつから使われ始めたのでしょうか。古くは鎌倉時代の『宇治拾遺物語』にありますし、ロドリゲスの『日本大文典』にも収載されていますから、まあ古いことばではあるといえるでしょう。とはいえ、一般にはほとんど使われることがないことばでもあったのです。

「日本人」ということばが必要になるのは、いうまでもなく、人びとが「日本人」以外の人間たちと接するようになったときです。そういえば、『宇治拾遺物語』でも、新羅にわたった折の話に出てきたのでした。外国人が多くいた長崎ならばいざ知らず、そんな人間が日本列島にたくさんいるわけがありませんから、ふつうは「日本人」なるアイデンティティーなどもちようがないのです。

しかし、そういう地域がこの時代に実際に存在したのでした。いうまでもなくそれは蝦夷地です。そこになんらかの理由で入りこんだ人びとは、蝦夷地の古くからの住人とは異なるおのれの姿を認識せざるをえなくなります。だからそのころの紀行などを見ると「シャモ　日本人のことなり」などという記載にふれます。あるいはおのれを「人」とし、シシャムと呼ぶ、などともあります。この「日本人」「人」に対して、蝦夷地に住む異文化びとをさすことばが「夷」であり、「蝦夷」であり、「夷人」であり、「自称してアヰノ」であり、そして「土人」であったのです。この異文化びとの存在こそが蝦夷地における「日本人」をして「日本人」と認識させる大きな要因でした。

もちろん、この「日本人」たちは蝦夷地の異文化びとを「日本人」とは呼びはしませんでした。かれらにとってそこは日本であるという認識は必要なかったからですし、第一、この異文化びとを「人」とはみなしていなかったからです。

当代の知識人で最初の松前奉行でもあった羽太正養《はぶとまさやす》さんですら、この人びとを「五体備りたりといへども人倫の道も」知らないと記しています。だからおのれらは「人」であるが、かれらは「蝦夷」であるのです。しかし、

「蝦夷」は「ゑぞ」と呼ばれるのを好まなかったり、「蝦夷といへばかならず怒る」事実について最上徳内さんが説き、東奢元稹さんや児山紀成さんが報じています。とはいうものの、かれらへの呼称はアイノ、アイヌとはならなかったのです。

アイノとは実はアイヌと同じことばです。語義の上では、「神に対する人」であり、「女に対する男」です。明治時代の研究者たちのあいだで「アイノ」「アイヌ」いずれを是とするかという議論がありましたが、これを単に音声上の問題で実は同じと説いたのがＪ・バチラーさんでした。

ついでにいえば、シャモはシシャモまたシシャム(＝シサム sisam 善き隣人)、あるいはサモルンクル(sam-oro-un kur ＝隣うちに住んでいるひと)の転訛ないし下略形であるとされます。語義的にはそのとおりですが、シャモはごく一般に使われたし、現在も使われています。

シャモは侮蔑の念が含まれていることばだから使わぬほうがいいと忠告してくれるアイヌの人びともいます。でもまあ、シャモには自称がないのだから、自分でいう分にはかまわないし、なにより、アイヌの人びとに対して「善き隣人」であったといえるシャモがどのくらいいることでしょうか(そういえば、シシャモにはまたみずから「善人」なる訳語をあてたこともありましたが……)。

ともあれ本稿においては日本語びとをシャモと呼ぶことにします。

## 四　少年の向学心

蝦夷地に住む日本人は、異文化びとであるアイヌの人びとと接しないわけにはいきません。その日本人はというと、羽太正養さんのような教養ある武士ばかりではありませんでした。目に一丁字《いってぃじ》だにない無頼の輩もいました。いやむしろ、そんな連中ばかりであったかもしれません。

先の東寗元稹さんは、この番人どもを評して「……多くは亡命、或は無頼の凶漢、親族棄逐せられて遠く遁れ来る輩にして、夷人を指揮するも又直ならず」といっています。この手合いはアイヌに対するみずからを、「日本人」と意識するよりは、「蝦夷」に対する「人」であると無意識にとらえて、アイヌの人びとに接していたのではないでしょうか。

窪田子蔵さんも、西蝦夷地でシャモが多く入り込んでいるところで、「夷人博奕を為し」たる場に居合わせ、ソウヤではアイヌ、シャモともに「花合わせ」、「メクリ」などを一緒にやっていたことを記しています。そしてアイヌの人びとと日常的に接し、かつシャモの最前線にいるものが、かくのごとき連中であることに警告を発しています。

ところで、はじめにご紹介した絵にかえってみましょう。前にも述べたように、帳役や番人たちとアイヌの少年とのあいだには、こうした緊張感はみられません。和やかな会話が流れているようにさえみえます。このひとたちはいったいどんなことばではなしをしているのでしょうか。日本語、アイヌ語のいずれかであることは間違いありませんが、ここではおそらく日本語でしょう。アイヌの少年は日本語をかたこと以上にはなせるのでしょう。秤目を日本語で読むとしたならばたいした実力です。番人たちが迷惑がっている様子は見えませんから、少なくとも邪魔にはならない程度の語学力ではあるのでしょう。足しげく運上屋に通って番人たちと友だちになったその成果なのかもしれません。

異文化、異言語にあこがれる向学心のある少年の存在はなにもシャモの独占ではありませんし、現代だけの現象でもありません。「蝦夷」であるアイヌの少年が日本語への学習欲をもっていて何の不思議があるでしょうか。

アイヌが日本語を学ぶことは禁じられていたのではないかというひともあることでしょう。確かに松前藩は、アイヌの人びとが日本語を学習することを歓迎はしていませんでしたが、禁令を発したという形跡はありません。むしろ、場所請負人が、場所内のアイヌの人びとが場所における非道の扱いなどを告発するのを恐れて、無用にシャモと接するのを嫌い、日本語を学ばせなかったということはあっただろうと思います。かつて、わたくしはアイヌとシャモとは語りあえなかったと書いたことがありますが、それはこのような場でのことなのです。

しかし、日本語を話せるアイヌの人びとの存在は少なくありませんでした。例えば、北海先生こと松浦武四郎さんによると、アッケシの金太郎さん(その体型からシャモがつけたあだ名が通称となった)は、クナシリ・メナシの蜂起で有名な豪勇イコトイ翁の子孫で、故事に通じたひとでした。詰合役人喜多野さんの勧めで帰俗(日本風に風俗を改めた人びとを改俗、または帰俗アイヌという)することになり、その折に、さまざまなことを日本語でよく話しました。喜多野さんが驚いてそのわけをたずねると、蝦夷地が公領(幕府の直轄地)になった(一八五四年のこと)と聞いたので、そのうちに江戸の役人が来るようになるだろう。江戸の役人(エドニシパ)が来るとクナシリの蜂起一件などについて聞かれるであろうからとて、三、四年前より番人等に内緒で「和語の稽古をし、片仮名、平仮名等を習居」たのだと語ったといいます。日本語の学習は番人たちに隠れておこなわなければいけなかった状況が見てとれます。

先の窪田さんは西蝦夷地(日本海沿岸とオホーツク海沿岸地域をこのようにいう)シャリのアイヌは「能く和語を為す」と述べています。その理由ですが、シャリのアイヌの人びとはクナシリ、エトロフへ出稼ぎにいくこと、かの地には帰俗アイヌやシャモが多くいるので必然的に「和語」を解するようになったのだというのです。

一七九二年(寛政四)のことです。テシオにシカラカンデという青年がいました。年のころは、二二、三歳。かれは日本語を勉強しており、イロハを片仮名で少しは書くことができるし、そろばんや九九も覚えていたといいます。このときかれに会った串原右仲さんは、かれからアイヌ語を教えてもらったお礼に、持ち合わせていた紙と筆とをプレゼントしました。串原さんは和算家として有名なひとでした。このひとを師としたシカラカンデくんは幸運でしたが、いかんせん、二週間ばかりの短期間です。充分な時間とはいえません。秋になって串原さんがソウヤからの帰途、かれのことをたずねたところ、病で臥せっているといいます。お見舞いに筆一本と半紙二帖を贈ったところ、なんとしても会いたいけれども起きあがれないのでといい、奥さんをよこして沼菱のお土産とイロハを清書した半紙を差し出しました。見ると見事な手ですが、ウヰノオクヤマのオの字をヲと書いてしまい、訂正してヲを箱で囲ってその脇にオを書き直しています。串原さんは、「……精を出したると見へ、纔《わず》かの中に甚見事に書覚へたり」とシカラカンデくんを誉めています。燃えるような向学心があり、いい師にも出会いながらそれを伸ばすことができなかったかれの無念はいかばかりであったでしょうか。

最上徳内さんもアイヌの青年に日本語を教えたひとりです。徳内先生は、蝦夷の根元は「倭人の種類にして、異国の種類にはあらざるなり……それを蝦夷といへば人種の別なる様に思ふのは大なる僻事」なりという考えのもち主で、アイヌ語に日本語の古語が残っていると説いていたひとでした。だからというわけではありませんが、アイヌの人びととアイヌ文化にあたたかい眼を注いでいたシャモのひとりでした。

一七八六年、先生ひとりで東蝦夷地を見分しているときのことでした。当然、シャモは徳内先生だけです。アイヌ語もよくできないし、行く先々も不案内でいささか心細い思いをしていると、ブリウェンというものが少し日本語ができるというので、かれを召使にして各地を連れ歩きました。かれが文字を習いたいというので、まず片仮名でイロハを書いた手本を与えました。そして泊まるたびに手習いをしていました。

ヨタレソツネナラのところを習うころ、ブリウェンくんが突然イロハとは何ぞやという疑問を発しました。そこで徳内先生は「此文字を以て記す時は一切の事に通ぜずといふ事なく、上下の情をつうぜずといふ事なし、誠に奇妙なる物に非ずや……ありがたきカモイ(神)の言葉の此四十七字を能く学び得る時は一切の事を書き綴るに其言葉の尽されずといふ事なし」などとこむつかしいことをいったためかブリウェンくんの疑念がますます深まって勉強しなくなってしまったのです。そこで徳内先生は、私は師である、師と頼んだのだから我が子も同然である、おまえは蝦夷地ではじめてのことをやっているのだ、それを途中で止めるのは私に恥辱をあたえるのと同じだなどと諭しました。ブリウェンくんは、心をいれかえて勉強に励んだといいます。

ところで徳内先生は、このブリウェンくんを連れて、箱館の宿で紙に片仮名を書かせたところ前代未聞の珍事として賞賛されました。松前でも同様のことをおこなったところこれが噂となって、松前藩の重役の耳にはいり「蝦夷土人へ文字を教導き、或は日本言葉を示す事古来より禁制なり」などといいたて、その咎は最上徳内にあるといって、松前藩から大いに憎まれてしまいました。もっとも徳内先生も負けていません。そんなに文字を教えるのもだめ、日本語を教えるのもだめなどといってると、やがてアイヌの人びとはロシアの風俗になりますぞと釘をさしています。

武藤勘蔵さんは、一七九八年というこれもかなり早い時期に蝦夷地へいったひとですが、かれはソウヤで、イキリワンシさんというひとから、ソウヤの支配人についての恨みを直訴したいと日本語で相談されていることを記しています。またカラフトのツツポリンゲさんが片かなで書いたソウヤの番人へあてた手紙を実際に紹介してもいます。

「ヤイカタノ、アンコロ、カイキ、イトイル、イルレンワ、ヱンコレ、ワン」

というものです。文面は「ご無心ながら研石をかし玉はれ」という内容であるといいますが、読点の位置が正しいかどうかはわかりません。おもしろいのはカラフトに住んでいる(たぶんシラヌシ)ツツポリンゲさんが、わざわざソウヤの番人(かれはシャモ)に砥石を貸せと無心していることです。砥石を必要とするはがねの刃物を使っていることに加えて、砥石が貸借の対象となる貴重品(少なくともアイヌには)であること、シャモの番人に品物を貸せといえるほど親密な間がらであること、そしてツポリンゲさんが日本文字を使ったこと、番人がアイヌ語を読めることなど、この手紙には興味深いことがらがいっぱいつまっています。

アイヌの人びとのあいだでは、日本語はかなり理解されていた様がうかがえますが、基本的にはシャモがその都合で日本語を学ばせようとしなかったのです。だから、改俗策を積極的に進めようという時期(第一次幕領期＝一七九九―一八二二年)になっても、政策そのものに対する強い抵抗もあって、日本語の学習はさかんにはなりませんでした。

## 五　奇童エトメチュイくん

最初にご紹介した絵のことで、先ほどアイヌの少年と番人たちは日本語で会話をしているのだろうといいました。そのことで、アイヌの少年たちが日本語を学ぶのは、先に触れた改俗策との関連を直接考える必要はないと思います。何事にも興味を示す世代の好奇心が異言語に向かわせたということでしょう。その対象が、日本語である必要もないのです。

たとえば、千島アイヌでラショワ島の住人であるアレクセイ青年はロシア語を学んでいました。一八一一年、ロシアの海軍将校B・ゴロヴニンさんがクナシリで逮捕され、松前で幽囚されたとき、かれの通訳はアレクセイくんが勤めていました。日本で最初の、ロシア語の公式通訳は、実にアイヌ青年であったのです。日本側は上原熊次郎さん。かれは近代以前の最大のアイヌ語学者でした。ゴロヴニンさんのロシア語を、アレクセイくんがアイヌ語に訳し、それを熊次郎さんが日本語に訳して奉行所の役人に伝え、奉行所の役人の言をまた同様にして伝えるという迂遠な方法でした。もちろん、アレクセイくんの語学力も万全ではなかったでしょうし、何よりも文化が違いますから(かれ自身はロシア人に接してはいましたが、ロシア文化に親しく触れた経験はありませんでした)、細部についての翻訳は無理がありました。それで、松前奉行所は、のちには当時最大の語学者である馬場佐十郎さんや足立佐内さんを呼んで、ことにあたらせたのです。アイヌ研究でも知られている村上貞助さんも加わっています。

ソウヤにテケバセという少年がいました。年のころ一二、三歳で、ソウヤの会所(西蝦夷では運上屋をこのようにいいます)の下働きをしているルルモッペの生まれの少年でした。子どものころの病気で右手が太くなっていたのでこの名がついたといいます。かれも串原さんのもとでイロハを覚えました。串原さんによると、テケバセくんは子ども心にシャモのさむらいにあこがれて、竹と草の茎で大小をこしらえ、つばをうすい板で造り腰にさして喜んでいたところ、アサマくんという友だちがその刀のつばを壊してしまいました。さあ、テケバセくんの怒るまいことか。涙を流して口もききません。串原さんと支配人の村山長三郎さんがいろいろなぐさめたがきかないので、村山さんが板でつばを作り、串原さんがもっていた絵をプレゼントしたのでようやく機嫌をなおしたといいます。テケバセくんのようにシャモプリ(シャモの風俗)を好ましく思う子がいるのだから、きちんと教育すればシャモの風に遠からずして移るだろうとは、串原さんの感想でした。

こうした子どもたちのことは、窪田さんも記しています。一八五六年のシラオイでのことです。詰合役人(現地詰めの幕吏)で同心(箱館奉行所の職制の一)に笹森与一衛門というひとがいました。かれは、家来にしているアイヌの少年(一六、七歳)に手習いや読み書きを少しずつ教えているが、とても覚えがいいといっています。シャモプリにさせているが、ひととけんかなどするときは俺は笹森の家来だ。これまでのアイヌ少年ではないぞと力んでいるよと、話してくれたといいます。

窪田さんはまた、モンベツの詰合同心細野五左衛門さんのことについて語っています。細野さんは、アイヌの子どもたちに文字を教えていて、初めに学びやすい片かなからはいるといっています。硯《すずり》がないので木で作って代用にし、子どもたちが勉強に精を出せば飯を与え、怠ければ与えないといいます。その中に一六歳ばかりの子どもがいて、細野さんの家で雇いながら教えているのだが、この子は片仮名を用いて日常のことに使っているのです。細野さんの用事で番屋に行くときはその用向きを認め、自分で手紙にして番人にもっていくのです。また番屋で使っている箪笥の引出しに、そこには何々が入っていると、例えば、紙が入っていればカミというふうに、紙切れに書き付けて貼るなどしています。だからかれは自然に文字の便利なことを覚えてしまったというのです。

北海先生こと松浦武四郎さんは、同じ時期にシャリにいたエトメチュイくんについて紹介しています。エトメチュイくんは一一歳です。まだ小さい弟と六一歳の父親と三人で暮らしていて、母親は一年前に亡くなっています。老齢の父との暮らしですから、いかにも困窮しています。ここの詰合役人の宮崎さんがこの親子を深く憐れんで、エトメチュイくんに我が家へきて手習いしなさいといいました。かれは毎日砂の上に文字を書いて練習していましたが、エトメチュイくんにカタカナのいろはを書き与えました。そしたら毎日飯をあげよう、と。そしてそれを見ていた会所の人間が父親を呼んで、おまえの息子は「人間の真似をなして手習をばなしけるが、若し左様の事いたすや土人の風を毀ひ、悪き病等流行いたすべし等言聞し、それを止めさせせんと手立てを」したので、父親はもう行くな！　とエトメチュイくんを叱りました。五日ほどかれはあらわれませんでした。その後、ふとやって来たので宮崎さんがよく来たというと、父が山にいったのでその留守のあいだにこっそりきたのだと答えました。父がいない時に手習いにあらわれ、父がいるときは来ない、というふうになりました。手習いに来たときにも、宮崎さんが飯を勧めても食べずにかえるようになりました。宮崎さんが理由をきくと「余は飯の為に来るにあらず、手習がいたしたき故なり」といいます。そして、みんなが、おまえは生活が苦しいから、飯が食いたくて手習いをしているのだろうというけれど、口のためにに手習いをしているのではないということをみんなに伝えたくて、手習いがすめば飯を食わずすぐに帰るのですと、宮崎さんにいったのでした。

北海先生は「奇童エトメチュイ」とこの少年を評し、その所行を「廉恥の程実に感ずるにあまりあるなり」と讃えています。この報告は、シャモのことばを習い、手習いをする子どもたちに対するひとつの世間的な評価です。手習いを止めさせようとした会所筋のものがシャモであったかアイヌであったか北海先生は何も述べていません。しかし、伝統から逸脱しようとするものへの圧力の大きさを強く感じます。それにしてもエトメチュイくんは強い子であったと思います。

## 六　アイヌ語を学んだシャモの少年たち

日本語を学び、かつ学びたがっているアイヌの人びとの話を紹介してきました。では、その逆に、アイヌ語を学んだシャモの少年は存在したのでしょうか。窪田さんがシャリの勘次郎くんのことを記しています。

……蝦夷地生れの勘次郎と云者あり、其父母は南部の人、夫婦とも此地に来り生を為す、昨日過るコヱトイの番屋に在るもの是なり、勘次郎既に夷地に生長し、夷児と遊び候へば、夷人の言通ぜさる事なし、然ども国人の言に於ては往々解せざる所多し、其父母是を憂ひ、此番人に託し、書を読み字を習はしむ、此日出て給仕せしが、容貌は国人なれども言語往々通ぜざるものあり、

文中、国人はシャモのことを指しています。勘次郎くんがいくつであるか、窪田さんは記していませんが、文

面からは一〇歳前後の頑是無い姿が髣髴とされます。アイヌの少年たちと野山や海に戯れ遊ぶ姿には異文化びとという特別な思いなど許さない、自然な子どもがあるだけです。

シャモもアイヌもない、ただ自然に遊びまわる子どもたちの姿こそが、望まれるもっとも必要な光景であったのかもしれません。しかし、蝦夷地にシャモの子どもたちが来ることはまれでした。窪田さんが蝦夷地を訪れた一八五〇年代であったからこそ勘次郎くんがいたのでした。

もっとも運上屋に雇われた少年労働者という存在はありましたから、勘次郎くん以外にもアイヌ語を操れた少年はいただろうと思います。最初にあげた絵の中で会話は日本語だろうと述べましたが、番人たちの中には成長した勘次郎くんのような存在があったかもしれません。

そういえば、アレクセイくんとともにロシア語の通訳にあたった上原熊次郎さんは、「蝦夷の中でひととなりし」と徳内先生がいっていますが、アイヌ語の機微に通じているところなど、まさにバイリンガルであったのかもしれません。長じて、熊次郎さんは日本最初の「アイヌ語日本語辞書」である『もしほ草』を編纂出板し、のちに金田一京助さんから「蝦夷語学の鼻祖」とたたえられています。熊次郎さんはほかにも、当時としては最大のアイヌ語辞書『蝦夷語集』やアイヌ語地名ならびにアイヌ語文法書でもある『蝦夷地名考』などもまとめており、「蝦夷語学の鼻祖」の名に恥じないひとでありました。熊次郎さんは、運上屋の番人の出でありながら、のちには江戸幕府の役人となるなど破格の「出世」を遂げています。

熊次郎さんほど有名ではありませんが、モンベツの圓吉さんのように二代続いた蝦夷通詞や、羽州八森出身であるネモロの伝蔵さんのようにみずから努力して蝦夷通詞になったひともいました。番人とならんで、蝦夷通詞はとかく評判がよくありませんが、語学の専門家としてアイヌの人びとと親しくしていたシャモは存在していたのです。もっとも、蝦夷通詞は長崎通詞たちのようにきちんとした職階制をもった専門家集団ではありませんでした。アイヌの人びとはオランダや清国、朝鮮あるいは琉球のように国家を作っていませんでしたし、正式の通交・通商をもつような関係ではありませんでしたから、正式の通訳は必要とされていませんでした。蝦夷通詞は日本語をアイヌの人びとにわからせればそれでよかったのです。決してアイヌの言い分をシャモに通訳する存在ではなかったのです。

## 七　シャモの世界にとびこんだひと

先にもふれた北海先生は、いろいろのものを集めるのがおすきでした。その中に自分に宛ててきた書簡類を貼り交ぜた『蝦夷屛風』というのがあり、現在は伊勢・三雲町の松浦武四郎記念館の所蔵となっています（松浦清氏寄贈）。この屛風には、書簡以外にも貴重な資料が貼られています。そのうちに「アハシリ栄助」の署名がある「ほへとち」という習字があります。網走の住人、栄助さんの手になるものです。達筆、能筆の書ではもちろんありませんが、その力強い書風は一九世紀前半のアイヌの人びとが遺した書跡としては希有なもので、それ自体、文化財として大きな価値を有していると思います。

栄助さんについての詳しい情報はありませんから、この手習いが何歳ころのものであるかはわかりません。しかし、自分の名前を漢字でも書けるのですから、相当の日本語力をもっていると思われます。栄助さんは帰俗したアイヌでしょうが、その語学力からして自分の意志でシャモの文化に飛び込んでいったひとであるにちがいないと思われます。

自分の意志でシャモの文化に飛び込んでいったひとといえば、アブタの市助くんの名が浮かんできます。一八五六(安政三)年で、一八〜二〇歳くらいの青年です。この年に、蝦夷地がふたたび江戸幕府の直轄となりました。それを知った市助くんは、アブタの詰合役人である落合さんのところへいって、シャモプリに姿かたちを改め、名をアイヌ名のエカシハシュイから市助と変えました。それから古い盆のなかに砂を盛っては箸でいろはの手習いを始めました。そしてわずかに一年で、日用のことに不便を感じないまでに上達したのでした。

　この市助くんはおもしろい発想をする青年で、会所での仕事のかたわら、よく日本地図や江戸図などを見ていました。あるとき、江戸などの絵を見て、こんな繁華街があるのだろうかと疑念をいだくことしきりでした。なんでそんなことに疑問をもつのだと聞くと、笑っていうには、江戸のひとはうそが多い。昔、錦絵を見せられて江戸の女はこのように美しいのだと教えられたけれど、最近、江戸からきた詰合の奥様たちを見ても、南部津軽の鯡《にしん》取りの女たちとかわるところがないではないか。このことからも江戸の図がうそであることは明らかだろうと。それでも、おれも人間に生まれたし、こんなすごいところがあるのにそれを見ないで死ぬのはなんとひとには幸不幸があるものかなど嘆いたりもしました。

図2　「アハシリ栄助」の習字(『蝦夷屏風』松浦武四郎記念館蔵より)

　そんな市助くんが、北海先生にむかって「旦那が江戸に帰るとき、わたしを連れていってもらうことはできないのでしょうか」と問うたのです。北海先生は、「いずれその禁制が解けるときになれば」というと、市助くんは、「わたしが昔のようにアイヌだったらだめでしょう。でも、シャモプリにしているのですよ。それなのに、昔アイヌだったからシャモのすることをしてはいかんというのならば、なんで、苦労してシャモのことばを覚え、この極寒の地でシャモの髪容にあらためなければならないのですか」と理詰めでせめたててくるのです。北海先生は、おまえがそこまでいうのなら公にうかがって見ようといい、そして、一八五八年一〇月二日、市助くんを初めてのシャモ地の旅に連れ出しました。かれは南部、仙台と通るあいだ天気や休泊地、初めての見聞をノートに書き記していました。江戸では、村垣淡路守さんのお屋敷に厄介になりました。

市助くんのその後、つまりいつ江戸から帰ってきたか、また、アブタに住んだのかなどを知る手がかりはありません。虻田町の研究家川鰭《かわばた》定明さんは明治のアブタアイヌの先覚者明石和歌助さんが市助そのひとではないかと考えておられますが、人別帳で見るかぎりは明石さんとは別人であるようです。

市助さんはその後どのような人生を送ったのでしょうか。

## 八　新しい文化に触れる意欲

また、はじめの絵にもどります。やはり屛山さんはうそは描いていませんでした。異文化に憧れたアイヌの青少年はまぎれもなく存在していたのです。それをともすればシャモの改俗策と混同してしまって、シャモプリが強制されたものと思い込む傾向があります。アイヌの人びとがシャモプリにする、その要因はいくつかあるはずです。強制によるもの、自ら進んで異文化に触れようとするものなど……。

シャモが十分な知識をもたないまま、アイヌプリを野蛮卑陋なものとみなして、強制した改俗策は非難されてしかるべきです。そして、その抵抗の歴史もまた決して忘れてはいけません。しかし、ひとつの人間集団が存在し、自らの文化を守り育んでいくその過程で、異文化に触れるそのことは非難されるべきではありません。シャモプリにした人びとをわたくしたちは、シャモにおもねたものと見ることがありますが、その見方は正しくないし、だいいち、独自の文化を創造した人びとに対して無礼であると思います。アイヌの人びとは、新しい文化に触れること、それを取り入れて自己のものとすることに、決して臆病ではありませんでした。それどころか、常に新しいもの好きであったといっていいでしょう。アイヌ文化はひとつところにとどまっていたりはしなかったのです。

屛山さんの絵はアイヌ文化に対するひとつの偏見を正してくれる格好の史料であると思います。

# 一五　イオマンテ考——シャモによるアイヌ文化理解の考察

# はじめに

近世史部会の「近世社会における差別と権威」という視点のなかで、アイヌがどのようにかかわりをもつのかという問題がある。実際、報告者としては「差別」あるいは「権威」などの枠内でアイヌの人びとの歴史をとらえることは、かならずしも賛成ではない。もちろん、この問題はアイヌという存在を通時的にとらえていく場合でも避けられないことではあるが、しかし、差別という問題の陰に隠れて、ともすれば、民族の正則な歴史的発展、文化的発展があったという視点を見失いがちである。

アイヌは常にシャモの差別の対象であったという事実認識があり、しかもそれが強調されるあまり、かえって問題を矮小化する危険性をともなっている。シャモによる差別という事実を踏まえたうえでなお、かれらの歴史に冷静に眼をすえることがはたして可能なのだろうか。

歴史学研究会が――というよりは歴史学界(それは権威そのものでもある)全体が――アイヌの人びとの歴史的発展を認識しえないとしたならば、それは歴史研究それ自身のアイヌの歴史に対する差別にほかならない。ことばをかえれば、研究者自身が現実にアイヌ差別をおこなっているということと同義なのである。

報告者は上記の立場から、アイヌの人びとの歴史について考えてみようと思う。しかし、それは日本近世史研究の一般的な方法とは大きく異なる。それはアイヌ社会が無文字社会であるという基本的認識に立つためであり、その歴史理解には民族誌の変遷を記述することがきわめて有効な手段であると信じているからである。

民族誌記述の対象として本報告においてはイオマンテに着目した。

## 一　本報告の主たる関心

報告を進めていく前に、報告者の関心の所在を示し、できうればこの問題についてまず共通理解をしておきたいと考えている。おそらく多くの日本史の研究者にとって、アイヌはあまりにも遠い存在であろう。そのあいだの溝を埋めるべく、少しでも共通しうる言語(誤解のないようにいうと、アイヌ語とか日本語とかの謂いではない)が必要であると思われるから。

### 1　なぜイオマンテか

ここでイオマンテをとりあげる理由は、この儀礼はアイヌ文化においてきわめて高度に発達した文化事象であり、かつアイヌ文化を代表する宗教儀礼であること。さらに、シャモによっていくたびか禁止されながら、現在にいたるまで連綿と伝えられた民族の心に深くねざした伝統的な儀礼であること。そして、これはおそらくアイヌ文化の復興に際してはその核となりうる存在であると考えられること。これらの観点からすれば、イオマンテ研究は決してなおざりにはできないのである。

## 2　アイヌ文化復興への期待

現今、アイヌ語をはじめとするアイヌ文化の復興と伝承とが真剣に論じられてきている。もとより、このアイヌ文化というのは狩猟・採集が主たる生業であったころのそれと全然同一ではありえない。現代生活のなかで伝統的な意識・思想を継承し、伝統技術を伝えていくということであろうか。自分たちの言語や文化、歴史をいつでも学べる場をつくること、そして、シャモも同様に学んでいくことが肝要である。このために、シャモはあらゆる努力を傾注する責任があると思われる。アイヌ文化を破壊したのはほかでもない、シャモなのだから。

渡辺仁氏はアイヌ文化を「クマ祭り複合体」と規定し、図1のような模式図を作成した。この模式図は細部においてこそ検討の余地はあるが（実際に修正モデルが存在する）、イオマンテの性格を最もよく整理したものといえる。渡辺モデルにしたがえば、イオマンテの復活こそがアイヌ文化復興の最も近い

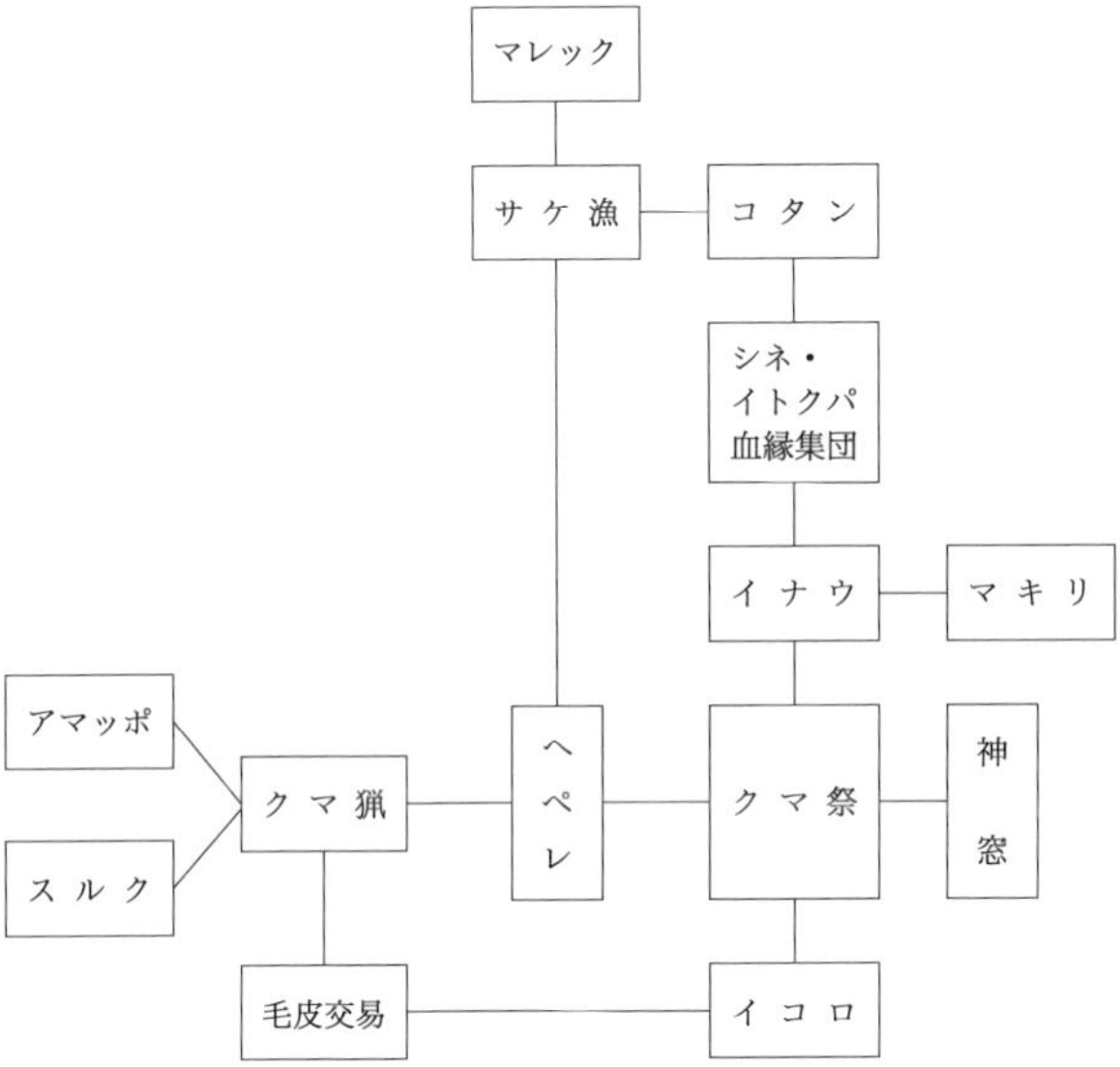


**図1　アイヌのクマ祭文化複合体**
（渡辺仁「アイヌ文化の成立」『考古学雑誌』58-Ⅲ，1972.12 より）

方法であるということができる。

## 3　民族誌の復元記述

基本的に無文字社会であるアイヌの人びとの生活、習俗、文化等を細大漏らさず記述することがまず求められる。この作業はアイヌ語学をはじめ文化人類学などで試みられているが、これらの学問は現在学であって、歴史的過去に遡っての調査はおこなわれず、したがって民族誌の通時的記述はえられない。

自身の古文献資料を持たない民族は、その記録の多くを隣人に頼らざるをえないが多くの場合、誤謬と偏見を避けることができない。隣人の記録類から真なるものを求め、分析していくことにより、ある時期の民族誌を記述することは可能であると思われる。この民族誌と現在的民族誌とを比較し、その間の連続性を考察することにより、ある時期の民族誌の復元が可能となり、無文字社会の歴史記述に有効な手段となりうる。

イオマンテはまさに連続性を持つ民族誌の記述が十分に期待された文化事象であると考えている。

## 4　シャモの歴史と共通する言語は存在するか

日本史という枠内でアイヌを視野にいれて歴史記述を試みた例は決して少ない数ではないし、本大会もそうした実験の場であると評価することもできる。

しかし、それらは国家論、幕藩体制論という枠のなかで夷、辺民、被差別民、属民などとして扱われ、いわば体制のアウトロー的視点に置かれているにすぎない。正則な歴史研究の対象とはなっていないとみるのはひがみであろうか。その視点からのアプローチにあってはシャモとアイヌとのあいだにとくに言語は必要とはされなかった。体制外の存在としての固定された集団への関心であり、集団それ自体が視野の及ぶすべてであった。だから、集団内部に踏み込んだ議論にはならないのであり、またシャモの歴史研究にあっては関心の外にあるものにすぎなかったといっていい。

ひとたび、その集団内部の歴史を問題とするときには、シャモの研究者に対しては述語のイロハから説明していかなければ本質は理解されない。本報告においてもまさに「アイヌ」という語義の理解から求めていかなければならないように、すぐに問題の核心にふれられるような言語は現在のところ存在していないように思われる。

## 5 アイヌ史、アイヌ文化史の可能性

古くからの日本列島の住人は、琉球を含む日本語を母語とする人びとと、アイヌ語を母語とする人びととで構成されているという事実を否定する研究者は存在しないと思う。だが、日本史といえば、このうちの日本語を母語とする人びとの独占物であり、アイヌ語を母語とする人びとがその歴史の担い手とされていないことも、また否定できない事実であろう。

とすると、アイヌの人びとの歴史や文化史はどのようにとらえられるのだろうか。独立した分野として日本史の枠外で扱うのか、あるいは「もうひとつの日本史」として、体制外の歴史という具合いに片隅で扱われるのか、さらには日本史の正当な担い手として組み入れられるのだろうか。

ついでにいえば、アイヌを少数民族という場合がある。アイヌ民族ともいう。ならばシャモはいったい何民族なのだろう。自称はどうするのか。巷間用いられる「和人」「日本民族」「大和民族」はシャモ自身の民族呼称と

して、あるいは歴史名辞として妥当なものなのか。「民族」を考えるうえでは大きな問題であるが「日本史」研究者はどのように回答してくれるのだろうか。

## 二　アイヌの神概念とイオマンテ

本報告を進めていく場合に、どうしてもふれておかなくてはならないのがアイヌの神概念である。先にもふれたように、本来、共通の知識として理解されていて然るべきところであるが、遺憾ながらアイヌとその研究者以外には知識となっていない。まず簡単に説明しておく。

### 1　カムイとアイヌ

意外と知られていないことであるが「アイヌ」は「ひと」「男」を意味することばであり、転じて民族呼称ともなった。この場合の「ひと」というのは神(カムイ)に対してのものであり、「男」は女に対してのものである。アイヌにはまた男の敬称としての意味もある。コシャマイン、シャクシャイン、ションコアイヌなどといった使用法である。

カムイは通常「神」と訳すが、厳密には霊的存在であって、西洋のGODとは異なる概念である。森羅万象に神性を認めており、八百万の神々が存在する。アイヌにとっては人間より強い存在であり、また、人間に悪さをする、魔的存在である。

人間の住んでいる世界がアイヌ・モシリで、神々が住んでいる世界がカムイ・モシリということになる。この世界の住人（神々）は人間と同じ姿で、人間と同じ生活をしている。ときどき、アイヌ・モシリへ遊びに訪れるが、そのときにはじめて、クマの神ならばクマの扮装をする。

アイヌの神の世界はギリシャ神話におけるパンテオンは構成しないから、絶対神は存在しない。しかし、神格の高い神はおり、たとえば、コタン・コロ・カムイ（村を・領する・神）やアペ・フチ・カムイ（火の・婆・神）、キムン・カムイ（山の・神＝クマ）やレプン・カムイ（沖の・神＝シャチ）などといった神名があげられる。

## 2　イオマンテの意味と実際

イオマンテはイ（それ＝神を）オマンテ（行かせる＝送る）と分解でき、アイヌ・モシリへ遊びにきた神をカムイ・モシリへ送り返す儀礼である。オマンテはいくつかの動物が対象になるが、イオマンテは通常クマを対象とする儀礼が顕著なため「クマ祭り」「クマ送り」などと称される。

神をカムイ・モシリへ送り返すとき、たとえばクマの神ならばその扮装を解かなければ帰ることができない。クマの神は自らの手でそれをおこないえないので、アイヌの手をかりる。脱がせた扮装――毛皮、肉など――は熊胆とともにアイヌへのお土産となる。

カムイ・モシリへ帰った神は、アイヌに祭られることにより神格があがり、アイヌはその神から狩猟はじめさまざまな庇護を受ける。こうして神と人との共存関係ができあがると考えるのである。

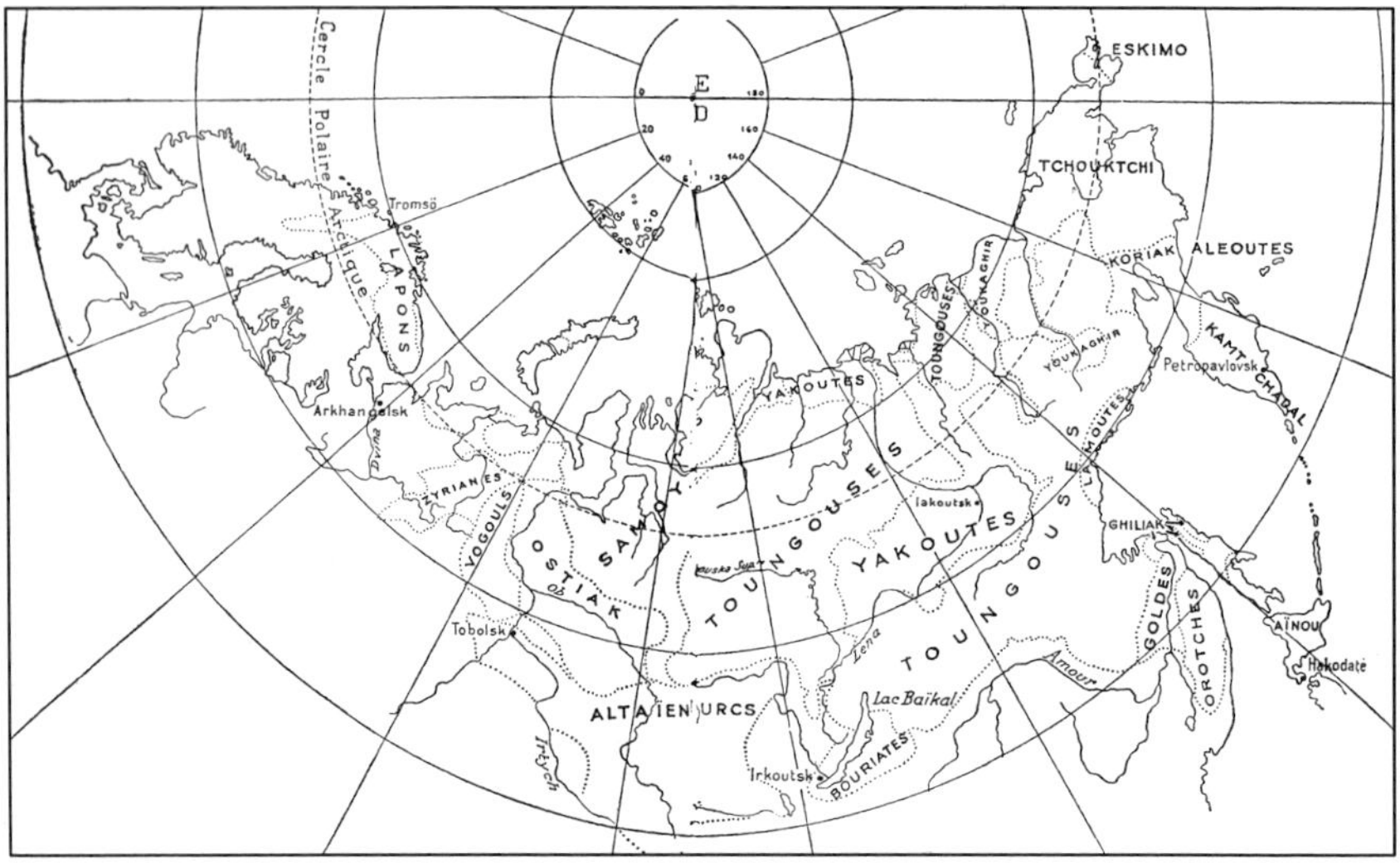


図2　シベリア諸族の分布
（井上紘一「北方狩猟民と熊祭り」『どるめん』6　1975.6 より）

## (1)送りという概念

イオマンテは、ひとりクマにのみ関する送り儀礼ではない。しかしクマに関するこの種儀礼は地図に示したようにスカンジナビヤ北部のサーメから北米のイヌイトにいたる広い分布をもっている(図2)。

環北極諸民族に伝わる熊送り儀礼については、大きくふたつの型に分けられる。アイヌ語を使っていえば

1　イワクテ、またはホプニレなどといわれるもの。この語の意味はどちらも「送る」である。

このタイプは山でとったクマをその場で解体して、送るもの。大半がこのタイプで、やや極論めくかも知れないが東北地方のまたぎの狩猟儀礼もこれに分類できる。

2　イオマンテというもの。これは山猟でとらえたコグマを飼育してのち、改めて送るもので、アイヌ、ニブヒ、ウイルタのほか、沿海地方のウリチ、オロチがこのタイプのクマ送りである。このうち、アイヌにおけるイオマンテがもっとも発達した形態を示していることは、文化人類学の説くところである。

この信仰儀礼を正しく理解するためには、前述したようにアイヌの神概念について知ることが必須である。よくある誤解は送られる対象（この場合はクマ）が全能の神に捧げる犠牲であるという説明である。あくまでもアイヌ・モシリに訪れた神を、カムイ・モシリにお返しする儀礼にほかならない。決して「いけにえ」ではない。

環北極諸民族に共通しておこなわれてきたこの種の送り儀礼が、アイヌの人びとのあいだで理論的にも実際儀礼のうえでも最も発達を遂げていたことはハローウェル（一九二六）の指摘を待つまでもない。

### (2)送り儀礼の実際

ここに掲出するのは一九八九年一月二三日から二六日にかけて、北海道白老町のアイヌ民族博物館でおこなわれたイオマンテの式次第である（『イオマンテ――熊の霊送り――報告書』一九九〇・三）。このイオマンテは白老に古くから伝わる方法ではなく、沙流川筋に伝わる方法でおこなわれたものである。将来、白老のイオマンテを復活するための調査という性格をもっているので細部にわたる詳細な記録をとっている。以下、主な行事の内容を簡単にみておく。

前夜祭

①カムイノミ（神への祈り）

②饗宴

本祭り（第一日）

③カムイノミ

④祭壇の飾り付け

⑤子グマの檻出し

⑥子グマを遊ばせる
⑦ウポポ(踊り)
⑧花矢を射る
⑨挟殺
⑩オンカミ(礼拝)
⑪クマの前でのカムイノミ
⑫クマの解体
⑬毛皮をたたむ
⑭頭部の解体
⑮頭部の飾り付け(マラプト)
⑯カムイノミ
⑰饗宴
⑱マラプトを支持木に納める
⑲祭壇に立てる
⑳マラプトを東に向ける
本祭り(第二日)
㉑マラプトを西に向ける
㉒シンヌラッパ(尊貴神礼拝)
㉓カムイノミ

㉔イチャルパ

⑤〜⑫までと⑲〜㉒が、戸外でおこなわれる儀式であり、⑭〜⑱が室内でおこなわれ、通常観察されにくい儀式である。個々の儀礼の細部まで説明する余裕がないのが残念であるが、儀礼の流れはおおむね理解されよう。

## 3　近世におけるイオマンテ

### (1)シャモによる観察記録

#### ①秦檍麿らの報告

秦檍麿はイオマンテの記録を『蝦夷見聞誌』と『蝦夷島奇観』とに残している。このふたつは実は同一資料に基づくものであり、記載の違いは文飾によるものと考えていい。

以下『蝦夷見聞誌』(一七九八)によってかれのみたイオマンテを再現してみる。

熊送祭　ホクユク（熊の方名）　ベウリプ（熊の子の方名）

十月の中に行ふ。春、山に入、熊の子を獲来れハ家婦愛し飼、己か椀中物を食さしめ、あるハ乳味をあたへ、育る熊の生質によりて強弱あり。強きは籠ヲ製し入置（図三国通覧にあり）、弱きハメノコ懐の中にて育つ。

扨、熊送りハ夷郷の大祭にして、各其月にいたれハ心かけて、糀・米を貯へ、酒を造ル。

其日、平旦に食事ヲ製し、熊に飽まで喰せルか、□《(只)》神を送り申候間、能〳〵喰せ給ひなんと云。夫より夷集り家の傍ラ、場所広き所ヲ撰ミ、ケ《(イ)》ナオを多く作り、ヌシャサンカタ（削り板を多く作り、垣ヲ結、棚を作るをサンカタといへり）を儲け、前にアヤキナ（文理黒赤ヲ入あみたる笘の事なり）を敷ならへ、其サンカタに家々に伝ふ宝器（金銀赤銅鐔太刀鎊）をかけ粧厳□《多》し。

夫より熊ヲ籠より出すハメノコのわさにして、夷とも打寄、首に縄を三筋付、壱人上に乗りかゝり、両耳を取、穴ヲかけ、柳の木の削りかけを捻て耳金を模して入れ、アツシのかけに縫したるを着さしめ、是より熊の心儘に遊し、三筋の綱をあなたこなたへ引張れは、躍上りくるひあかり、首打ふりまわせハ耳に穴をあけられ痛故に、ふりまわす、カモイ今日ハ送られ給ふ、ニンカリ耳金の事なりを入、チメツウ(プ)衣名を着し、祝ひ行かぬ、なとゝいへり。

次、其郷の運上屋支配人、通詞、番人を招請す清酒樽を。面〻持行其外、他席親類深友を招きマヲ(ラ)ブト人に酒食以饗する事をかくいへり。賓客といふ古言なるべしなまり(ママ)。

扨男子たる者ハ嬰児にいたる迄、弓矢備に製したる。異なる人毎に一張ツヽを持せ引、歩行中熊に射かけ〳〵す。初ハ熊を飼し家の惣領の子夷ともの風俗にて末子を建て家を納めさせける故に家を納め子より射ルもあり射、夫より乱ニ矢をはなつ。段々引廻し〳〵時うつれハ熊も殊の外労れたる頃、兼て長サ八尺斗りなる棒太サ八九寸、三本造り置、其上江向首ヲ引捕、上より又一本乗セ、首を挟ミ、今壱本は背中のあたりを押へ群集して押殺す此時ニよりて粟□(稗)の実を群る人に。メノコシ蒔かけ〳〵するもあり

彼育たるメノコハ大きに歎きかなしみ、臥まろび悼事いわん方なし。息絶れハ粧り置たるヌシヤサンカタの前なるキナの上に坐しめ、左右にイナオ、笹の束(ね)たるを如図ニ立、ドウキイクバシを添、イドニプ、椉イタンキに盛る、魚、木実、介、其外山海の珎味を□(供)し、飼置し主夷、熊にむかひていへらく。

自取神《チコルカモイ》 今迄《タネハフクノ》 神にし有たわれと《カモイニアンコロカ》(ママ) 今日其元《タントアナキニエ》 送リ遣ス《ヲマンデアン》 程に《ルイタバン》 また《シユカンナ》 神に成て、《カモイニアヌハ》 来年《ヲヤバ》 我取てあわふ程に《チコルフンコルクシユ》 只今《タネアプキニ》 其元に、《エヲツタ》 さらばの《サランハ》 いと《クキナン》 まこいするぞ《コンナノ》。

かく云きかせ、又ハ神の□(飾)太刀を帯、耳金ヲ入て、いさましく出立給ふなど〻おもひ〳〵に祝言し、次にカモイのミおそはしめける。

如例、上客より段〻に進め大宴ニ及ふ。たけなわになるに随ひ、ヨウカリ、踊、さま〳〵に振舞ける。

此時も酒多く製し、ヘカチ、ウタレの果迄も呑飽く様になし、五三日の中ハ昼夜さかひなし。酒のミあか

し神事を行ふへハ、熊を押殺し置くに皮を剝き、頭を附置。杭を建、夫を真にして、熊の全体を造り、太刀を帯せ、アツシを粧ひ、ヌシャサンカタの前中央に祭り、供物を備ふるも有り。

一家の中に祭るも（此時、熊の皮剝たるを窓より入るゝ事なり。常〳〵出入口より入るゝ事をせす。其謂知かたし。又、常〳〵熊を獲に行時、メノコシ弓矢を窓より出しヲツカイに渡ス。其留守にメノコシ業をなさすと云り。）（有り）。其後、熊の頭にイナオを結付、ヌシャサンカタに祭り置となりて住居の図の所もあらわせり。

同書では「熊送祭」という標題のもと、この儀礼を紹介する。実施する時期は「十月の中に行ふ」のであり、その対象は「春、山に入、熊の子を獲来れハ家婦愛し飼、己か椀中物を食さしめ、あるハ乳味をあたへ、育る熊の生質によりて強弱あり。強きは籠ヲ製し入置、弱きハメノコ懐の中にて育つ」とあるように、イオマンテの対象は飼いクマであり、春先に山で捕ってきたクマの子を、その家の主婦が育てる。育て方は

①自分の椀のなかの食物を与える

②乳味を与える場合もある

③弱いクマは自分の懐で育てる

などの手をつくし、送る時期まで一生懸命に世話をする。以下、概略すると

イオマンテ

1　時期：十月の半ば

2　性格：夷郷の大祭

3　司祭：飼置く主夷

4　儀礼の進行

①朝の食事（詞：只神を送り申し候間能々喰せ給ひなん）

②祭壇の設置（ヌシャサン、イナウ、アヤキナ、宝器）

③クマの檻出し(メノコのわざ、衆夷打ち寄せ首に三筋の縄をかける)
④クマの化粧(両耳に穴を開け削り掛けの耳輪をつける、アトゥシを着せる)
⑤クマを遊ばせる(詞・カモイ今日は送られたまふ……)
⑥花矢の射かけ(初矢は飼ひし家の総領、男子は嬰児にいたるまで……)
⑦クマの挟殺
⑧祭壇に安置
⑨カモイノミ(飼置し主夷の祈詞)
⑩酒宴(支配人、通詞、番人らの招請など)
⑪クマの解体(皮を剝ぐ、頭は付け置く)
⑫安置(イナウをつけ、ヌシャサンに祭り置く)

この秦檍麿の報告は、その観察された寛政一〇(一七九八)年という時期を考えれば、かなり精度の高い記録であり、かれが観察できなかったのは、解体を含む家のなかでの、それも夜間の儀礼だけであるといっていい。この報告で、クマを檻から出すのはメノコの仕事であるとしている。これはそのメノコにクマがなついているから比較的楽に檻出しできると考えたからだろうか、ほかに例を見ない報告となっている。

つぎなる例を最上徳内の報告(『蝦夷国風俗人情之沙汰』一七九〇)で読んでみることにしよう。かれは「飼赤熊の殺礼の事」でイオマンテについて述べている。赤熊はヒグマのことである。

イオマンテについてのかれの認識は「乙名の家に飼置赤熊成長し、大赤熊と成りたるを撰び……其赤熊に向ひ、因果因縁を解示して曰、大幸なる哉我熊、能く聞け、此秋の氏神の牲犠に備ふなり。必未来は人間と変生すべし。依て是を楽んで潔く牲犠に立つべしと云含……年中海上にて漁猟を無難にする祝儀なり」の一節につきている。

ヒグマは秋の氏神へのいけにえであり、未来には人間に生まれ変わるのだという。そしてその行為は「漁猟を無難にする祝儀」であるとみる。

以下、概略すると

1　対象：乙名が飼っている成長したヒグマ

2　時期：不明(秋)

3　目的：年中海上にて漁猟を無難にする祝儀

4　性格：秋の氏神への犠牲(詞：未来は人間に変生するから、それを楽しみに犠牲になれ)

5　司祭：乙名

6　儀礼の進行

①因縁因果を解示

②クマを捕縛、前後左右から繋ぐ

③土人群集する(首かせなどをして堅固に囲う)

④首前に御幣を立て、太刀などの武器を飾る

⑤近郷近隣の長たちが参集・大酒宴

⑥射礼

⑦棒責めで殺す(挟殺)

⑧死骸に供物をそなえる

⑨供物を分かち与える

⑩解体

⑪首を正面に向け耳輪などで飾る、前庭には旗、武具を飾る
⑫祝儀の大酒宴

となるが、これは毎年、乙名や大富豪の名利とするものであるという。寛政二(一七九〇)年の記録であり、秦檍麿にわずかに先行するだけである。観察の精度においてこそ秦檍麿にはおよばないが、さすがに当代の蝦夷通である。観察すべきところは見逃していないのであるが、その解釈に際して、クマが「犠牲」となる認識を払拭できなかったし、日本の古例も同様であるとしたのは遺憾であった。

しかし檍麿も徳内もその儀礼の概略についてみれば、白老での復元儀礼とそう大きな懸隔はない。観察の鋭さに改めて驚かざるをえない。

## ②大内余庵の報告

大内余庵は『東蝦夷夜話』(一八六〇)で東蝦夷地のクマ送りについて報告している。

冬月に至れば熊送りてふことあり。こは夷人の飼おきたる熊を殺すときにして、夷中の一大祭なり。穴熊あるは野熊にもあれ、雛熊を捕来り、はじめはメノコの手塩にかけて、乳などのませて育てあげやうやく成長しぬれば、家のほとりに丸木をふたつ割にしたるもて組立、井筒のごとくしたる牢をしつらひて入れ置き、二歳の冬を限りに殺すこととなり。かねて一族へ約し、ヲンコの木をもて弓矢をおほく造り、濁酒を醸して仕度をなしおき、既にその日にいたれば、一族の男女寄り集ひ、家の重器を取出し、こゝにて殺さんとおもふ場所を撰み、キナ莚をもて囲ひめぐらし、カムイの座をまうけ其左右へイムシ(太刀)……イクバシュイ(髭揚箸)などの宝物、これ等をトミカモイと唱へて悉く飾りつけ、水楊をもてイナヲを削りて、所々に建る。其前七八間を隔てゝ、高さ三尺ほどに杭をたて、上に笹をつけ置く。さて此ところへいまだ引来らぬうちは、大勢の男女熊の居る牢の四辺をホウホウといひながら、手拍手をうちて躍りめぐる。主は家に在りてこの日

見舞悦びとして入り来るものへ、それぞれ式法ありて礼をなし、銘々へ酒を盛り髭揚箸を添て差出す。客は式を正して飲むこととなり。凡この間ふた時ばかり、やゝ仕度とゝのひたるころ、主客一同熊の前に至り、又躍りめぐる。しかして畜ぬし牢の蓋をとりのけ、みづから熊の首に縄をつけてかざり付たるカムイの場所へ引もてゆき、首縄をながくのばへて中央なる杭へ熊を繋ぎ置、また大勢にて躍りめぐること前のごとし。熊は四辺をにらみてますます怒り、呼吸せはしく吼り狂ふ。やがて夷人縄の端もて引出すを合図に仮の弓矢もて四方八面より射出すに、その矢幾筋となく熊の身にたつを、そをまた細長き木の先へ笹を付たるをもて、たちたる矢をはらひ落してまはる。その後辺より透を狙ひ射つくれば、熊はおそれて狂ひ走る。このときおのれが乳もて育あげたるメノコの衆夷とゝもに躍りめぐることなれども、熊の今限をいまさらにおもひ遣つゝ、愁然として歎きかなしみ、熊にたつ矢をはらひおとし、ものくるほしき有様なり。熊の勢おとろへたるころ、丸木五六本持出て、やがて熊をおさへ首を挿めば、夷人大勢いやが上に圧かさなり、転びおつればまた起上りておしかさなる。かくなすこと数度、熊の息いよいよ絶ゆれば、一声に祝詞を挙げ、徐に引来りて、設けおきしカムイの座に据ゑ俯に付さしめ、濁酒を盃に盛りて供ずることとなり。これより衆夷はカムイの前に囲居して、また酒を酌む。これをカムイ飲といふ。これも終れば其場にて熊を解き、皮を剝ぎ胆を収めて、持帰りその肉を羹になしてまた酒をくむ。……弓矢は必童子の役なり。そもそも熊をとるは蝦夷地の専業にて他の器械を用ゐず。いかなる大熊なりとも、毒矢をもって射とめるといふ。されば此技を幼きときより学ばすることろにて斯はすることとなり。乳をのむほどの小児には、親に抱かれながら弓に手をもち添へ射さす……。

いささか長い引用になった。秦檍麿からおよそ半世紀を経ての、余庵自らの見聞である。かれは「熊送り」と記しているが、その本質は理解していなかったらしい。しかし、通常眼にすることのできた日中の儀礼についてはかなり、細部にわたって描写している。

かれの観察において特徴的なのは、

①雛熊を飼育して二歳の冬を限度に送ること

②水楊でイナウを作ること

③三尺ほどの杭をたて、その上に笹をつけること

④仮の弓矢を用いること

⑤細長い木の先に笹をつけたものを用いること

⑥矢を射かけるのは小児であること

などである。とりわけ、③④⑤は貴重である。③は子グマを繋ぐ杭であり、④は花矢の存在を示し、⑤はタクサという子グマを遊ばせる棒である。花矢をのぞけば、これらは他書に見られない記載となっている。

余庵の観察は細かいけれども内容の理解においては檍麿には及んでいない。しかし儀礼の進行や使用する道具に関しては現今見られるものと大きな懸隔がないことは判る。

### ③報告の類型化

こうした精度の高い観察とは別に『蝦夷談筆記』『北海随筆』などでは記述も簡単であり、そこからイオマンテの性格やありようを探り出すのは困難になってくる。おそらくイオマンテを記録した最古のものであろう松宮観山の『蝦夷談筆記』(一七一〇)を読むと

蝦夷人は熊を大きなる籠に飼置、十月中殺し候て胃(胆)を取申候。飼候得ば殊のほかなつき申ものの由。初はメノコシ乳を呑せ候て飼入候。成長仕候ては魚を給させ候。夏の中は熊の胆も薬力弱く御座候故、十月に成候て大木二本にて首をはさみ、首にシトキをかけさせ、男女六人にて押殺し、胆を取、肉をば喰申候。皮

ははぎ候て商に仕候……

とある。概略すると、

①クマを大きい籠に飼いおく
②十月中に殺し
③クマの胆をとる
④はじめメノコシ乳を呑ませて育てる
⑤大木二本で首を挟み押し殺す、シトキをかける
⑥胆をとり、肉を喰う
⑦皮は剝いで商いにつかう

となる。

この説明ではクマは単にクマの胆や毛皮をとるためだけに飼っているのである。そして婦人が自らの乳でクマを育てて、その後大木二本で首を挟み、シトキを首にかけて、男女六人で押し殺すという記述がなされる。シトキというのは円盤状の飾り板をもつ玉飾りのことで、アイヌ女性の装飾品である。断片的な記録ながらここで送られているクマは雌であることが判る。

観山は、自分自身の見聞に基づいて記述したのではなく、蝦夷通詞からの聞き書きによっている。したがって内容に混乱が生じていてもしようがない一面がある。

婦人が子グマに母乳を与えることについて、松宮観山は「初はメノコシ乳を呑せ候て飼入」と述べ、成長して後は魚を喰わせると説明している。

また、平秩東作は『東遊記』(一七八四)で「熊を殺す傍に婦人面をおほふてなく体あり」と記し、子グマをは

ぐくんだ女が悲しみのあまり泣きまろぶとの記載もあらわれる。

メノコに関するこれらの記述は観山以後、イオマンテにふれた報告のほとんどに認められるようになる。観山は婦人が乳を与えるのは「初」めだけであるといい、檍麿は「あるハ乳味をあたへ」としているが、『北海随筆』(一七三九)では「女房の乳を呑せてそだてあげ」とする。さらに「女夷の乳を以て養ひ育る事子よりも愛をつくし……」(『休明光記』一八〇七)というようになっていく。

子グマを飼育していく過程で、家の主婦が自らの母乳を含ませて育てるということは、実際に経験している女性も少なくはないが、これら報文のなかにはアイヌの文化を無視した全くの悪意にみちた描写さえあらわれるようになる。こうした描写の図像的類型化がおこる理由はどこにあるかといえば、それはすべてシャモのアイヌ観に起因している。これは先年の弘前シンポジウムで報告したこととかかわってくるのであるが、アイヌを禽獣視する考えの存在である。

それは『休明光記』に代表されるような、シャモはアイヌに対して「五体備りたりといへども人倫の道もしら」ない「禽獣にひとしき愚昧之者」であるという認識を常に抱いていた。その顕著な例はアイヌの祖先を犬であるとするものであった(拙稿「犬は先祖なりや」『北からの日本史』第二集、一九九〇・七)。

### ④近世のイオマンテ

一八世紀末からのアイヌ文化、とりわけイオマンテは秦檍麿や大内余庵らの報告によって、本祭の大部分までは復原的に考えることができる。しかし、残念なことにイオマンテのクライマックスともいえる頭骨の解体——マラットの作製についてはその儀礼の過程の報告がない。これは、儀礼の参加者のなかでも司祭者など限られた者たちだけの秘儀であって、深夜厳かに執り行われる儀礼であったためシャモの目にふれることがなかったのである。

窪田子蔵は『協和私役』(一八五六)でフレナイ(現虻田町)でのイオマンテについて

此地夷人の熊を祭つるを見る。皮を剝ぎ鼻端の皮少許を留め、眼肉を去り、木屑を以て眼玉を包み、眼穴に入る。頭はイオナの大なるに刺し、其下に手掌及足の先きを縛し結ひ付けたり。

という観察を載せる。これはマラットの形状を述べたものであるが、かれ自身その作製過程を見たわけではなく、ヌササンに安置してあるマラットを見ることによって記しえたものと思われる。

秦檍麿は「頭は木幣を附てヌシャに祭り置ぬ」などマラットについて記しており、これらのことからも秘儀のあり方について窺うことができる。

イオマンテは以上にみてきたように、一八世紀末までにはほぼ現在観察されるそれと大筋において変わりないものができあがっていたといってさしつかえあるまい。

### (2)禁じられた習俗

イオマンテはまさしく禽獣に等しい愚昧のものたちの「悪風」であった。シャモがメッカ打ち(槌打ち)などとともにこの悪風を禁じたのは、第一次幕領期以後のことで、改俗策の実施と期を一にしているのである(『休明光記』)。

いうまでもなく改俗策はアイヌを内民化するための政策のひとつであり、左襟を改めさせ、入墨、耳かねを禁じ、髷をゆわせ髭をそらせるという外面的な習俗の矯正であったが、イオマンテの禁止は内在する信仰意識を矯正するものであり、いわば棄教策といえるものであった。これについてはメッカ打ち(槌打ち)も同様であり、見た目の野蛮さ故の禁止であり、その内面への考慮は一切なかった。

メッカ打ち(槌打ち)は身体的なダメージも多く、そのためか、シャモの禁止措置に対して大きな抵抗はなかったようだが、イオマンテについてはその精神生活に占める要素はきわめて大きく、アイヌはその伝承を捨てることなく今日まで長く伝えた。

ところで西蝦夷地においてはソウヤ場所をのぞいてイオマンテをおこなった記録に乏しいようだ。早くから漁場として開け、シャモも多く入りこんだことに加え、場所請負制の後期になって、アイヌの消耗が激しく、したがって他場所からの出稼ぎが増えたことからイオマンテをおこなう余裕がなくなったとも考えられるのである。大内余庵は山猟に出るのは会所元、番屋元のアイヌではなく、周辺のコタンのアイヌである旨を指摘しているから、出稼ぎのアイヌは熊猟はできないということになる(『東蝦夷夜話』)。

東蝦夷地の各場所にあっては、アイヌの消耗は比較的少なく、しかも他場所からの出稼ぎも少なく儀礼が保存しやすかったという状況もある。今日、比較的最近までイオマンテがおこなわれた地域を見るとそのすべてが東蝦夷地内であることによってもうなづける。

## 三　場所請負制下におけるイオマンテの評価

場所請負制はこの儀礼を利用し、酒宴の際にはマロウトとしてむしろ積極的に参加したことが『蝦夷島奇観』をはじめとする諸書の記載によっても知られるところである。たとえば秦檍麿は「熊送りハ夷郷の大祭」であるから、その住人はもとより、他郷の親類、深友までを招くほか、その郷(場所)の支配人、通詞、番人を招請すると述べる。このとき、シャモは清酒などを土産に持参するという。シャモが酒宴に際して、その上座に座り、供応をうけている様が各種のアイヌ絵にも描かれている。また先の大内余庵も前掲書のなかで「おのれも場所詰の人両三輩して、越後酒壱樽齎し見物にゆきたれば……」と記している。このイオマンテに参列しているシャモの役人たちを描いたアイヌ絵の例は平沢屏山はじめ少なくない。

幕府が禁じたイオマンテを、場所請負人たちが利用したのは熊皮や熊胆の生産と無関係ではない。先述したようにイオマンテの場合は飼グマ送りであり、春山に入って、穴熊を殺したあとに、一緒にいる子グマを捕らえて来るのであり、いってみれば穴熊狩りとイオマンテとは表裏一体のものであった。したがって、イオマンテが盛んにおこなわれれば、それだけ熊皮と熊胆の生産が増える計算になる。

安政ころの『北蝦夷地御用留』に

東西より相廻り候熊胆の義、何れも性合不宜候に付、内実相糺候処、土人共穴熊取獲候ても手当向不足に付押隠し、内々番人又は稼人等のものへ売払、当所へは取捨の胆のみ相廻し候よし……

とみえる。上質の熊胆が手に入らないのはアイヌが穴熊から熊胆を取っても、番人たちに売ってしまい詰合のところには持ってこないのだという。同書は続けて

土人共山猟の義、十里廿里程も山中に分入、右体之節は直様屠、食料にいたし候義に付、胆皮共持参候義には可有之候得とも、成丈全体にて取寄候方、御取締も相立候間、其儘に持来候ものへは遠近に不拘、右の外増手当をば別段為取遣、役々見張罷在胆を取、詰合の者目前に干立……

と記す。文中「直様屠」るのは、先述したホプニレもしくはイリワクなどと称されるそれで、山中で解体している様がうかがえる。これに対し、できるだけ全体のままで持ってこさせるようにし、そのままの姿で持ってきた者については増手当をつかわすという。ひとつには熊胆がすり替えられるのを防ぐためであり、いまひとつに毛皮の損傷を避けるためであった。がしかし、これもアイヌの内的な面にかかわるためどれほどの効果を上げたかは疑わしい。

# むすび

アイヌ文化の成立をいつとみるかはきわめて解決困難な問題ではあるが、かりに先行する土器文化(擦文文化ないしオホーツク文化)が終わるといわれる一三世紀以降をアイヌ文化の開始と考えたとき、それからの六世紀において定住狩猟民の社会としては高度の文化的な発展をアイヌはおこなっていた。

イオマンテはオホーツク文化の残存であるかどうか現時点では結論できないが(オホーツク文化にはクマ儀礼がある)、アイヌ文化発生の時期にはすでにこの儀礼が存在し、すくなくとも一八世紀末までには、現在に伝承されるものと遜色のない形ができあがっていたといえる。

いいかえれば、アイヌの人びとは、幕藩体制のなかでさまざまな圧迫を腹背に受けながらも、自らの文化を高度に発展させてきたのである。イオマンテはそうした観点を肯定するすぐれて歴史的な民族誌を記述させるのである。

イオマンテの儀礼とアイヌの歴史的発展、およびシャモとの関連について、残念ながら充分に説明できたとは思っていない。歴史学研究会の場での報告としては非常に雑駁であることもむろん承知している。しかし、無文字社会の歴史を考えていくうえでイオマンテをはじめとする儀礼研究がきわめて有効であることは指摘しえたつもりである。少なくとも、報告者は今後もこの視点にこだわっていきたいと考えている。

最後に、いささかエキセントリックな議論になるのを承知でいえば、アイヌの歴史研究が歴史学の特殊な分野であってはいけないと思う。シャモの普通の市民がアイヌの歴史も差別の実態も知らなかったというのは免罪符となりうるが、歴史研究者や教師がそれを知らないというのはこれは罪悪である。いいかえれば、差別の加担者である。

シャモの歴史家もアイヌの歴史を語りあえるような言語を持つことを願っている。アイヌの歴史研究を軌道に乗せるために、そして研究者自身が差別の加担者とならないためにも。

# 一六　犬は先祖なりや——アイヌの創世説話と和夷同祖論

# はじめに

アイヌとその文化を歴史的に考えようとするとき、常に問題とされるのは彼らに文献記録が伝わらないという点であろう。文献がないということは、とりもなおさず、アイヌに歴史が存在しないという認識にもつながってくる。アイヌの歴史叙述をどうするかは大きな課題であり、現在なお具体的な成果を蓄積してはいないが、そのための試行は続けられており、少なくともアイヌに歴史はないとする考え方には修正を求める段階にきていることは確かであるといえる。

本稿の目的は、しかしそうした大上段にふりかぶってのことではなく、現在に伝えられているひとつの創世説話に着目し、それがシャモによって初めて記録されて以来、どのような変化を遂げ、かつ、どのような利用のされかたをしたかを考察することにある。ここで取り上げる創世説話というのは、犬祖説話、すなわちアイヌの祖先が犬であるとする説話のことである。

犬あるいは狼が人類の祖先であるという説話それ自体は、広く世界中に報告例があり、格別目新しいことではない（大木卓『犬のフォークロア』一九八七、誠文堂新光社）。アイヌのこの説話についてもこれまで深瀬春一氏（『蝦夷地に於ける和人伝説攷』一九二六、間瀬印刷所出版部）や河野本道氏（Aynu の祖先起源伝承における人間と人間以外の動物との婚話」『市立旭川郷土博物館研究報告』第八号、一九七二、同館）らによって論じられたことがあり、屋上にあえて屋を架する必要もなかろうと思う。ただ、アイヌにあっては、この説話はシャモによって採録されたものでは最古の口承伝承であり、かつ現在にも語り伝えられている息の長い物語でもある。一方で、それが単なる説話に留まることなく、より強大な隣人との関係において政治的に(といって悪ければ差別を助長する目的で)利用されたという側面がある。

荒唐無稽な伝承が何故にかかる利用がなされたか、ここでそれを掘り起こすことはアイヌの人びとにとっては愉快なことではないと思う。しかし、あえて取り上げてみたのはアイヌの歴史叙述を試みる上で、またシャモの歴史研究にとっても無視できない重要な内容を含んでいると考えたからである。

## 一　犬祖説話

### 1　葛野辰次郎伝の犬祖説話とその類話

アイヌとその世界の発生を説くいわゆる創世神話はオイナ(聖伝)において語られることが多い。オイナは「アイヌの始祖として天つ国より下土に降臨してアイヌ文化の基を開いたと信じられるアエオイナ・カムイまたの名アイヌラックル、あるいはオキクルミの自叙になるもの」をいう(久保寺逸彦『アイヌの文学』一九七五、岩波書店)。アイヌラックルといわれ、オキクルミとよばれた神は地域によりさらにその名称を変えていくが、基本的にはアイヌ全体に共通する神であり、かつ神話を形成している。

犬祖説話はしかし、オイナに語られる類の話ではない。

現在、この犬祖説話を伝承しているのが、日高支庁管内静内《しずない》郡静内町に住んでおられる葛野辰次郎氏である。

同氏はアイヌ語及びアイヌ文化の優れた伝承者として知られているが、同時に、今日に犬祖説話を伝える数少ない存在でもある。まず、その伝承からみていくことにする。

セップからの道をぐるっとまわった新冠《にいかっぷ》のトンネルの西側に、オポマサルというところがあった。静内の山に住んでいたホロケウ・カムイ(普通は狼と訳されるが、葛野氏は「犬の偉いの」といった)が、海岸を歩いていたら、そのオポマサルにポロ・スウォㇷ゚(大きな箱)が流れついていて、その中にポン・モイレマッ(ポン・カッケマッとも。いずれも「小さな貴婦人」の意)が入っていた。それを連れて帰り、サケやマス、鹿などをとって食べさせた。そのうちに、子供ができた。

その子供の子孫が、いまの御園《みその》に住みつくようになった。御園はむかし市父(いちぶ)といった。「混血の人」という意味のエチピイェップがなまったのである。……これは、今年生きていれば百二十五才になる母親(一九四五年死亡)から聞いた。母は、御園には、だから昔はきりょうのいい人たちが住んでいた、といっていた。　(葛野辰次郎氏伝、萩中美枝氏の訳による)

葛野氏の伝承されているこの説話は、ふたつのモチーフからなっている。ひとつは静内のホロケゥ・カムイと箱に入って流されてきた小さな貴婦人とのあいだに子が生まれ、それが御園の人々の先祖となったこと。いまひとつは子供が混血であったことと、それにともなう地名の由来とである。

ここの地名説話に関していえば、永田方正は「チピエㇷ゚　私生ノ子」として「昔シ和人此処ニ住スル者アリシガ縦ニ夷婦ニ姦シ私生ノ子甚ダ多シ。土人怒テ此悪名ヲ附ス。市父(村)ノ原名」という説明をつけている(『北海道蝦夷語地名解』一八九一、北海道庁)。葛野伝の後半とは同工異曲の物語といっていい。

この葛野伝には異伝があり、更科源蔵氏がやはり静内で採録している。それによれば、日高幌尻岳の神であるレタル・セタ・カムイ(白い狼神)が、自分の配偶者を求めたが、島内には適当なものがいない。そこで、神通力で遠くを見通すと、遠くの国に適当な女性が見つかったので、神の力でわざとその女性に粗相をさせた。そのためその女性は船に乗せられて海に流されたが、狼神はそれを自分の方に曳き寄せ、夫婦になった。それでこの島に人間が出生した。（更科源蔵『コタン生物記Ⅱ』一九七六、法政大学出版局）

更科氏のこの伝承については伝承者名が記されていないのでオリジナルな内容のものであるかどうかはっきりしない。が、葛野氏伝との大きな相違は日高幌尻岳の神であるレタル・セタ・カムイが神通力で遠くの国の適当な女性を引き寄せたことになっている点である。

昔日高のニカップの奥のイツウンナップヌプリ山に住んでいたホロケウ（狼）が、自分の配偶者を求めたけれど何処をさがしてもこの島に適当なものが見つからないので、ある時術を使って日本の内地からそれを呼んだ。ところが沙流太の海岸に一つの箱が漂着したので、狼は急いで山からおり、その箱を山に運んで開いてみると娘が入っていたので娘と夫婦になり、それからアイヌが繁殖して栄えた。（吉田巌『心の碑』一九三五、北海出版社）

吉田氏採録のこの話は更科氏のそれとほとんど同一のものである。ここでは新冠の奥に住むホロケウが術を使ったことと、漂着地が沙流太《さるぶと》になっている点が目につく。なかで最も大きな差異は「日本の内地」と地域を特定し、かつ「それからアイヌが繁殖し」たという箇所である。

これとは別に、沙流川筋ニナ・コタンの伝承例を名取武光氏が採録している。

パコトン（人名）の遠祖はフモシルシで、……フモシルシの前は神祖（カムイエカシ）と云ひ、フモシルシの場合は狼である。古い時代から此の地方の人祖の始まりとして伝へられてゐる古伝に「舟に乗り宝物を積んで日高の沿岸に漂着した、高貴の女神を狼が窟に案内して慣れ、アイヌの子孫が生まれた」と云はれ、フモシルシが其の時生まれた子供になつてゐる。此の女神は本州の大名の姫で、心にそまぬ結婚を拒んだかどで遠島申しつけられたのだから、決してアイヌは、遠祖に当たる女神の仇である和人（シシャモ）に同化してはならないと伝へられ、此の付近のアイヌが御味方蝦夷として、和人に味方するか否かを決する頃には、此の古伝が根強い勢力を持つてゐたと、今の古老達が当時の模様を伝承している。（名取武光『アイヌと考古学二』一九七四、北海道出版企画センター）

さらに類話がある。上記の説話は日高地方の例だが、それ以外の地方に漂着したという物語である。

反抗的だった日本の乙女の風変りな物語もある。彼女の父は、彼女を長持ちの中に入れてそれを海中に投じた。長持ちは風と波で北方に運ばれ、最終的に蝦夷地の、現在石狩町のあるところに漂着した。すると、一匹の犬がその場にやってきて、長持ちを歯で破ってあけた。乙女はまだ生きていたのである。彼女は犬を見てこうつぶやいた。「私は家で父に従わなかったので、こんな不幸な運命になった。犬だけしかいないこの土地では、私は再び罰せられないように犬たちに従わなければならないのだろう。私は生まれたときから犬と結婚するように運命づけられていたのだ」と。そこで、彼女は犬と結婚して二人はいっしょに幸福に暮らした。そして彼女は長い黒い毛で覆われた子供をまず生んだが、その他の生んだ子供たちも多毛であった。これがアイノ人の説話であるかどうかは疑わしい。それは日本起源という方が、より可能性が濃いのである。

（R・ヒッチコック『アイヌ人とその文化』一八八八年、北構保男氏の訳による）

このヒッチコックが採録した説話の原文を確認していないので、この訳どおりでいいのかどうか不安ではあるが、とりあえず北構氏に従っておく。

樺太では千徳太郎治氏が内渕の故老ケエランケアイヌ（一九〇八年一二月没）が語った物語を紹介している。

フシコオホタ（太古に於て）テエコロ（非常に）イラマシレアン（美しきこと）ポンモロマツポ（小女が）アトイオ

ロワ(海より)モヌーワ(漂流して)タンモシリ(此の島に)オホタニヤンマヌイ(漂流した)ネーテ(夫れから)ナーケネインカラヤハカ(何処を見ても)アイヌクリカイキ(人影も)イシヤン(無い)ネアンベクシユ(其故に)マサラカータ(海岸の高い処に)ヤヨチエアンテオカヤン(横になつて寝て居た)タニボカシノ(間もなく)モサンテ(目がさめて)インカラアナーコ(見た処が)テタラセタシネへ(白い犬一匹)タアタアン(其処に居た)ヘンパハート(数日を)アンチ(経て)ウタシパ(互に)ウトヤシカラヤン(親しくなつた)タンシネアント(或日)ネヤテタラセタ(其白犬が)ナアケネタカオマン(何処へか行つて)ナニホシビ(直ぐ帰つて来た)トラエヘアンペアヌカラーコ(持つて来たものを見た処が)イカラオルンベ(はた織機具)スイ(又)ニイカハナー(木の皮等を)トラエヘ(持つて来た)ネアンベアニ(それを持つて)アハルシシタイキアン(あつしを織りて)アンミー(着た)ウオヤアン(色々な)キムン(山は)イベナー(食物等)アネーテ(食して)オカヤナイネ(居る中に)ウムーレカナハチ(夫婦になつた)ネヤオロワノ(それより)ボーナ(子供が)ネヤセタ(其犬が)ナアケネタカ(何処へか)オマンテ(行つて)クリヘカ(影も)イサン(ない)タアーオロ(それより)ヘトクベ(生まれたのか)アイヌネーマヌイ(アイヌ、人間と言ふ事)ネーテ(それで)ネヤ(其の)テタラ、セタネアンベ(白い犬と言ふのは)カムヨロケ、ウボ(神の美男子)ポンモロ、マハボネ、アンベ(其の少女と言ふのは)カムイ、モロマハボ(神の少女と言ふ事)へマカ(終り)

(『樺太アイヌ叢話』一九二九、市光堂)

ここには具体的な地域も地名も語られない。本文中のアイヌ語の「ポンモロマツホ」「ポンモロ、マハボ」はポン・モロマハポのことで「小さい・貴婦人」の意で、その実は「カムイ、モロマハボ」つまりカムイ・モロマハポ「神なる・貴婦人」であった。また、「テタラセタ」はテタラ・セタ「白い・犬」であり、その実は「カムヨロケ、ウボ」〈カムイ・ホロケイポ〉神なる・貴人〉であった。

西鶴定嘉氏はこの話を新訳(?)された上で解説して「アイヌの毛深い特徴を、彼らの生活と最も密接な関係のある毛深い犬に結びつけて創成したもの」であると述べている(『樺太アイヌ』一九〇〇、樺太庁博物館)がいかがなものであろうか。

## 2 犬祖説話の構造と問題点

比較的近年に採録されたこれらの説話を整理してみると、

一、主体神：ホロケゥ・カムイ、レタル・セタ・カムイ、テタラセタ、狼、犬
二、相　手：ポン・モイレマッ、遠くの国の女性、本州の大名の姫、日本の内地の娘、日本の乙女、ポンモロマハポなどが漂着
三、乗り物：ポロ・シポッ、船、舟、箱、長持ち
四、結　果：結婚、子孫の特徴の説明
五、漂着地：オポマサルの海岸、日高の沿岸、沙流太、石狩のある所、タンモシリ(この大地)

などといった構造的な特徴をもっている。

主体神が犬と狼と二神あるが、古くは、セタには犬・狼の区別なく用いられていたといわれ、単純に狼が原初形態ということはできないようである。

主体神の相手となる女性については、葛野伝ではポン・モイレマッとなっているが、更科氏は自身が採録されたこの伝承について「日本の官女と狼が通じてアイヌの先祖が生まれたという……神謡」と説明している(更科、前掲書)。だが、彼が紹介している説話には日本の官女に該当する箇所がない。「遠くの国の適当な女性」というのが日本の官女をさしているのであろうか。神謡と述べているものの、かれ自身、既存の説話を踏まえての解釈

であり、要を摘み過ぎていていまひとつ具体性に欠ける。

主体神と女性との出会いにしても、神が積極的に女性を呼び寄せた場合と偶然に漂着したところで神と出会った場合とがある。

乗り物は、舟と箱との二例になる(ヒッチコックのいう長持ちは今原文を確認できないので、言を持たないが箱の類であろうか)。舟について名取氏は「トドの皮で舟骨を張りくるみ、舟の上に穴があって出這りが出来る造り」(名取、前掲書)であると述べ、カヤックなど極北の革舟を想定していられる。

これら一連の話の中で、葛野伝とケエランケアイヌ伝とは異質である。

というのは、貴種が犬(狼)と結婚して子をなすという基本的なモチーフは変わらないが、その両者ともにシャモの存在は認められない。しかもケエランケ伝では白犬も娘もともに神なる貴人であった。おそらくもとは単純な異類婚姻譚ないしは貴種流離譚であったと思われる。そうした意味ではより原形に近いのはこのケエランケアイヌ伝であろう。

これらの説話で注意しなければならないのは、主体神である狼や犬と人間の女性とが結婚し、その結果子供ができたという点であろう。というのは生まれた子供が何某の祖先であるという説明は、異類婚姻の物語や、貴種流離の説話の常套表現には違いないが、例えば西鶴氏や更科氏が記述された説話にみられるように、アイヌ固有とは思われない説明が付随していることがままあるからである。ちなみに西鶴氏の解説はいわでもがなのことであり、この伝承のどこにも多毛の説明など出てこない。推測をたくましくすれば西鶴氏自身が付加した説明とさえいえるのではないか。ここに筆者はこの説話の潤色過程をみるのである。シャモの貴種と犬(狼)と多毛というように、ことさらの作意を感じ取ることができる。

この説話がいつ いかなる動機で発生し、どのように伝播したかは定かではない。そして、実はそれが大きな問題でもあるのだが、発生論的に、ひとつの血縁もしくは家の説話としてトーテミズムの残滓をかぎとるか、あるいはヒッチコックの指摘のように日本起源による伝説がアイヌに入っていったとみるべきか。

## 3 「アイヌは人にあらず」と

この説話にまつわるシャモの態度については、アイヌ語訳聖書や『アイヌ語・日本語・英語三対辞書』の著者として知られるJ・バチラー氏の自伝的エッセイ『我が記憶をたどりて』(一九二八、文録社)の中の一節「始めてアイヌを見る」で次のように触れられている。

学生達と交際し色々話をする時度々アイヌの問題が起りまして常に私の心をいたませました。哀れなアイヌ人達を余り軽蔑し無慙な劣等な事を言つて聞くに堪へなくて喧嘩になるのでした。哀れなものを軽蔑することは人道に外れたことです。学生達はまるで気狂ひ程傲慢になつて信じ難い事驚くべき事を申した。実に其点に於て心の悪い青年だと残念に思ひました。「アイヌ民族は本当の人間ではない。人と犬との混血児だ。人間の子孫で無いから犬程熊程毛がはへてゐるのだ。言葉はあつても極く僅かで悪い言葉ばかりで、食べる物は皆何にも料理しない。生のまゝ食べる。又其外の事も余り野蛮ですからその中へ行く事は甚だ危険なことだ」と斯う学生達は言ふのでした……。

明治一一年三月頃の記事である。引用するのにいささか気がひけるような内容となっている。ここの「学生達」というのは、函館で彼のもとに英語を学びにきたもの達で、当時の北海道の実状では大変なインテリであった。その彼らのアイヌに対する認識がこの程度であったということは、それほど驚くべき事とはいえない。むしろアイヌという語感からくる蔑称として、明治に入ってなお広く流布していた伝承とみることができる(深瀬春

一、前掲書)。例えば一八九八年刊の『北海道土人画譚』(玉振堂)には「……犬犾の後胤なりとて土人を合犬《あいいぬ》と云へはやせり」と記されている。

ところでバチラー氏はこうした伝承を「虚伝」として強く排している。煩雑ではあるが論を進める前提として紹介しておく(「アイヌ人種の名はアイノに非ずしてアイヌなる事」『アイヌ人及其説話』一九〇〇、教文館)。

……アイノの名称は日本人より出でし語にして昔時の日本人彼等を軽蔑する心を此語に顕す。アイヌと云ふ意味は雑種児即アイノコの義にして、アイヌの女と犬より生出たりと云ふ虚伝あるを以てなり《(ママ)》……始て此虚伝を聞く人は之を真実の口伝なりと信じ、犬はアイヌの動物崇拝の神なりと思ひ誤りたる人は恐らく以下の言をなさん。カラン人種はジャワの土人にして其元祖は犬に変化したる姫君と酋長より生出せし者なりと云へる口伝に相似たりと。

然れども余輩は之に答へて云はん。第一アイヌの口伝に依るに犬は此人種の動物崇拝の神なる証拠なし。第二此虚伝はアイヌの口伝に非らずして日本人の説なり……。

ここで誤解を生じないように一言しておくが、「アイヌ」という言葉の意味するところは、神に対する「ひと」であり、女に対して「男」である。語義的には英語のMANと等しい。言葉の本義を理解することなしに、語感から、また伝承によって牽強附会するのは「軽蔑する心を此語に顕す」からにほかならない。

このことについては『コタンの口笛』(石森延男、一九五七)によっても流布したほか、差別を強調することばとして現在なお問題が顕現化することがある。

## 二　近世における犬祖説話

前節でみたような「犬祖説話」とバチラー氏が指摘しているような説話の影響は、それが突然行われたものではなく、その萌芽は既に近世においてみられる。

近世(ここでいう近世とは日本史の時代区分のそれでアイヌ史に即したものではない)において、この種の説話をもっとも早く紹介したのは古川古松軒で、天明八(一七八八)年に成立した『東遊雑記』巻之一七に収載されている。古松軒以後の犬祖説話をもあわせ読みながら、シャモのアイヌ観を考えてみたい。

### 1　犬祖説話の種々相

#### A「官女、犬と夫婦になりたまふ」

①夷人の云ひ伝へに、蝦夷の人のはじめは幾千年以前の事にや、何国より流れ来るともなく官女とおぼしき婦人、ウツロ舟に乗りて流れより此島にのぼり犬と(エゾにては犬をセタと称す。日本の犬とは異なり)夫婦になりて子を産してより此国初ると云なり。

今にても松前人エゾの地にゆきて戯れにいふに、此国の男子の先祖は犬にて、婦人の先祖は官女と承りしが左様に候やと尋ね聞ば、男夷人さも耻入りし躰にみへて答ず。婦夷は官女とおもふと見えて、此国の婦人はみなみな官女の流れを得しものと答ゆるよし。是おかしき物語なり。

唐土辰州武陸蛮ニ犬ノ子孫在、盤瓠氏ト云、大明一統志ニ見ユ。同日ノ談也。（古河古松軒『東遊雑記』天明八年）

②松前ヨリ東蝦夷地百里はかりにサルベツとて大河有リ。此山おくにヤイバルといへる酋長有リ。僕順行せる比、道の傍に出て礼をなし、サルモンベツの陳家に案内す。此所の番人いへらく、此アイノは古の事能く知れり尋給へといへるままに、酒打進めて乙名は昔物語知れりと聞く。この東方風（アイノ）に人はしまりし事は何程頃よりの事ならんか。ヤイハル云く。

古、南の方の神の国より女神一人うつろ舟に乗りて此あたりなるシツナイと云う処に着給ふ。種々の宝を捧たる黄金白金水精玉水とる玉又は行器耳盥乱筥、其外たから器何程といふ事知るへからす。其頃は蝦夷もなくてけれは、山地に□して居給ひぬるか何れに住けん一犬現れ出て女神にちかつきぬ。

犬に給ふ様みつから空腹喰る物なんあらばあたへよ、さらば汝か云る事何にてもかなへんとありけれは犬も聞入れけん。浜の方にいたりてうち寄たる海帯介類、山に入ては栗実なんともて進てけれは神もシノヤイライケレ（いたつてかたじけないといふ事なり）と喰し給ふ。夫よりして乞たまわすとも神の御心に合物をもてはこひて奉る。故に犬をめで給ひし事かきりなし。夜はふところの中に寝さしめ給ひてより、折節まくわひ給ひて子を孕み月かさなりて産給ふ。子はしめてアイノの状をなせりとよ。故に女は神のはじめ、男は犬の種なりと申伝なりとそかたりける。（秦檍麿「蝦夷紀行」寛政一〇年）

③松前（夷名マトマエ）福山より東、蝦夷地百里はかりにサルモンヘツとて河あり。此山奥に、ヤイバルといへる年老の酋長あり。予巡行せる頃道の傍に出迎えてサルモンベツの陳に案内す。

此所の下司某といへる者いはく、此アイヌ（夷人の通称アイノといへり。万葉集を案するに東方風と書てあゆのかせと訓したり）ヤイバルは古の事能しれり。尋給へといへるまま酒を勧めて問。汝乙名（酋長を乙名と称す）は古物語を知れりと聞く。此東方国ひ何の頃よりして夷人住居せることぞ。ヤイバル答ていはく。古南方の神の国より女神一人虚舟に乗して此辺なるシツナイに漂着し給ひけるに、持来り給へる珍宝種々ありける。其品は黄金、白銀、水晶、珠玉、行器、耳盥、乱筥、銚子、玉盃、金樽、杯盤其外の宝器数お〻しとなり。この島に漂着のはじめ、風雨を防ぐに室なく、食物をもとむるに由なくして飢餓し給ひけるか、いつくよりかはしらす、一疋の雄犬出来りて女神にちかつき到ぬるに、心ありけに尾を動し声をなし、かしつきまいらせて先立行けれは、女神も嬉しく伴ひ行けれは大なる岩窟を得たり。茲にいりて月日を過る間も、彼雄犬海辺へ走ては魚物海藻を得来り、或は山に入、野に走りて、木果草実をはこひ、饑をたすけ、露の命を救ひまいらせ、年月を送るあひたにあやしくも、女神犬の子を妊み給ひて月を重ね、終に一子を産し給ひけるより、子孫いやましに栄へて今日に至れり。是そ此島に夷人居住せる起元なりきと古より語りつたへて侍りける。故に、女夷は則女神の血縁にして、男夷は則犬狁の後胤なりと伝聞りと語りき。（秦檍麿『蝦夷島奇観』寛政一二年）

④……犬より伝りたる夷といへるは誤りならん。旧より犬は里獣なるべし。此国いまた開けさりし頃、住みたるやいなや。……此国熊を酋獣とす……彼往古の女も熊に交会して一男子を生みたる。夫より段々人なれりと見ゆ。故此大祭（熊送り）先祖の霊神を祭るなるべし。夷共全体に生る毛、殆如熊にして其証多し。……信州山家辺にても熊に通じてはらみたる婦、折節あることなり……。（秦檍麿『蝦夷見聞記』寛政一〇年）

⑤耶以馬留答曰、凡此島之始、有一女神、乗孤舟、賫金銀珠玉、許多之宝、自南方神国、来泊此島、数日之中、水糧共尽矣、上岸徨徉、入山走野、雖訪求頗至、一島中絶無人物可請求飲食、飢渴逼迫、彷々在岸、時一雄犬、至神之側、揺尾為声、其状如為知道者、神随犬一里許、得一窟可棲居、犬去頃刻、得木果来、

神食之得不飢、爾後旦暮之食、犬皆給之、故神亦愛撫切到、起臥同席有年、神終妊矣。従是子孫繁滋而到今日、此神後化為石。今存于志津奈以矣。（秦檍麿『東蝦夷地名解』文化五年）

⑥昔し東地サルの海岸に一ツの木刳《ウツロ》（ママ）姫流れ来、此内ニ一人の官女在りしか、上陸して岩窟に住玉ふか、仭、何処よりか一疋の雄犬来りて是に木の実□竹の実を取り来り、養奉りし処不日して此官女懐妊なして産玉ひしか此島人の紀元なりと皆土人は惣て官女の弄ふ□（松浦武四郎『蝦夷風俗画誌』、大塚和義氏による）

⑦ブユンチシ（昔岩窟有りしと云）。ブユンは穴チシはチセにて家の事なり。……故老の伝に、太古南方神の国より女神一人虚舟に乗りて爰に来り住玉ひしに、何処よりか一匹の犬来り、此神に馴近きて、心有気に日々木の実・草の実又は魚等を取来り供奉しけるが、不思議なる哉、何時となく此神后孕み玉ひ、多くの御子達を産玉ひしが、此国内を知ろし召玉ひしと浄瑠璃に有る由。又、村上檍麿が蝦夷奇観に、昔しシツナイと言処と有。是フツナイの誤り哉。（松浦武四郎『東蝦夷日誌・参篇』文久三年）

⑧国の東境接海嶋。夷人所居身面皆有毛と宋史に云う。……彼地に云伝ふるに、其是と非とは弁へねども、此嶋の故事は、多く東部沙流又は釧路等に多く残ると聞くに、沙流の山奥に往昔より能く故事を伝へ継ける家有。その主人をヤリハルと云よしなるが、此者云伝ふる所、此蝦夷が嶋は、むかし島造の神の作り給ひて、其後いつとなく神去り給ひ、神の跡もなく人もまた住さりし時に、何所ともなく南の方神の御国より、女神一人空船へ乗せ奉りて、此嶋根をさして流しけるが、其空船此地の静内といへる所に漂着し、其空船岩角あたりくだけたるに、中には黄金白銀珠玉器財錦帛、其外種々の品々、山の如くに積て有りけるに、女神見廻し給ひ、岩室にてもあらば入て雨露をしのがばやと、思召給へども、左ゆうのものもなく、元来雲の上人なれば、室をいとなむたくみもなく田を耕すの力もなし。種まきつちかふ業もしり給はねば、

今は積来り給ふ食物の、尽るを限となし給ふに、何所ともなく一疋の雄犬来りて女神に近づき馴染ぬるに、何か心あり気に尾をふり、裾袂などを喰へて引行けるに、大なる岩窟の内へ引入れ、自らは岩戸口に蹲踞して伏せたりけるが、折々山に到りて、樹の菓草の実をくはへ来り。又は裾袖を引て岩間の清水ある所へ引行き、渇を潤させけるに、女神も今は此犬をたのみに日月を経て、飢もし給はず。渇しもし給はず居給ひしが、何時となく御腹太らせ給ひ、是はいかなる病をや受つらん。いかなる樹の菓草の実に、障られしにやあらん。海藻などにあたりやしつらんと。只一人案じ給ふといへども、其苦辛を誰にかたらんやうもなく、療を乞給ふ医師もなければ、詮方なくておはしける所に、不思議や十月に当る其月に、男女の児二人を産給ひて、自ら清水にて浴させ給ひし故に、今に到りても夷人はみな産おとして、直に水にて沐させしむることなり。扨、女神は自ら召給ふ衣をもつてつゝみ養育なし給ふに、その児跣足にして山野を駈歩き、海岸に奔走して岩角を伝ひ、樹木に登るその業、尋常の人間とは異なり、其衣も尽果ければ、女神はニカツフといふ木の皮を剝、是を水にさらし、紡績して木皮布を製しアツシと号。是を裁縫してその児に着せしめたまふ。その食は彼雄犬怠慢なく、海藻木の実などを喰へ来て授るにしたがひ、何時となく、此二人の中に子を産、それより其子孫此一嶋に栄えけるとかや。その故に父は犬の種にして、母は女神の末なりけると云伝ふるなり。故に我々が家宝となすべきものは、黄金白銀の物具せる太刀短刀、または手筥耳盥、わたしがね銚子盃等、いづれも京都風を好みて、古き高蒔絵梨地などのものを求めて珍重する事なりけり。其余酋長は錦繡を散せし裲襠纊衣などの物を好み着て、その上に種々の蟒緞錦、羅背板紋羽紗羅紗などの物にて作りける陣羽織を着る、是を第一の楽みとし、酋長小使土産取、その順にしたがひてその風俗を好みて、漁獵の差図、または役人通行の節の迎へ送り道案内等、皆總使《アツシ》の上に陣羽織を着るもあり。または繡もの小袖、または皮腹の上に陣羽織を着るもののもある事なり。

（松浦武四郎『蝦夷葉那志』）

⑨カモイ《官》 クリマツ《女》 ユワナイ コタン《ユワナイと申場所》 タ《江》 コヱ《寄》 ヤンケ《上り》
テタラ《白》 シタ《犬の》 ワノ ア子シンヌ々カ《情を得る》 コロ カト《に至る》
カモイ《官》 クリマツ《女》 イキヤ《彼》 シタ《犬》 ホク子《夫と二》 コロ《持》 ウワツテ《多ク》 ボウ《子供》 ヘトクレ《産む》 カト《に至る》
ヱリワク《兄弟》 ウシヤライ《わかれて》 シンナイ コタン《村ことなる》 コロ カト《に至る》 （加賀伝蔵『蝦夷風俗図会附蝦夷語解説』安政頃）

⑩蝦夷の開闢ハ夫ハ犬、婦ハ人間にてありし由、依之今に至り、目色ハ犬の如く、且つ、夜中ハよく目が見ゆるなり。 （太田蜀山人『半日閑話』）

## B「日本の王后、狗と交わり子を生みたまふ」

⑪昔美婦人あり。十二衣を着し此に来たり、狗と交りて子を生。これわが祖なり。是日本王后罪ありて流され給へるなり。故に父は狗にてあれど母はやことなき方にてましますといふ。皇后にしてゐぞに流され給ひし事、考る所なし。狗と交りて子を生の説、もろこしにて、戎狄の先の事を伝ふるものに似たり。上世の事、誰か明らかに知るべき。故に、常理におゐてなき所の事にして、必真となしがたきも、又極て妄となしがたし。……されば狗子の説は、彼が別種にして人たることあたはずと思しめんがために、ことさらに松前氏が作りてしめしたる説ならむもしるべし。 （最上徳内『渡島筆記』）

⑫蝦夷人濫觴の事、日本皇帝に姫有之処、悪事有之に付、うつぼ舟に乗せ流罪となる。其時御慰に狆入れ置たり。然るに其姫、嶋にて狆と交合して子を産為也。依而其子は眉毛下りて狆の眉の如し。其子孫今にても皆々眉毛下りて狆の眉の如し。其子孫今にても皆々眉下りて有。夫故エゾ人をアヒノと云う。是は人と犬の間と云事也。則義経公の付為とぞ。 （『蝦夷一見正説』、河野本道氏前掲書による）

## C「なんぞ犬と夫婦になることあらんや」

⑬有人のいわく、蝦夷人の始りは姫君壱人流罪になり、人なき嶋へ寄揚り犬と夫婦に成子をもふげその子孫なるよし。これは実の事なるや尋し人あり。予かいわく、しらぬ事なり。然れともそれはどふも実と言かだし。そのゆへいかんとなれば日本に左様の法あることいにしへより何の書にも見へず。流罪は何国何郡何村と定まり、その所の地頭は受取しなり。
また死罪の女流罪になり、その子孫ならば、女は日本の風俗のごり申べきに左にもなく、蝦夷の女ノ子は首にやうらくをかげ、耳にくわんをさけ、手に手かねをさけ、足首にかねをさけ、口をそめ、手を染めいたしべきや。また男は犬の子孫ならば少しはその行ひのこるべきにそれもなく犬の肉にてもくらふ。是をもつて考ひればどふも実とは思われぬなり。たとへ流罪の女にもせよ日本女にはあるべからず。

近頃まて津軽鶉鉄、釜の沢、藤島辺には蝦夷の子孫あり。南部の中にもトマリ等と夷人旧跡所々に残れり。これをもつて考へれば往古より別国の壱つと見へたり。

また松前より奥蝦夷地までの内にはコロンクル(夷人の申名也)小人のやうな者が住みし跡かありしなり。土穴なり。その近所の土をうかつ節はかれらか用へ遣ひる陶物の器物のいたみし物土中より出るなり。左すれは人なき嶋とはいへかだし。犬と夫婦になるくらへのなんきなら小人たりとも情を受くべし。それになんぞ犬と夫婦になることあらんや。是等をもつて考へれは取にたらさる事なり。

唐の中の犬獣国有。男は犬の顔、女は常体の人のよし。此等の聞違にもあらんか。


(『番人圓吉蝦夷記』慶応四年)

## 2　近世の犬祖説話の構造

管見にふれた犬祖説話を列挙してみた。いささか煩雑にすぎたかも知れないが、この説話の近世的パターンを概観することはできたと思う。内容を分析してみると、

一、主体神：犬
二、相　手：何国かの官女、南の神の国の女神、官女、日本王后、日本皇帝の姫、流罪の姫
三、乗り物：ウツロ舟、うつろ舟、虚舟、孤舟、木刳舟、うつぼ舟、空舟
四、結　果：器物・文化をもたらす、懐妊、女夷は官女の血縁、男夷は犬の血縁
五、漂着地：此島、シツナイ、静内、サル、フツナイ、ブユンチシ

おおよそ、上記のように整理できる。

まず、主体神である犬は近世の伝承の中では神として扱われてはいず、そして狼に言及していないのもひとつの特徴とみることができる。また、犬が結婚の相手とした女性についても、国や地域を特定できないもの(①〜⑩)と、日本の女性と限定したもの(⑪〜⑬)のふたとおりある。

乗り物はひとつを除いてすべてが「うつろ舟」となっている。そのひとつも、採録者が同一人であり、潤色があると思われるから、結局は「うつろ舟」としてまとめられていい。

漂着地も、現在の日高地方沿岸に地域を限定するもの(②③⑥⑦⑧)と、たんに「此島」「島」あるいは「此」として蝦夷地を暗喩しているもの(①④⑤⑪)、さらにユワナイ(西蝦夷地イワナイであろう。⑨)というのがある。

これらの伝承は松浦武四郎によって近世的な形態として大成されたといえるだろう。彼が「沙流の山奥」の

ヤリハル《ママ》の所伝とし、あたかも自分自身の聞き書きの体で記した⑧の伝承であるが（これは当然秦檍麿が採録したものを踏まえている）、おおむね二段に分けられている。前段は南の神の国から空舟で漂着した女神が一疋の雄犬に助けられ、やがて二人の男女の子を生む話であるが、後段は女神によって伝えられた文化について説く。すなわち、㋑産湯に清水を使うこと、㋺ニカップの木の皮を剝いでアットゥシを作ったこと、㋩家宝として京都風の蒔絵の漆器などを珍重すること、㊁陣羽織、小袖を好むことなどはすべて女神のなされたこと、もしくはその影響で始められたことである。武四郎はまた⑧の伝承の中でアイヌの創世説話をも引用して、あたかもアイヌに固有の説話であるかのように潤色している。

秦檍麿も松浦武四郎もその著作はかなり広く流布しているから、これらの伝承がアイヌ固有のものであると信じられ、読みつがれたとしても不思議はない。

## 3　犬祖説話の近世的な原初形態

この伝承の筆録者は、古河古松軒（①）、秦檍麿（②③④⑤）、最上徳内（⑪）、松浦武四郎（⑥⑦⑧）、加賀伝蔵（⑨）ほかであるが、このうち、特に注目すべきは、①②⑨の説話である。この三つがおそらく近世における犬祖説話の、それほどいやらしく潤色されていない形態とみていいからである。これらはアイヌから直接聞きがきしたものなのか、あるいは蝦夷通詞を通じて採録したものであるのか判然としないが、②については語学力から考えて蝦夷通詞が介在したし、①は和人地で蝦夷通からの聞き書きとみるのが妥当であろう。⑨は伝蔵の念頭にあった説話を日本語として整理した上で、アイヌ語を付したもので、その意味では伝蔵の創作である。当然のことながら、この三つの説話は、話者も、採録地も同一ではない。

いうまでもなく、これらの説話の背景には少なくとも「アイヌは犬と人間の間に生まれた」という考えがシャモの間に存在していたことは確実であった。例えば、古松軒が「今にても松前人エゾの地にゆきて戯れにいふに」と記していることからも、天明年間には既に「戯れ」にせよ広く語られていたことがわかる。そして、それが存外古い話であったことも理解される。

ところで、犬祖説話の最も古い記録者である古松軒も、サルのヤイバルから聞いたとする秦檍麿も、その中で犬の相手となった女性をシャモのそれとはしていない。しかし、檍麿は、女神がもたらしたところの宝物の目録をあげることによって、それとなく、シャモの女であることを匂わせている。

また、古松軒の記録において最初にみられるウツロ舟が、どのようなアイヌ語を訳したものか判らない。もし、葛野伝にでてくるポロ・シポッ(方舟と訳しうるか)、あるいはそれに似たものがウツロ舟となったものか、もしくはチップ(丸木舟)を意訳したものなのか不明である。いずれにせよ、アイヌ文化固有の乗り物でウツロ舟に相当するものは存在しない。

ウツロ舟に関していえば、謡曲「鵺《ぬえ》」をあげるまでもなく日本説話の世界といえよう。また『東遊記』の次のような例は、最も典型的なウツロ舟説話といえるかも知れない。

うつほ船　去年の夏の事なりしが、当国今町の海浜にウツホ舟流れ寄れり。白木の箱作りの舟なり。怪敷舟と海辺の者打寄て中を見るに、年の頃十六七斗と見ゆる女子壱人内にあり。瓶に水を入れ傍らに菓子一箱を入置り。誰人のいづれの所より流せしといふ事を知らず。

『兎園小説』には享和三年のこととして、常陸国に漂着したウツロ舟を図入りで説明している例がみられ、さらに近松は『賢女の手習并新暦』の中で空舟に乗せられて蝦夷島に流れ着く姫の話を利用しているなど、いくつかの随筆、奇譚集等でも取り上げられており、この時代人の知識の中においても、ウツロ舟による流離譚はそれほど異とするにたりないもので、その意味ではきわめてシャモの理解を得やすいものであったといえよう。

犬と人との結婚についても、古松軒は「盤瓠伝説」を、徳内、円吉も「唐の伝説」をあげている。古松軒や徳内は犬祖説話を否定しているわけではなく、むしろ中国の説話と同曲の物語として捉えている。さらに江戸文学の上で異類、異獣を題材にした黄表紙本などもあるから、シャモの間にはそれほど抵抗なくうけいれられたのであろう。

明確な否定は円吉のみである。この人は、アイヌの中で成長し、終生をアイヌの中で送ったという経歴の人であり、良きにせよ悪きにせよアイヌ文化を熟知していた。また、加賀伝蔵も⑨ではっきりとシャモの女としている訳ではない。円吉同様、彼もアイヌ語・アイヌ文化をよく知るものであった。この点で、彼らの体験的なアイヌ文化観にはシャモの女と結びつく犬祖説話は存在していなかったようである。

ここで、次のような記録をあげておく。

南方の蝦夷ともシリマヲカの蝦夷の先祖は犬なりと言伝ふる古説あり。是はヲロツコ夷の祖先と混したるにや。（『蝦夷地里数書並雑記』安政頃）

カラフトにおける聞き取りである。これは、タライカ湖付近のアイヌが犬の子孫であるというカラフト南部の伝説に対しての反論であるが、採録者は判らない。オロッコすなわちウィルタの人々に犬祖説話があることは広く知られているが、このウィルタの物語あたりがアイヌの説話に附会されたと考えられなくもない。そしてアイヌないしはアイノという語感から充分に納得できる話として流布したのかもしれない。

このことは、今回その出拠を確認できなかったが、皆川新作氏の「神妻（マチネカモイ）とフルゲフといふ神獣が夫婦となり、男女多数を生んだといふのが、右日高神話の原形で、フルゲフが犬となつたものであらう」（『最上徳内』一九四三、電通出版部）と記された伝説（ケエランケアイヌ伝に類似する）とも関わりを持つことも考えられる。さらに、アイヌの神謡にも多々みられる異類婚姻譚の存在もこの説話が流布していく背景であったともいえよう。

# 三　アイヌ文化成立と犬祖説話

## 1　和夷同祖論と犬祖説話

「和夷同祖論」という耳に馴染まない言葉を用いた。

いうまでもなく、これはシャモとアイヌが同じ祖先から出ているとする考え方のことであるが、かかる言葉がアイヌの歴史を叙述する中で語られたことは多くはないはずである。しかし、見ようによってはこの考え方は現代に続いているといえなくもないし、アイヌ差別につながる根元的な問題を含んでいるとみることもできる。

前二節でみてきた犬祖説話は、まさに和夷同祖を強調し、そのために利用された物語であったと考えていい。しかも、シャモとアイヌがまったく同根であるというのではなく、アイヌはシャモから別れたものであるとしている。それは、「アイヌ」の存在の前にシャモの貴種である「官女」が先行していることからも容易に理解される。

さらにいえば、シャモの貴種に対するに犬をもってしている。

アイヌはシャモから派出した存在であって、しかも動物の血をひいているのである。故にシャモは人間であるが、アイヌは人間とはみなしがたいというシャモ優位の考えがひそんでいるのである。

このあたりの考え方は、例えば、シャモの世界における被差別民のその先祖が貴種であるという伝説と軌を一にしている。

## 2　もうひとつの和夷同祖論

最上徳内は和夷同祖論を強く主張した一人である。彼はその著書の中で、

……渡海の縁にて、今の松前より奥蝦夷地に住居する土人を指して渡島蝦夷とはいへり……。夫都て聖経賢伝の旨に差へば蝦夷、蝦狄、荒夷、蝦賊、夷俘、蝦虜、俘夷、蛮夷、夷虜、或は東夷といひ、陸奥、越後の蝦夷といひ、津軽の夷俘といひ、渡島蝦夷といひ、是皆恵美須といふ概称なり。その根元は倭人の種類にして異国の種類にはあらざる也。それを蝦夷といへば人種の別なる様に思ふは大なる癖事也。唯聖賢の教へ王化に染まず、姦佞にして法度を犯し、我非を省略せず身の仇を弁へざるを蝦夷といふべし。中華にては北倭、毛人、毛民等と称するは、皆所謂蝦夷土人を指ていへり。今松前家領するの蝦夷土人は往古の所謂渡島蝦夷なり……。　（『蝦夷国風俗人情之沙汰』序）

と述べている。すなわち「恵美須」と一般に呼ばれている蝦夷とか渡島蝦夷とかの人々は倭人とは同根であって異国人ではない。それを蝦夷といえば人種が違うなどと思うのは大変不都合である。ただ彼らは王化になじまずに、姦佞であったりしているだけなのである。松前氏の支配地に住んでいる蝦夷は昔の渡島蝦夷のことである。だから、蝦夷（アイヌ）と倭人（シャモ）は同根なのであると。なお、ここの「人種」という言葉は現代に通行しているそれではなく、「ひとだね」程度の意味あいのものであろう。

同様のことは『蝦夷国風俗人情之沙汰』には随所にみられる。例えば、「疾病之事」の条に、

……是みな令命に因りて斯獣類の如きの境界は不便千万の次第なり。元来日本人と種類等しき人間なれば、病も又等しき筈なるを。医薬なき故疱瘡疫癘流行すれば伝移を恐惶し、家宅を捨て、深山に避て、流行の疫病絶て後古郷に戻り住居する也。

とみえ、「元来日本人と種類等しき人間なれば」病気も等しいはずであると述べている。この条は『蝦夷志』の記載を意識した文章である。彼はさらに千島のアイヌに触れて(『蝦夷国風俗人情之沙汰』チョウキチ国の事)、千島は「又松前所在嶋の属嶋にして土人又日本人の種類なり」と明確に述べている。

## 3　アイヌ文化と和夷同祖論

徳内のこうした態度は、もちろん思い付きなどではなく、彼が初めて蝦夷地に赴いて以来、見聞きしかつ日常的に接したアイヌ文化を踏まえてのことである。例えば同書中「飼赤熊の殺礼の事」の条では、

……土人此大祭礼を名つけて、イヨウマンテといふなり。年中海上にて漁猟を無難にする祝儀なりといふ。日本の大古、則斯の如し。其法遺り、農民の秋祭り是也。

といい、アイヌの熊送り(イヨマンテ)は秋の氏神(註:収穫の神のことか)に対して海猟の安全を祈願する祭礼であり、太古の習俗であるという。シャモにおけるその遺風が秋祭りであるという。

さらに徳内は、アイヌ語について日本語との関連を論じている。すなわち、

日本紀神代巻にノミの字は祈禱と訓じたり。蝦夷言もやはり祈禱をノミといふなり。又、蝦夷土人都てする事にて、柳にて削り掛けを拵へ、幣の如くに作りたる物を神前に捧ぐ。此物を蝦夷言を聞くにヌサといふ。

神代の遺言なるべし。……又、蝦夷人は神の事をカムイといふ。神居の転言なるべし。神居、宮居、鳥居など、皆居字は助字にて、カミイといふもやはり神の事なり。……其外、崎、泊、拝(をんかみ)、髪(もとどり)、女子(めのこ)等の蝦夷言はやはり日本の古語ならん。其外何を見ても大古の風俗ありと思はるゝなり。

（『蝦夷国風俗人情之沙汰』言語の事）

ここで、「神代の遺言」といっている「ノミ」「ヌサ」などは現代のアイヌ語中にてもしばしば使われる語彙であるし、カムイと神居との関係や泊とトマリ、拝とオンカミ、女子とメノコなど、現在でも日本語との関連で考えられている言葉である。徳内はこれらを「日本の古語」の遺存例とみている。

『渡島筆記』ではもっと明確に、

其言語和語と尤相近し。相通ずるものあり。其通ずるものは果して我が古語にして、亦我に訛りて彼に存するがごときあり。もとより更に異なるものあり。唯言語のみならず風俗もまたよく吾古事を伝へ、我却て失て異なりとするがごときも、粗鮮からず。

と述べ、言語のみならず、風俗についても古事をよく伝えているとみている。さらに「アイノ」という自称に触れて、

自称してアヰノといふ。何の義たるをことをしらず。アヰノも亦自ら解することなし。これを呼でゐぞといへば喜ばず。万葉集のあいのふねといふも小艇のことにして、夷人の造るところの舟また極て小なり。京地方、東風をあいの風といふ。しかありて羽奥の俗北風をあいのかぜといふ。しからば解を得ずといへども、其さる所の方見つべし。且あいのの称古きこと知べし。試にアヰノに向ひ、汝が先いかにととへば我故事はシヤモよく紀す。アヰノはしらずと答。（『渡島筆記』）

だから例えば犬祖説話に関しても「狗子の説は、彼が別種にして人たることあたはずと思しめんがために、こ

とさらに松前氏が作りてしめしたる説ならむもしるべし」と明確に否定の立場をとっている。

言語に関していえば、秦檍麿も最上徳内と同様の視点に立っている。彼は『東蝦夷地名考』(文化五年)で、

予(註：秦檍麿)蝦夷の詞を解して、顧て本邦のいわゆる和訓なるものを察するに、往々其意を得るもの少からす。

と述べ、そして「本邦のいにしへ、文字なき御代には其詞大むね蝦夷とひとしき様」であった。それが「世移り物かワりて書を読み文を講し」た結果、「言語の道もひらけ、美しき言の葉とは」なっていった。反面蝦夷の言葉は「美しき言の葉」としての発展はなかったとみている。

だから、秦檍麿は地名を解釈するに際して「和訓を証として夷語を弁」じ、また「夷言をひきて和訓を解する」ことがあるという。たとえばヤマコシナイの地名解を「ヤムは病の意、クシは越なり。ナイは渓なり」とよみ、この沢の水は清水で、夏・秋にはことに冷たい。だから手を入れると「病の如きの清冷水、越来る渓」であると。また、この辺には栗の木が多く、栗の実には「いが」があるので「手に取れハ痛む故に、夷人栗を呼てヤムと云」と解く。

モンベツという地名を「モムは流るる」「ベツは川」と解釈するが、ベツを分析して「ベメ二音、水の訓」「ツは出の上略の音か」とし、「モムは水集る」の意で『延喜式』の「主水司」との関連をみている(以上引用『東蝦夷地名考』)。

秦檍麿のこうした考えは『蝦夷生計図説』においても認められる。同書の「イナオの部」に「すべて夷人の言語のことごとく本邦の語に通ずることは語解の部に委しく論じた」と記している。遺憾ながら「語解の部」は現在に伝わらないので彼のアイヌ語観を正確に検討することはできないのであるが、上述の地名解や『蝦夷生計図説』中の例えば、

カタキ　本邦の語に糸を図の如く丸く作りたるを玉といへり。これをカタキと称す。カタキはカタマキといへるを略せるの言葉にして、カは糸をいひ、タマは玉をいひ、キは造る事をいひ、糸を玉につくるといふ事也。

などによっても窺うことはできる。

秦檍麿はアイヌの風俗にあっても注意深い観察をおこなっているが、「……まさしくイナヲは幣帛の事をいふが如くあまりに本邦の事に近くきこえて、蝦夷の事に熟せざらん人は附会のことのよふにのみぞ思ふべけれ、されど此事斗りにはあらず、奥、羽の地にして蝦夷の風俗そのまま存し残りたる事多く、又は今の蝦夷にしては失ひたる事のかへつて奥、羽の地に存し残りたる事」（『蝦夷生計図説』）も少なくないというように考えている。言語においても風俗においても、アイヌのそれはシャモの古い形態が残存したものであるとする、この観点にたてば、少なくとも文化発生時において彼我の間に優劣の差は存在しない。

しかし、一方でアイヌ文化の重要な要素である漆器やアットゥシなどの物質文化はシャモの女性によってもたらされている。とりわけ漆器の存在は大きい。というのは、アイヌ文化にあって重宝とされるのは決まって蒔絵が施された漆器類であるし、宗教儀礼の執行に際しても漆器の存在なくしては考えられないのである。余談ではあるが、筆者はアイヌ文化とそれに先行する文化とを分かつメルクマールは漆器の存在にあると考えている一人である。

# むすび

これまでに述べてきたことにおいて、犬祖説話が屈折した形でのシャモとアイヌの同祖論であることが明確になったと思う。そして言語や風俗の観察によって、一見実証的にもみえる最上徳内や秦檍麿の和夷同祖論は、それ自体、広く支持される考え方ではなかったがシャモがアイヌ支配を進める上で、きわめて都合のいい理論であったといえる。

……徳内蝦夷人を集めて其方共は元来犬の種と心得候事は大成心得違ひにて、実は我等も同様に日本の種なり。然る故、皇国の教へを守りさへすれば取りも直さず其儘日本人なり。依而先祖神廟、天照大神宮を崇め祇るべしとて色々徳内が教示を得て殊の外喜び深く尊伏いたしける。（『日本開国志』）

シャモの血をひきながらも、犬の血も受ける。野蛮蒙昧である存在も王化に服することによってシャモ並になりうるのである。一方で犬祖説話を流布させることによってアイヌ蔑視を強調し、他方で同祖論を語り懐柔につとめている。

シャモはそれを巧みに利用した。犬祖説話についていえば、ケエランケアイヌ伝がおそらく元の形に近いものであったろう。それは葛野辰次郎伝によっても類推しうるところである。しかし、古松軒以後の説話に関しては、シャモの手で勝手次第に潤色されているといっていい。それはとりもなおさず、シャモによるアイヌ支配の完了を意味するともいいうる。そして、その説話はみごとに、アイヌを蔑視する素材となり、非常に長い生命をえた。

アイヌの数ある説話の中でシャモが最もよく利用したのは、義経入夷説話であろう。さらにいえば、近代におけるコロポックル伝説もそうである。

犬祖説話も、よくシャモに利用された説話であり、ある意味では義経入夷説話以上に、シャモとアイヌとのあいだを支配従属の関係にあると説得させうる、重要な説話であったといって過言ではない。

説話そのものは荒唐無稽なものである。それがアイヌを支配下におき、かつ差別を助長する意味あいで用いられ、そしてそれが捨てられることなく現代におよぼされたところに、この説話の悲劇性があったのである。

# 補註

アイヌの口誦伝承にユーカラ(英雄の詞曲)があることはよく知られている。これはポイヤウンペの戦記で、ヤウンクル(本土びと)とレプンクル(外つ国びと)とが相戦う物語である。ユーカラの歴史性をめぐる論争は現在なお結論を得ていない。

ユーカラのように大きな構想を有するものにオイナがあり、これについては本文で触れておいた。このふたつは非常に長大なものであるが、比較的短いものにカムイ・ユーカラ(神謡)というのがある。これはアイヌの人びとの身の回りにいる神々の物語で、同時に教訓譚でもある。

これらはリズムを伴なって雅語で語られるものだが口語で話されるものにウェペケレ(昔話)がある。ウェペケレは神謡と同様、身の回りから取材したもので、伝説・豪勇譚などさまざまの内容のがある。

犬祖説話は、静内ではウチャシクマ(伝説)として語られる。地域によってはウェペケレと同様に、もしくは軽い話として説明されるが萩中美枝氏の教示によれば、静内のそれは、時にカムイ・オイナ(神伝)に匹敵するような性格のものもあるという。
ここでは「伝説」としておく。
なお、名称は地域によって異なるが、ここでは沙流川筋のものを中心に用いた。

# 初出一覧

一　「『アイヌ史』は成立するのだろうか」（北海道・東北史研究会編『北からの日本史』三省堂、一九八八年、三〇七―三一四頁）
二　「近世北方民族の生活」（江上波夫ほか編『アイヌと古代日本』小学館、一九八二年、一七―一一八頁）
三　「アイヌ文化の歴史と生業」（『アジア遊学』一七、二〇〇〇年、九―一八頁）
四　「中世の『蝦夷』史料――『諏訪大明神畫詞』より」（『どるめん』一一、一九七六年、四二―四八頁）
五　「強制コタンの変遷と構造について――とくにアブタ・コタンを中心に」（『法政史学』三〇、一九七八年、七八―八九頁）
六　「酋長サカナの物語――あるアイヌ研究の側面」（『歴史研究』二五四、一九八二年、四八―五二頁）
七　「噴火湾 Ainu のおっとせい猟について――江戸時代における Ainu の海獣猟」（『民族学研究』四四―四、一九八〇年、四〇三―四一三頁）
八　「レブンゲ・コタン誌稿――とくにコタン構造から」（地方史研究協議会編『蝦夷地・北海道：歴史と生活』雄山閣、一九八一年、三〇五―三三四頁）
九　「近世アイヌの社会――ソウヤウンクルのコタンを中心に」（『歴史評論』四三四、一九八六年、七六―九八頁）
一〇　「蝦夷通詞について」（北方言語・文化研究会編『民族接触：北の視点から』六興出版、一九八九年、四八―六〇頁）
一一　「蝦夷通詞・上原熊次郎のこと」（『どるめん』六、一九七五年、四八―六〇頁）
一二　「近世アイヌ語資料について――とくに『もしほ草』をめぐって」（田中聖子と共著、『松前藩と松前』二四、一九八五年、一七―二三頁）
一三　「アイヌイタク　ヱラム　アナ」（『歴史評論』四八一、一九九〇年、二八―三五頁）
一四　「少年たちのまなざし――一枚のアイヌ絵から」（黒田日出男編『ものがたり日本列島に生きた人たち五　絵画』岩波書店、二〇〇〇年、二四四―二六九頁）
一五　「イオマンテ考――シャモによるアイヌ文化理解の考察」（『歴史学研究』六一三、一九九〇年、一一一―一二〇頁）
一六　「犬は先祖なりや――アイヌの創世説話と和夷同祖論」（北海道・東北史研究会編『北からの日本史2』三省堂、一九九〇年、一八九―二二五頁）

# 主要著作目録

【単著書】
『日本の美術No.三五四　アイヌの工芸』(文化庁監修、至文堂、一九九五年)
『アイヌ文化誌ノート』(吉川弘文館、二〇〇一年)
『アイヌ絵誌の研究』(草風館、二〇〇四年)

【編著書】
〔編著〕
『アイヌ語地名資料集成』(山田秀三監修・佐々木利和編、草風館、一九八八年)
『東京国立博物館図版目録　アイヌ民族資料篇』(編著、東京国立博物館、一九九二年)
『蝦夷漫画』(編著、松浦武四郎記念館、一九九六年)
『東京国立博物館図版目録　琉球資料篇』(編著、東京国立博物館、二〇〇二年)
〔編集〕
『久保寺逸彦著作集一：アイヌ民族の宗教と儀礼』(編、草風館、二〇〇一年)
『アイヌの神謡』(久保寺逸彦編訳・佐々木利和編、草風館、二〇〇四年)
『久保寺逸彦著作集二：アイヌ民族の文学と生活』(編、草風館、二〇〇四年)
〔共編著〕
『蝦夷島奇観』(谷澤尚一と共編、雄峰社、一九八二年)
『アイヌ文化の基礎知識』(アイヌ民族博物館監修・中川裕らと共著、白老民族文化伝承保存財団、一九八七年(一九九三年草風館より改訂増補新版))
『三重県史　別編：自然』(山田純らと共編、三重県、一九九六年)
『在独日本文化財総合目録』Ⅰ―Ⅲ(マヤ・ブリギトと共編、国書刊行会、二〇〇三―〇六年)

『日本歴史地名大系一　北海道の地名』（永井秀夫らと共編、平凡社、二〇〇三年）
『街道の日本史一　アイヌの道』（古原敏弘・児島恭子と共編、吉川弘文館、二〇〇五年）
『博物館概論』（松原茂・原田一敏と共編、放送大学教育振興会、二〇〇七年）
『博物館資料論』（スチュアート　ヘンリ・湯山賢一と共編、放送大学教育振興会、二〇〇八年（二〇一二年改訂新版））
『博物館展示論』（原田一敏・松原茂と共編、放送大学教育振興会、二〇一二年）

**【論文等】**

「中古中世における蝦夷の風俗について」（『北海道の文化』二六、一九七二年）
「蝦夷通詞・上原熊次郎のこと」（『どるめん』六、一九七五年）
「東京国立博物館保管　シーボルト旧蔵「樺太風俗図」について」（『ＭＵＳＥＵＭ』第二八九号、一九七五年）
「中世の『蝦夷』史料――『諏訪大明神畫詞』より」（『どるめん』一一、一九七六年）
「蠣崎波響筆東武画像について」（『松前藩と松前』一〇、一九七八年）
「強制コタンの変遷と構造について――とくにアブタ・コタンを中心に」（『法政史学』三〇、一九七八年／のちに石附喜三男編『北海道の研究二　考古篇二』清文堂、一九八四年に再録）
「東京国立博物館保管　富岡鉄斎筆「旧蝦夷風俗図屏風」について――アイヌ民族誌の資料としての検討」（『ＭＵＳＥＵＭ』第三二九号、一九七八年）
「アイヌ絵の当面する課題」（『北海道史研究』一五・一六合併号（越崎宗一追悼号）、一九七八年）
「久保寺逸彦――その研究と方法」（瀬川清子・植松明石編『日本民俗学のエッセンス：日本民俗学の成立と展開（ぺりかんエッセンス・シリーズ一二）』ぺりかん社、一九七九年九月）
「今井八九郎の事蹟・東西蝦夷地大河之図を中心に」（谷澤尚一と共著、『北海道の文化』四一、一九七九年）
「噴火湾Ａｉｎｕのおっとせい猟について――江戸時代におけるＡｉｎｕの海獣猟」（『民族学研究』四四―四、一九八〇年）
「今井八九郎の蝦夷地図考一――利尻島礼文島測量製図を中心に」（『ＭＵＳＥＵＭ』第三五二号、一九八〇年）
「アイヌ絵の系譜」一―完（『日本古書通信』四五―七、一九八〇年）
「レブンゲ・コタン誌稿――とくにコタン構造から」（地方史研究協議会編『蝦夷地・北海道――歴史と生活』雄山閣、一九八一年）
「描かれた近世アイヌ――アイヌ絵の世界」（『月刊文化財』二〇九、一九八一年）

「酋長サカナの物語——あるアイヌ研究の側面」(『歴史研究』二五四、一九八二年)
「今井八九郎作成の蝦夷地図考二——奥尻島測量原図を中心に」(『ＭＵＳＥＵＭ』第三七三号、一九八二年)
「近世北方民族の生活」(江上波夫ほか編『アイヌと古代日本』小学館、一九八二年)
「蝦夷風俗十二カ月図について」(海保嶺夫編『北海道の研究三　近世編Ⅰ』清文堂、一九八三年)
「アイヌ絵——子供のいる情景」(『北海道新聞』夕刊、一九八四年一〇月一五日—二〇日連載)
「近世アイヌ語資料——『とくにもしほ草』をめぐって」(田中聖子と共著、『松前藩と松前』二四、一九八五年)
「博物館書目誌稿——帝室本之部　博物書篇」(『東京国立博物館紀要』二一、一九八五年)
「近世アイヌの社会——ソウヤウンクルのコタンを中心に」(『歴史評論』四三四、一九八六年)
「『アイヌ史』は成立するのだろうか」(北海道・東北史研究会編『北からの日本史』三省堂、一九八八年)
「異族の虚像——清水寺縁起の蝦夷」(『月刊百科』三二六、一九八九年)
「蝦夷通詞について」(北方言語・文化研究会編『民族接触：北の視点から』六興出版、一九八九年)
「アイヌ絵が描いた世界」(札幌学院大学人文学部編『アイヌ文化に学ぶ［公開講座］北海道文化論』札幌学院大学生活協同組合、一九九〇年)
「イオマンテ考——シャモによるアイヌ文化理解の考察」(『歴史学研究』六一三、一九九〇年)
「アイヌイタク　ヱラム　アナ」(『歴史評論』四八一、一九九〇年)
「犬は先祖なりや——アイヌの創世説話と和夷同祖論」(北海道・東北史研究会編『北からの日本史二』三省堂、一九九〇年)
「新出の平沢屏山の粉本について」(『早池峯文化』三、一九九一年)
「アッケシ・カムイ　イコトイがこと」(イフンケの会編『イフンケ』彩流社、一九九一年)
「東北地方に残るアイヌ語地名」(工藤雅樹『古代の蝦夷——北日本縄文人の末裔』河出書房新社、一九九二年)
「日本の博物館——博物館法公布まで」(中村たかを編『博物館学概論』源流社、一九九二年)
「イオマンテ攷」(『大系日本歴史と芸能一四　列島の神々』平凡社、一九九二年)
「アイヌ絵考」(坪井清足他編『新版古代の日本　東北・北海道』角川書店、一九九二年)
「蝦夷風俗絵巻」(小林忠他編『秘蔵日本美術大観』講談社、一九九二年)
On ainu-e: Pictorial Description of Ainu life and customs/Europian studies on Ainu language and culture. München, 1993.

「笹森儀助と千島探検」（『季刊自然と文化』四六〈特集：笹森儀助の探検と発見〉、一九九四年）
「概説：アイヌ語地名」（『日本歴史地名総覧』新人物往来社、一九九四年）
「博物館書目誌稿帝室本之部医学館本篇『有林福田法』について」上（『MUSEUM』第五一八号、一九九四年）
「博物館書目誌稿帝室本之部医学館本篇『有林福田法』について」下（『MUSEUM』第五三三号、一九九五年）
「日本考古学会一〇〇年誌」（『考古学雑誌』八二（一）、一九九六年）
「農商務省より独逸宛の沖縄関係物品目録について」上（与那嶺一子、萩尾俊章と共著、『沖縄県立博物館紀要』二二、一九九六年）
「真田宝物館書目誌考――松代文庫本『沿海異聞』について（上）」（『松代』九、一九九七年）
「東京国立博物館のアイヌ民族資料」上（『北海道立アイヌ民族文化センター紀要』三、一九九七年）
「東通村の地名誌」（佐々木利和・川畑修二他編『東通村史　民俗・民俗芸能編』青森県下北郡東通村、一九九七年）
「農商務省より独逸宛の沖縄関係物品目録について」下（与那嶺一子、萩尾俊章と共著、『沖縄県立博物館紀要』二三、一九九七年）
「博物館書目誌稿帝室本之部地図篇三『伊能忠敬蝦夷地実測図および九州沿海図』について」（『MUSEUM』第五四八号、一九九七年）
「真田宝物館書物誌――蝦夷常用集について」（『松代』一〇、一九九八年）
「東京国立博物館のアイヌ民族資料」下（『北海道立アイヌ民族文化センター紀要』四、一九九八年）
「旧阿部家本唐太島民俗絵巻」（『学習院大学史料館紀要』一〇、一九九九年）
「博物館書目誌稿　帝室本之部　徳川頼貞氏寄贈本のうち銅駄坊旧蔵書一」（『MUSEUM』第五六〇号、一九九九年）
「アイヌの生活と文化」（大林太良ほか編『日本民俗写真大系一』日本図書センター、一九九九年）
「富岡鉄斎筆旧蝦夷風俗図屏風」（『国華』一二五〇、一九九九年）
「平沢屏山とアイヌ絵」（財団法人アイヌ文化振興・研究推進機構編『アイヌの四季と生活：十勝アイヌと絵師・平沢屏山』アイヌの四季と生活展帯広実行委員会、一九九九年）
「一七～一九世紀の文化」（奥田統己ほか編『アイヌ民族に関する指導資料』財団法人アイヌ文化振興・研究推進機構、二〇〇〇年）
「アイヌ文化の歴史と生業」（『アジア遊学』一七、二〇〇〇年）
「平沢屏山の新出二作品をめぐって〔含　参考報告　平沢屏山作『オムシャ図』と『熊送り図』の彩色について〕」（朽津信明と共著、『MUSEUM』第五六六号、二〇〇〇年）

「少年たちのまなざし――一枚のアイヌ絵から」(黒田日出男編『ものがたり日本列島に生きた人たち五　絵画』岩波書店、二〇〇〇年)
「博物図譜とその世界」「関根雲停」(国立科学博物館編『日本の博物図譜――十九世紀から現代まで(国立科学博物館叢書一)』東海大学出版会、二〇〇一年)
「アイヌに渡った日本製品」(『月刊みんぱく』二五―一〇、二〇〇一年)
「一枚のアイヌ絵――その意味するもの」(『日本東洋醫學雜誌』五一―六、二〇〇一年)
「『北海道札幌開拓絵巻』に描かれたアイヌ風俗」(『ＭＵＳＥＵＭ』第五七四号、二〇〇一年)
中牧弘允編『アートと民族文化の表象(国立民族学博物館研究報告別冊二二号)』(討論・コメント、吹田：国立民族学博物館、二〇〇一年)
'Hakyo Kakizaki und Byozan Hirasawa: Zwei Hoehepunkt der Ainu-e' "Die Ainu Portraet einer Kultur im Norden Japans". Staatliches Museum fuer Voelkerkunde München, 2002.
「日本の異文化人――アイヌとその文化」(成城大学『民俗学研究所紀要』二六、二〇〇二年)
「あるアイヌ絵の解釈」(『法政史学』五八、二〇〇二年)
「蝦夷地日用集」(『市史研究あおもり』六　別冊、二〇〇三年)＊翻刻・解題
『月刊文化財』四九三(特集　北の大地と文化財――文化財はどう活かされているか)(責任編集、二〇〇四年)
「とこしえに地上から消えた千島アイヌとその文化」(東京文化財研究所編『うごくモノ――「美術品」の価値形成とは何か』平凡社、二〇〇四年)
「海外のアイヌ絵」(古原敏弘と共著、小谷凱宣編『海外のアイヌ文化財――現状と課題』南山大学人類学研究所、二〇〇四年)
「歴史資料としての口承文芸の可能性」(本田優子編『アイヌの歴史と物語世界』札幌大学ペリフェリア文化学研究所、二〇〇五年／本田優子編『伝承から探るアイヌの歴史』札幌大学附属総合研究所、二〇一〇年に再録)
「壬申検査と写真」(『月刊文化財』五一七、二〇〇六年)
「『紙本著色箱館湾シベツ図屛風』」(谷本晃久と共著、吉成直樹編『声とかたちのアイヌ・琉球史』森話社、二〇〇七年)
「平沢屛山「オムシャ図」の世界」(澤登寛聡・小口雅史編『アイヌ文化の成立と変容――交易と交流を中心として』法政大学国際日本学研究所、二〇〇七年)

「上野の総理官邸」（博物館建築研究会編『昭和初期の博物館建築——東京博物館と東京帝室博物館』東海大学出版会、二〇〇七年）
「近世アイヌ社会の交易品をめぐって」・「ウイマムと漆器」（本田優子編『アイヌの交易世界』札幌大学ペリフェリア文化学研究所、二〇〇八年）
「古写真『志村弥十郎』が齎す情報について」（『日本美術史の杜：村重寧先生星山晋也先生古稀記念論文集』竹林舎、二〇〇八年）
「法政大学本『蝦夷島奇観』の一について」（榎森進ほか編『北東アジアの中のアイヌ世界』岩田書院、二〇〇八年）
「『樺太境界劃定作業写真帖』について」（『三の丸尚蔵館年報・紀要』一五、二〇〇九年）
「文化人類学はなぜアイヌを忌避したか——学問もまたアイヌを差別するか」（北海道大学アイヌ・先住民研究センター編『アイヌ研究の現在と未来』北海道大学出版会、二〇一〇年）
「ひとつの列島、ふたつの国家、みっつの文化」（『学術の動向』一六—九、二〇一一年）
「アイヌの宗教」（高埜利彦・安田次郎編『新体系日本史一五　宗教社会史』山川出版社、二〇一二年）
「新資料『鬚髪の総説』を中心に——ホホチリのことなど」“Auf der Suche nach der Entwicklung menschlicher Gesellschafton” 2012, Universtät Born

**【その他】**

「知られざる名著　上原熊次郎の「蝦夷地名考并里程記」」（一九七四年四月二三日付『北海道新聞』夕刊）
「解説にかえて」（久保寺逸彦『アイヌの文学（岩波新書／青版九八九）』岩波書店、一九七六年）
「書評：市立函館博物館編『重要民俗文化財「アイヌの生活用具コレクション」整理報告書』（市立函館博物館、一九七四・一九七六—一九七九年、非売品）」（『民族学研究』四五—二、一九八〇年）
「書評：工藤雅樹『研究史　日本人種論』」（『法政考古学』四、一九八〇年）
「座談（加藤晋平・菊池徹夫・桜井清彦との）：擦文期の生業をめぐって」（『考古学ジャーナル』二一三、一九八三年）
「一舗の蝦夷地図」（『くさのかぜ（山田秀三著作集月報）』五、一九八三年）
「埋もれていた蝦夷地の測量師——今井八九郎の地図のこと」上・下（一九八三年一〇月七、八日付『北海道新聞』夕刊）
「蠣崎波響の世界——ブザンソン本「夷酋列像」」（一九八四年一二月二三日付『北海道新聞』朝刊）
『民族学的な観点による蝦夷三官寺文書の研究』（科学研究費補助金研究成果報告書、一九八七年）
「井戸を掘った人」（『松浦武四郎研究会会誌』第八・九合併号、一九八八年）

「対談（竹内利美との）：アイヌ近世史と松浦武四郎」・「鼎談（山田秀三・谷川健一との）――松浦武四郎の旅心」（『季刊自然と文化』二三〈辺境を歩いた人々――菅江真澄と松浦武四郎〉、一九八八年）
「書評：中村真一郎『蠣崎波響の生涯』」（『文学』一―二、一九九〇年）
「蝦夷錦――あるあいまいなるもの」（図録『佐井村海峡ミュウジアム』青森県下北郡佐井村海峡ミュウジアム、一九九二年）
「書評：村上直・高橋克弥共編『文化五年仙台藩蝦夷地警固記録集成』」（『法政史学』四四、一九九二年）
「久保寺逸彦著"KUBODERA'S AINU-JAPANESE DICTIONARY"の発刊に寄せて」（『久保寺逸彦アイヌ語収録ノート調査報告書』北海道教育委員会、一九九二年）
図録『海上の道――沖縄の歴史と文化』（東京国立博物館、一九九二年）
図録『アイヌの工芸』（東京国立博物館、一九九三年）
「アイヌ絵にみる動物」（北海道立北方民族博物館編『北の精神文化における動物』北海道立北方民族博物館、一九九三年）
「前田利保」（『彩色江戸博物学集成』平凡社、一九九四年）
「アイヌ」「アイヌ強制移住」「アイヌ文化」（梅棹忠夫監修／松原正毅・NIRA編『世界民族問題事典』平凡社、一九九五年）
「アイヌの解放運動」（南塚信吾編『歴史学事典【第四巻　民衆と変革】』弘文堂、一九九六年）
図録『徳川義親侯とユーラップ・アイヌ』（学習院大学史料館、一九九七年）
図録『馬場大助そして赭鞭会のこと（岐阜県博物館）』（花と鳥のイリュージョン、一九九七年）
「アイヌ」（地方史研究協議会編『地方史事典』弘文堂、一九九七年）
『民族誌資料としての琉球風俗画の基礎的研究』（科学研究費補助金研究成果報告書、一九九八年）
"Ainu-e: A Historical Review" 『Ainu: Spirit of a Northern People』 the National Museum of Natural History, Smithsonian Institution Historic Period, 1999
「アイヌ・スタイル」「彼らはどこからやってきたのか?」（『芸術新潮』五〇―七、一九九九年）
「北方の文化――「日本」という限界を超えて」（『週刊朝日百科』一二〇四〈日本の国宝九八〉、一九九九年）
「豊の国そしてアイヌモシリ――アイヌ文化は遠き存在か」（一九九八年度『普及啓発講演会報告集』財団法人アイヌ文化振興・研究推進機構、一九九九年）
「歴史と文化――日本史にいう近世のころ」（図録『馬場・児玉コレクションにみる　北の民　アイヌの世界』財団法人アイヌ文化振

興・研究推進機構、二〇〇〇年）
「清水寺縁起絵巻（詞書・三条実香、甘露寺元長ほか筆、絵・土佐光信筆）」「諏訪縁起絵詞（神龍院梵舜筆）」（図録『時を超えて語るもの――史料と美術の名宝（東京大学史料編纂所史料集発刊一〇〇周年記念）』東京大学史料編纂所、二〇〇一年）
「日本　近世　二　政治と文化――対外関係」（『史学雑誌』一一〇―五（二〇〇〇年の歴史学界：回顧と展望）、二〇〇一年）
「私を驚かせた、あの博物館――アイヌ文化財の調査と博物館」（『歴史評論』六二一（特集　博物館と歴史認識）、二〇〇二年）
「東京国立博物館所蔵の琉球・沖縄文化財について」（図録『琉球・沖縄へのまなざし』浦添市美術館、二〇〇三年）
「東京国立博物館が所蔵する地図」（『地図情報』二三―四（特集　国・公立博物館所蔵の地図）、二〇〇三年）
「北方図の世界――最後のテラ・インコグニタを巡って」（図録『伊能忠敬と日本図』東京国立博物館、二〇〇三年）
「土人印鑑（口絵解説）」（『日本歴史』六七九、二〇〇四年）
座談会「山田秀三を語る（柏谷恵一・須摩トヨ・萩中美枝との座談）」（北海道立アイヌ民族文化研究センター編『アイヌ語地名を歩く――山田秀三の地名研究から』北海道立アイヌ民族文化研究センター、二〇〇四年）
「アイヌ文化財のコレクション」（図録『アイヌ民族の美の世界――土佐林コレクションに見る』早稲田大学会津八一記念博物館、二〇〇四年）
「田中房種翁と博物館天産部」（図録『田中幸穂氏寄贈博物図譜』東京国立博物館、二〇〇四年）
「平沢屏山オムシャ図の世界」（『国際日本学シンポジウム報告書　アイヌの歴史』法政大学国際日本学研究所、二〇〇五年）
「須田家のアットゥシと木内家の「蝦夷人物図屏風」」（にかほ市象潟郷土資料館編『象潟と北海道――菅江真澄らの記録から』象潟郷土資料館、二〇〇五年）
「琉球文化と博物館」（『国際日本学シンポジウム報告書　沖縄のアイデンティティ』法政大学国際日本学研究所、二〇〇五年）
「登録有形文化財（美術工芸品関係）」（『月刊文化財』五〇〇（特集　新たな文化財保護行政の展開）、二〇〇五年）
「絵図からみえることなど」（『有限責任中間法人国宝修理装潢師連盟定期研修会報告集：第12回（平成一八年度）』同連盟、二〇〇七年）
図録『貴重書にみるアイヌの文化』（解説、国立民族学博物館、二〇〇七年）
「日本列島の北の文化、南の文化――千島アイヌの仮面、カイダー板札、藁算」（松園万亀雄監修『世界を集める：研究者の選んだみんぱくコレクション』国立民族学博物館、二〇〇七年）

「あるノートから」（北海道立アイヌ民族文化研究センター・北海道立文学館・財団法人北海道文学館編『語り、継ぐ。――アイヌ口承文芸の世界』財団法人北海道文学館、二〇〇九年）
「こどものまなざし」（二〇〇八年度『普及啓発講演会報告集』財団法人アイヌ文化振興・研究推進機構、二〇〇九年）
「魚皮衣の人びと」「魚皮製衣服（複製）」（国立民族学博物館編『旅　いろいろ地球人』淡交社、二〇〇九年）
「アイヌの生薬など――江戸時代の文献を中心に」（『薬史学雑誌』四五―二（一三九）、二〇一〇年）
「見てほしかった絵巻」（林昇太郎著／故林昇太郎氏遺作論集刊行会編『アイヌ絵とその周辺：林昇太郎美術史論集』北海道出版企画センター、二〇一〇年）
「竹ヶ原幸朗さんのこと」（竹ヶ原幸朗研究集成第二巻『近代北海道史をとらえなおす――教育史・アイヌ史からの視座』別冊付録、社会評論社、二〇一〇年）
「描かれた蝦夷、そしてアイヌ」（二〇〇九年度『普及啓発講演会報告集』財団法人アイヌ文化振興・研究推進機構、二〇一〇年）
「谷澤尚一先生の訃」（サッポロ堂書店編『古書目三五　北海道・シベリア文献目録二〇一一～一二』サッポロ堂書店、二〇一一年）
「『北海道の文化』に初めて寄稿した頃のことなど」（『北海道の文化』八四、二〇一二年）
「地域文化の研究――美術館・博物館の役割」（北海道美術館学芸員研究協議会会報『ＮＯＲＴＨＥＲＮ　ＯＷＬＳ』第二一号、二〇一二年）
「民族共生の象徴となる空間とは」（『開発こうほう』五八三号、二〇一二年）

［作成：谷本晃久］

# 後書に

## 一

本書を『アイヌ史の時代へ——余瀝抄』とした。

アイヌの人びとが、その母語のもと異文化びと(シャモ)の圧迫を腹背にうけながらもなお、独自の文化を最大限に発展させた時期。いうまでもなく「アイヌの時代」であった。これを歴史学的にみると「アイヌ史」という分野となろう。

わたくし自身は、アイヌの人びとがその歴史と文化の主体者であった、長い時代の歴史の叙述ということを考えてきた。しかし、その間、非文字社会のなかにあった人びとである。歴史叙述に欠かせない(という)、みずからが記した「史料」というものがない。「史料」に相当するものはかたわらの異文化びとが残した、偏見と差別に満ち溢れたものがあるのみである。それをどのように読んでいくべきなのか。また、文字以外の絵画、そしてかれら自身の手になる工芸などの物質文化や口承文芸あるいは故老の想い出話などは「史料」とはならないのだろうか。アイヌの人びとの歴史叙述の大きな壁ではあるが、やがて「アイヌ史を叙述できる時代へ」向かっていくとの想いもある。

本書はわたくしごときのために、畏友谷本晃久君たちが、若き日の、我が文章を拾い集めてまとめてくれたものである。なかにはわたくし自身がしばらく目を通したことのないものも含まれていて、「こんなこと書いたっけ？」などという感慨もまたある。ほとんどが引用されることもないまま、埋もれてしまったものばかりといっていいかもしれない。

谷本君たちはそれを丹念に掘り起こしてくれた。いってみれば、アイヌ史という本流のなかに流れ込むことのできなかった、残り水である。余滴である。それをいいかえて余瀝としてみたのだが、現在に通用するかどうか。そういう想いからあまり人の使うことのないことばを選んだ。そして余瀝は蒸発するとなにも残らないのだ。

## 二

アイヌ史という本流と書いた。いま、その本流というものはない。アイヌの人びとみずからの手で叙述された歴史の文章はあまりにもすくなく、本書を含めて脇にいる異文化びと（シャモ）の叙述ばかりである。しかし、やがて、それほど遠くない時期に、アイヌの人びと自身の手によるアイヌ史の本流が流れはじめるだろう。本書がその本流に流れ込めるかどうかは知らない。蒸発するだけのものであっても、その水たまりがすこしでも本流に関わるのであれば、望外の幸せといえる。

アイヌ口承文芸の研究で知られる、萩中美枝先生に『アイヌ文化への招待』という好随筆集がある。先生はアイヌ語学者知里真志保先生の奥様であられた。そんな関係もあってか、この随筆集には知里先生とのさまざまな思い出を綴った一節がある。そのなかにアイヌ　アナㇰネ　ピㇼカということばがみえる。

アイヌ　アナㇰネ　ピㇼカ　aynu anakne pirka とは「アイヌ・は・うつくしい」という謂である。第一高等学校時代、知里先生はその出自ゆえにさまざまな悩みを抱いていた。そのころの日記にみえるという「アイヌは呪われている……」の文言は強烈である。アイヌの形質的な特徴が大きな負担となってのしかかる。そして自分の意思や思いとは関係なくふりかかる差別と偏見（残念ながら現在もある）。

萩中先生はおっしゃる。シャモによる「同化は言葉をうばい、アイヌがアイヌの神に祈ることを忘れさせた」と。そして「アイヌ　アナクネ　ピリカ」は知里先生が「自分のアイヌ研究を通して、アイヌ研究の中でいいたかったのだ」とも。

わたくしたちはこのことばを拳々服膺しなければなるまい。本来のアイヌ史は「アイヌ　アナクネ　ピリカ」というアイヌの人びとの手によって叙述されなければならないのである。

三

本書にのせるべく谷本君たちが選んでくれた拙文には魯魚の誤りを除いて一切修正をほどこしていない(事実関係の誤り、さらには新史料の出現などやアイヌ語の表記も含めて直したい個所が限りなくあるのだが……)。それはわたくし自身のブレのあかしでもあるし、おのれの勉強不足を満天下に知らしめることでもある。書いた時のおのれの低い到達点を示しているにすぎないのだが、それでもそれぞれの時期に素晴らしい先学、先達のご指導をいただいている。そのことについて感謝を申し上げるべき先生方も、多くは鬼籍にはいられた。各章文末に、草した時点ではあるが、お名前を記してお礼を述べさせていただいた。そのほか、日常の勤務においても、学んでいる場においても多くの先輩、同僚、後輩のみんなにお世話になった。逐一、お名は記さないがこころから感謝申し上げる。

本書のなかで、現在では「差別語」「不快語」などに分類される文言がすくなくない。本来、そのような区別がなされること自体おかしいのであるが、「歴史的な用語」なので、とお断りをしておきたい。また写真については諸般の事情で掲載できなかったものや変更したものもある。

本書刊行に際して北海道大学アイヌ・先住民研究センターの常本照樹先生はじめ同僚のみなさんのご厚意に対

して、また北海道大学出版会、同会成田和男・杉浦具子両氏にも心からお礼申し上げる。

そして、もっとも心残りなのは、『もしほ草』について、共同執筆した田中聖子さんとはご連絡がつかないままであることだ。いってみれば許諾なく論文の一部を使用したのであるが、田中さんの文章なくしては論文としては完結しないので、止むをえず使わせていただいた。このことに関して、深くお詫び申し上げるとともに、田中さんからのご連絡を鶴首している。

平成癸巳皐月に

佐々木利和

佐々木利和（ささき　としかず）

1948（昭和 23）年 5 月 29 日　北海道足寄郡淕別村に生まれる
1967（昭和 42）年 3 月　北海道稚内高等学校卒業
1976（昭和 51）年 3 月　國學院大學文学部（日本文学科二部）卒業
1979（昭和 54）年 3 月　法政大学大学院人文科学研究科日本史学専攻修士課程修了（文学修士）
2000（平成 12）年11月　早稲田大学博士（文学）　学位論文「アイヌ絵誌の研究」
【職　　歴】
1967（昭和 42）年 4 月　札幌管区気象台稚内地方気象台技術課勤務
1968（昭和 43）年 3 月　同台退職
1969（昭和 44）年 4 月　東京国立博物館総務部普及課勤務
1982（昭和 57）年 4 月　東京国立博物館資料部資料第三研究室長
以後，独立行政法人国立博物館東京国立博物館学芸部資料課民族資料室長を経て，
2004（平成 16）年 4 月　文化庁文化財部美術学芸課主任文化財調査官（歴史資料部門）
2006（平成 18）年 4 月　国立民族学博物館先端人類科学研究部教授，兼総合研究大学院大学教授
2009（平成 21）年 4 月　北海道大学アイヌ・先住民研究センター教授
2012（平成 24）年 4 月　北海道大学アイヌ・先住民研究センター特任教授（現職）
東京国立博物館名誉館員
この間，学習院大学・青山学院大学・法政大学大学院・東京大学大学院・千葉大学大学院等に出講。放送大学客員教授
【専攻分野】アイヌ民族史，日本近世史，日本文化史，博物学史等を専攻
【所属学会】日本考古学会幹事
【公　　職】文化庁文化審議会専門委員，アイヌ文化振興・研究推進機構理事，アイヌ政策推進会議委員ほか

北大アイヌ・先住民研究センター叢書 3
アイヌ史の時代へ——余瀝抄

2013 年 6 月 25 日　第 1 刷発行

著　者　　佐々木　利　和
発行者　　櫻　井　義　秀

発行所　北海道大学出版会
札幌市北区北 9 条西 8 丁目 北海道大学構内（〒 060-0809）
Tel. 011（747）2308・Fax. 011（736）8605・http://www.hup.gr.jp

アイワード/石田製本


ISBN978-4-8329-6780-9

# 北大アイヌ・先住民研究センター叢書創刊の辞

二〇〇五年十二月に中村睦男・北海道大学総長(当時)は、これまでの北海道大学とアイヌ民族との歴史的経緯を踏まえ、民族の尊厳を尊重しつつ、アイヌをはじめとする先住少数民族に関する全国的・国際的な研究教育を実施することを北海道大学の「責務」であると宣言した。[*]

アイヌ・先住民研究センターは、この宣言を踏まえ二〇〇七年四月に北海道大学の共同教育研究施設として設置された。当センターは、多文化が共存する社会において、とくにアイヌ民族をはじめとする先住民族に関する先端的な総合的・学際的研究を実施し、その成果に基づいて互恵的共生に向けた提言を行うとともに、日本における多様な文化の発展に寄与することを目指している。当センターの活動に当たっての基本方針は「アイヌ民族との協同」であって、最高決定機関であるセンター運営委員会にアイヌ民族の参加を得ており、各種の事業もアイヌ民族とともに実施することを原則としている。

北大アイヌ・先住民研究センター叢書は、このようなセンターの研究成果及びそれに基づく提言等を関連分野の専門家の吟味に供するとともに、広く社会に問うことを目的として創刊された。この二つを両立させることは容易ではないが、アカデミックな批判に耐えられない言説は空虚であり、国民の耳に届かない言説は無意味であろう。

国内における先住民族をどう位置づけているかが、その国のマジョリティの成熟度を示す指標の一つであることは、二〇一〇年にバンクーバーで開催された冬期オリンピックの開会式の例を引くまでもなく明らかであろう。ようやく二〇〇八年にアイヌ民族を先住民族であると認め、二〇〇九年七月に内閣官房長官に提出された「アイヌ政策のあり方に関する有識者懇談会」報告書によって総合的先住民族政策の展開に向けて踏み出した日本社会がより一層成熟していくために、当センターも本叢書の刊行を通じて貢献することができれば、望外の喜びである。

北海道大学アイヌ・先住民研究センター長　常本照樹

二〇一〇年三月

[*]「前総長ステートメント」http://www.cais.hokudai.ac.jp/statement.html